Herausgeber: Scripta Verlags-Gesellschaft mbH, Stuttgart
© Scripta Verlags-Gesellschaft mbH, Dieter Blum und Dr. Erich Follath

Umschlag und Gestaltung: Herbert Suhr
Redaktionelle Mitarbeit: Gabriele Blum, Marieanne Wolny-Follath
Fotos: S. 8 (links) Gabriele Blum, rechts Marieanne Wolny-Follath,
S. 59 Tom Jacobi
Dolmetscher: Akiko Izumi, Mikoko Tanno
Technische Betreuung: Hellmuth Holtz, Ingeborg von Laar
Kalligraphie: Tokuma Iijima

1. Auflage, 1984

Gesamtherstellung: J. Fink Druckerei, 7302 Ostfildern 4
Reproduktion: Rembert Faesser, Berlin

ISBN 3-923827-02-4

DIETER BLUM
ERICH FOLLATH

NIPP●N

**Keiner
baut mehr Autos
Keiner hat mehr Götter
Keiner ist uns fremder
Der neue »Super-
staat« Japan**

Scripta

Akio Morita

„Wir müssen uns bereit finden, unsere Augen und Ohren neu einzustimmen"

Akio Morita,
Japans Top-Manager

Management ist eine Form von Kunst. Management erfordert Kreativität, Initiative, gute zwischenmenschliche Beziehungen, einen ausgeprägten Sinn für Organisationsformen und eine tiefe innere Überzeugung, daß der einmal eingeschlagene Weg der richtige ist. Mir scheint, daß hervorragender Journalismus, wie er in diesem Band über mein Heimatland Japan in Wort und Bild vertreten ist, die gleichen Ingredienzen verlangt. So gesehen, haben vielleicht auch Manager etwas mit Autoren und Fotografen gemeinsam. Und das gibt mir das Selbstvertrauen – oder soll ich sagen: die Kühnheit – zu diesem Buch Stellung zu nehmen.

Ich habe Dieter Blum kennengelernt, als er Herbert von Karajan, einen meiner besten Freunde, fotografierte. Schon damals ist mir aufgefallen, daß Blum eine große Befähigung hat: die Befähigung nämlich zu sehen, daß das Außergewöhnliche nur eine natürliche Ergänzung des Gewöhnlichen, des Alltäglichen, ist. Seine Bilder von Japan zeigen eine Faszination mit Dingen, die ihm als Ausländer und aufmerksam-kritischen Beobachter fremdartig vorkommen, Dinge, deren Besonderheit wir in Japan vielleicht nicht mehr wahrnehmen oder nie wahrgenommen haben, weil sie nämlich Teil unserer täglichen Umwelt sind. Indem Blum sol-

che Motive aufgreift, gibt er einem Japaner wie mir die Chance, sein Land und sein Volk mit ganz neuen Augen zu sehen. Und nachdem ich dieses Buch Seite für Seite betrachtet habe, immer wieder angeschaut habe, kann ich nicht umhin, meine – unsere – Welt von jetzt an ein wenig anders zu sehen als ich sie zuvor sah.

Auch und gerade für die internationale Geschäftswelt ist es wichtig, sich verschiedenen Ansichten unserer Erde auszusetzen. Jeder, der zu fernen Ländern aufbricht, ist versucht, die Dinge nur aus dem Blickwinkel der ihm gewohnten Umgebung zu betrachten, eine Einstellung, die leicht blind machen kann gegenüber fremden, andersartigen Entwicklungen. Es ist unausweichlich, daß wir uns bereit finden, unsere Augen und Ohren neu einzustimmen – auf verschiedene Ansätze, neuartige Gesichtspunkte und ungewöhnliche Schlußfolgerungen. So, wie sie Autor Erich Follath, einer der bekanntesten Journalisten Deutschlands, in diesem Buch aufgezeigt hat, und wie sie sicher nicht jedem von uns bequem sind.

Ein Autor geht an ein Thema unter den unterschiedlichsten Blickwinkeln heran; ein Fotograf belichtet den Gegenstand seiner Reportage immer wieder, in Ausschnitten und unter Umständen, die oft nur minimal voneinander abweichen. Und dann treffen beide aus der Fülle des Materials eine Auswahl für ihre Leser und Betrachter, von der sie glauben, daß sie das am besten widerspiegelt, was sie ausdrücken wollen: eine Feinabstimmung, gemeint durchaus im künstlerischen Sinne.

Ein internationaler Manager sieht sich, glaube ich, ähnlichen Herausforderungen ausgesetzt. Ich kann in diesen wenigen Zeilen nicht einmal anfangen, den in sich verschlungenen Prozeß zu beschreiben, in dem ein Manager zahlreiche Alternativen, Abänderungen und neue Ansätze in Erwägung zieht, bevor er schließlich den Kurs seiner Handlungen genau festlegt. Für diese Handlungen gibt es einige unabdingbare Grundsätze: Nach meinem Konzept ist eine Firma eine Art Schicksalsgemeinschaft. Um gute Geschäfte zu machen, müssen wir alle gemeinsam hart arbeiten. Das Management sollte in Zeiten einer Rezession lieber auf Profite verzichten als Arbeiter zu entlassen – sie haben in der Regel am wenigsten schuld, wenn es einen geschäftlichen Niedergang gibt und sollten möglichst wenig darunter leiden. Aber dies sind nur ganz allgemeine Richtlinien. Manchmal erfordert es stundenlange Diskussionen, manchmal sogar monatelange Überlegungen, bevor Entscheidungen fallen. Und manchmal ist es auch ein Genieblitz, ein Moment besonderer Inspiration.

Wie oft habe ich von Herbert von Karajan und anderen großen Künstlern, die ich die Ehre habe, persönlich zu kennen, gehört, daß es bei ihnen ähnlich ist: Harte Arbeit und plötzliche Eingebung müssen sich in ihrer Kunst ergänzen. Wahrscheinlich würde es auch Dieter Blum ähnlich ausdrücken, wenn er das Geheimnis hinter der optischen Anziehungskraft seiner Bilder erklären sollte. Und so kommt es, daß ich mit einem besonderen Sinn für die Nähe und Ähnlichkeit unserer Aufgaben – als „Künstler-Kamerad" sozusagen – die folgenden Bildseiten einmal mehr durchblättere und sie fasziniert bewundere.

1921 in Nagoya City, Aichi-Präfektur, geboren

1944 Studienabschluß in Physik an der Kaiserlichen Universität von Osaka

1946 Zusammen mit Masaru Ibuka Gründungsmitglied der „Tokyo Tsushin Kogyo K. K."

1958 Offizielle Umbenennung der Firma in „Sony Corporation"

1971 Präsident der „Sony Corporation"

1976 Vorsitzender und oberstes Ausführungs-Organ der „Sony Corporation"

Mitglied des Internationalen Ausschusses der „Morgan Guaranty Trust Company" von New York

Mitglied der „Ratgebenden Kommission für Japanisch-Amerikanische-Beziehungen"

Vorsitzender des „Komitees für Internationales Investment und Technologie-Austausch"

Mitglied des „Firmenberatungs-Komitees" für die New Yorker Börse, Inc.

Akio Morita lebt mit seiner Frau Yoshiko, seinen Söhnen Hideo und Masao sowie seiner Tochter Naoko in der Nähe von Tokio.

Kai Higashiyama

„Ein Blick unter die Oberfläche, in die Risse unserer Gesellschaft hinein"

Kai Higashiyama,
Japans Top-Künstler

Aus der Vogelperspektive ein Blick auf den „Torii"-Torbogen von Itsukushima, der mitten im Meer steht. Ein spektakuläres Panorama mit Wasser in kräftigem Preußischblau und dem Schneeweiß der Berge, die in der Entfernung schimmern. Ein Schauplatz — Miyajima bei Hiroshima, Inland-See —, den wir alle zu kennen glaubten, eine Landschaft, berühmt und besungen seit uralten Zeiten wegen ihrer außergewöhnlichen, ihrer „typisch japanischen" Eleganz. Und doch ein Bild, das uns etwas anderes zeigt, etwas Neues, das wir noch nicht wahrgenommen, niemals gesehen haben.

Wie ein Symbol der Einsamkeit steht auf diesem Foto der „Torii", gefangen in einer riesigen Masse von Wasser, verloren in einer weiten Welt, die aus kalter Farbenpracht und tiefen Schatten komponiert ist. Ich war zunächst äußerst verblüfft, dann zutiefst berührt, als ich dieses Bild zum ersten Mal sah: Wir Japaner haben uns nämlich unsere Inland-See immer als zusammengedrängtes Wasserfleckchen vorgestellt, gesprenkelt mit zahllosen kleinen Inselchen und geschäftig durchkreuzt von Schiffen. Dieter Blums Fotografie aber zeigt eine machtvolle neue Perspektive — Offenheit, Abgeschiedenheit, Unendlichkeit —, die mir nicht mehr aus dem Kopf gehen will. Und

ohne jeden Zweifel ist Blums Interpretation, seine Vorstellung der Inland-See genauso gültig wie die unserer Überlieferung, vielleicht ist das, was Blum fotografiert hat, sogar die wahre Inland-See.

Ein Schwarm Kraniche, tanzend und flügelschwingend. Der Gipfel des Fuji, über und über bedeckt mit Schnee. Schwarze Asche, ausgespieen von mächtigen Vulkanen. Viele der Landschaften, deren Strukturen höchst interessant aufgenommen sind, zeigen die Schönheit, die Strenge und die Härte unserer InselNatur. Aber gleichzeitig enthüllen sie auch die Kraft und die Energie, die in diesen Landmassen steckt. Wieder ein Luft-Bild: Die anscheinend endlose Reihe von „Toriis" am Inari-Schrein von Kyoto, wieder verblüffend. Auf glänzende Weise führt uns dieser Blick zurück zu den Geheimnissen unseres alten Volksglaubens und betont eindrucksvoll die Wurzeln unserer Existenz, die in die Unendlichkeiten der Geschichte hineinreichen.

Mehr noch als bei den Landschaften scheint mir der Schwerpunkt dieses Buches bei den Menschen zu liegen. Es gibt so viele Widersprüchlichkeiten und Mißklänge in unserem heutigen Japan, eine verwirrende Vermengung von Tradition und Moderne. Wenn Blum Menschen und ihr Leben porträtiert — in der Hast der großen Städte, im weiten Land, das im

6

Umbruch steckt, bei der Arbeit, in der Freizeit, oder unterwegs zu einem von beiden –, dann zeigt sich vielleicht noch mehr als bei den Landschaftsbildern, wie tief dieser Fotograf aus einem Land, so weit entfernt von uns, „eingestiegen" ist in das japanische Leben, wie er unter die Oberfläche unseres Lebens geblickt hat, auch in die Risse unserer Gesellschaft hinein. Zusammen mit dem Autor Erich Follath, dessen Texte diese Bilder so hervorragend begleiten, läßt Blum bei aller Kritik auch eine tiefe menschliche Wärme und Sympathie für das japanische Volk erkennen. Sympathie für das, was ich das „ungeschminkte" Gesicht Nippons nennen möchte: die spontane Freundlichkeit der Alten, die Zutraulichkeit der niedlichen Kleinen, das Lachen und die Zukunftsfreude der Jugendlichen. Die thematische Anordnung der Szenen und textlichen Eindrücke finde ich besonders gut gelungen; sie zeigen einen ausgeprägten Sinn für Harmonie.

Zurück zu der Faszination der tiefen Schatten, zu den Lichtstrahlen, die mit diesen Schatten spielen, zur Symphonie gebändigter Farben. Rot und Blau sehe ich da, Weiß und Schwarz, und tiefe, reiche Töne wie in den Bildern der deutschen Renaissance. Dann aber auch wieder grellbunte Farben

und Gesichter, die mich an die Malerei des Expressionismus erinnern: So etwas kann man nicht „komponieren", das spürt der Künstler und die Eindrücke kommen zu ihm, ganz „natürlich". Wenn ich an japanische Landschaften und Lebensgewohnheiten denke, fühle ich mich oft wie in einem Gefängnis von vorgestanzten Vorstellungen und Bildern. Ich bin diesem Buch und seinen Autoren dankbar, daß es diese Voreingenommenheit meines Denkens und meiner Vorstellungskraft durchstoßen und mich weitergeführt hat.
Ich bin zutiefst bewegt und berührt von diesem Werk.

1908 in Yokohama geboren

1931 Abschluß an der Tokioter Kunsthochschule, „Kawabata"-Preis

1934 Reisen in Europa, Stipendium an der Berliner Universität für das Studium der Philosophie und Kunstgeschichte

1956 Verleihung des „Nihon Geijustu"-Preises in Tokio

1960 Fertigstellung eines Wandgemäldes für den kaiserlichen Palast

1976 Überreichung des Großen Bundesverdienstkreuzes der Bundesrepublik Deutschland

1983 Ausstellungen in München, Düsseldorf und Bremen

Kai Higashiyama's Landschaftsmalereien wurden von der japanischen Regierung als Gastgeschenke an die bedeutendsten Staatschefs auserwählt: für Chinas KP-Chef Mao Tse-tung, für den US-Präsidenten Gerald Ford und Englands Königin Elizabeth II.

Seine Gemälde hängen in den wichtigsten Museen der Welt. Die besondere Verbundenheit Higashiyama's mit Deutschland zeigt seine Wahl in das Direktorium der „Japanisch-Deutschen Gesellschaft" 1971.

Der Künstler lebt heute mit seiner Frau in der Nähe von Tokio.

Dieter Blum, geboren am 6. 1. 1936 in Esslingen, arbeitet seit 1964 als Bildjournalist und freier Fotograf und unterhält in seiner Heimatstadt ein Farblabor für Berufsfotografen. Blum reiste für die bekanntesten Magazine um die Welt und fotografierte im Auftrag von großen Industrie-Unternehmen Bücher, Kalender und Dokumentationen. Eine Sonderausstellung seiner Arbeiten wurde 1972 auf der „photokina" gezeigt. Blum erhielt zahlreiche Auszeichnungen, darunter 1982 den ersten Preis im bedeutendsten aller internationalen Bild-Wettbewerbe, dem „World Press Photo" (für seine Reportage über die Berliner Philharmoniker im „Stern"). Buchveröffentlichungen: „Afrika – Faszination eines Kontinents" (1976, Vorwort Leopold Senghor, Text Gisela Bonn); „UdSSR – Entdeckungsreise in ein reiches Land" (1980); „Das Orchester – Die Innenwelt der Berliner Philharmoniker" (1983, zusammen mit Emanuel Eckardt).

Erich Follath, geboren am 8. 2. 1949 in Esslingen, studierte Politologie, Germanistik und Geschichte und promovierte 1973 mit einer Arbeit über den Einfluß von Rundfunk und Fernsehen in Indien und der Volksrepublik China. Nach dem Besuch der „Deutschen Journalistenschule" in München arbeitete Follath frei für die ARD und einige deutsche Tageszeitungen, bevor er 1975 zum „Stern" stieß. Für das Hamburger Magazin machte er Reportagen aus allen Kontinenten und schrieb mehrere politische Serien. Aus der Artikel-Folge über den israelischen Geheimdienst Mossad entstand im Frühjahr 1980 das Buch „Das Auge Davids – Die geheimen Kommando-Unternehmen". Seit Herbst 1980 ist Follath Fernost-Korrespondent des „Stern" mit Sitz in Hongkong. Einer der Schwerpunkte seiner Berichterstattung ist Japan.

Inhalt

Immer nur lächeln, aber ganz selten vergnügt ...

Frauen haben es nicht leicht in Japan – auch wenn diese herbe Schönheit aus Kyoto, das Mündchen gespitzt und knallrot geschminkt, offensichtlich ihre Freude an der Verkleidung für das traditionelle Aoi-Fest hat. Nur bei besonderen Anlässen wie zu dieser Pilgerfeier dürfen japanische Frauen ganz aus sich herausgehen. Ansonsten sind sie „die Person im Haus" – so die wörtliche Übersetzung des Schriftzeichens „Frau". Doch immer mehr Japanerinnen kämpfen jetzt gegen die Rollenerwartung an: Nippons Gesellschaft ist im Umbruch

Wo die Schienen-Geschosse rasten

Wie Schlangen auf Abruf: Der Parkplatz für die Super-Expreßzüge in Osaka aus der Luft. 230mal täglich donnern die aerodynamischen Geschosse allein auf der Hauptstrecke zwischen Tokio und Osaka, Geschwindigkeit bis zu 210 km/h. Sie sind die schnellsten und bequemsten öffentlichen Verkehrsmittel und werden jährlich von 100 Millionen Menschen benutzt. Ein Computer diktiert Reisetempo, überwacht Gleise, Signale und Stromversorgung. Der Fahrer, der mit einem Treppchen aus seinem „Cockpit" steigt, ist eigentlich schon überflüssig

Zen — oder die Kunst Motorräder zu verkaufen

Morgen-Meditation im Eiheiji-Kloster von Westjapan. Nur durch die direkte Kommunikation des Herzens mit dem Göttlichen – durch „Zen" – könne man zur Erleuchtung kommen, nicht durch den Intellekt, so predigte der Sektengründer Bodhidharma im 6. Jahrhundert. Die Lehre vom leeren Kopf wurde früher von Militärs geschätzt – als ideale Anleitung für Disziplin und Selbstaufopferung. Heute schicken Japans Großfirmen ihre Angestellten zu Kursen ins Kloster – wer sich begeistert unterordnet, verkauft auch besser

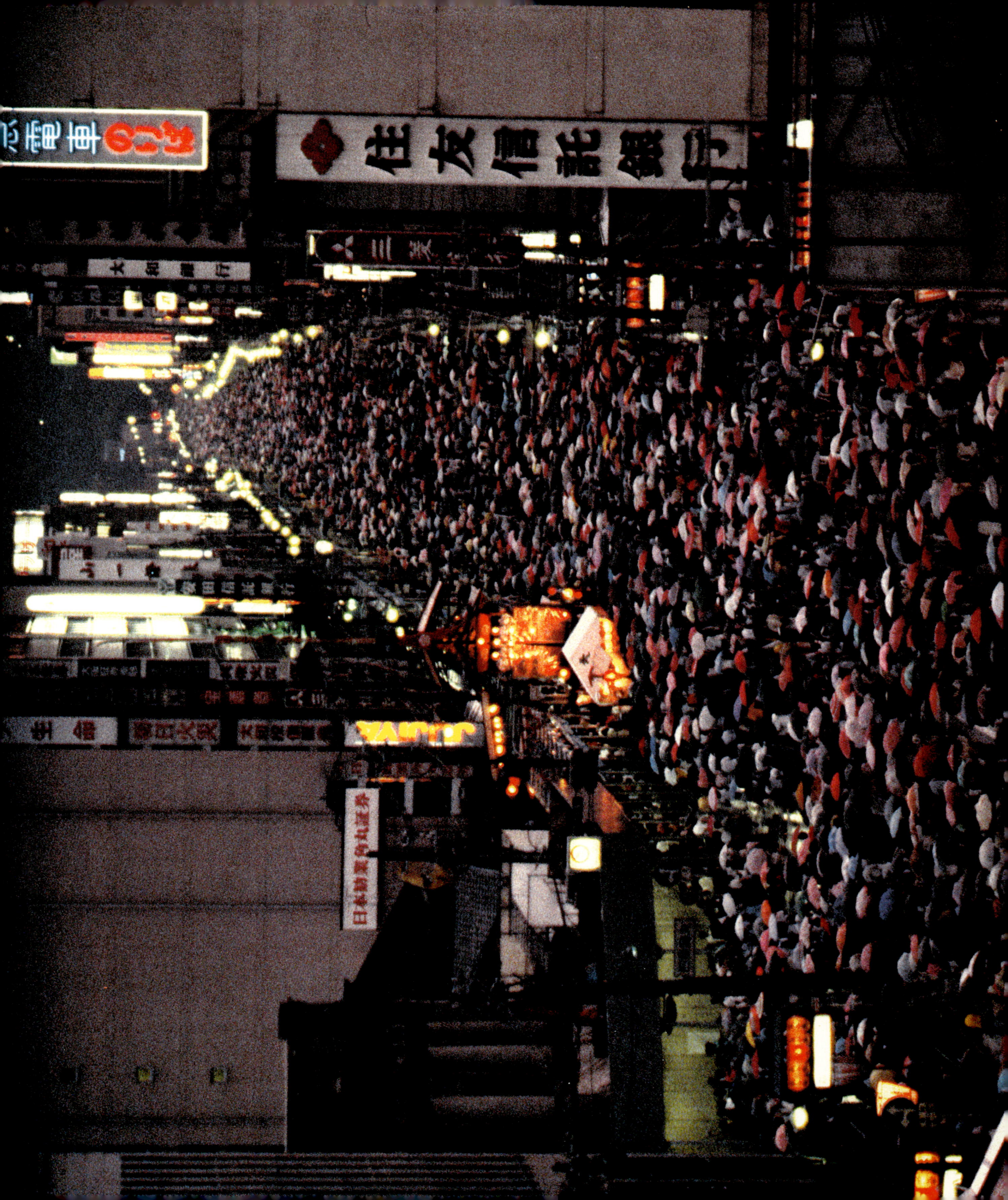

Auch der stärkste Regen kann sie nicht stoppen

Mehr als 100.000 Menschen ziehen durch die Straßen der alten Kaiserstadt Kyoto, um das Gion-Fest zu feiern. Kaum jemand kennt noch den Ursprung der Volksbelustigung, die alljährlich Mitte Juni stattfindet: Im Jahr 876 hatte die Obrigkeit zu einem Umzug gegen die Pest aufgerufen – die Götter sollten mit Opfern um ein Ende der Plage gebeten werden. Heute tragen junge Männer buntbemalte Wagen durch die Straßen, der Alkohol fließt in Strömen – Rosenmontag auf japanisch

Er bläst,
wie ihm der Schnabel
gewachsen ist

Tief Luft holen, ran ans
Mundstück und dann los:
Ein Freizeit-Künstler zeigt
beim Aoi-Fest in Kyoto, wie
es geht. Die achtlöchrige
Schnabelflöte stammt aus
Indien und kam im
6. Jahrhundert über
China nach Japan. Mit
den Musikinstrumenten
hielten es die Japaner wie
mit allen anderen
Neuerungen aus dem
Ausland: Sie übernahmen,
was ihnen gefiel, sie
veränderten, was ihnen
verbesserungswürdig
erschien, sie ließen links
liegen, was sie nicht
mochten. Auch die Koto,
ihre berühmte Harfe,
ist die Weiterentwicklung
eines Instruments aus Korea

Ein Computer, der jede rote Ampel kennt

Zentrale Verkehrsüberwachung der City von Tokio: Ferngesteuerte Kameras melden dem Polizei-Hauptquartier jeden Stau auf den Straßen, die verschiedenen Lichtpunkte zeigen Ampeln und Baustellen. Tokios Verkehr ist stellenweise chaotisch, doch es passiert – dank japanischer Disziplin und hoher Strafen für Verkehrssünder – weniger als bei uns. Selbst Demonstrations-Züge halten, wenn die Ampel auf Rot schaltet. Und Nahverkehrsmittel Nummer eins ist die U-Bahn

Wo Tee wächst, sind die Götter nicht weit

Schnurgerade sind die Sträucher dieser Tee-plantage bei Kagoshima in Südjapan angeordnet. Nur noch selten findet man in Nippon weite, grüne Flächen wie hier – das Land ist zersiedelt. Kein Wunder: Nur ein Sechstel Japans ist bewohn- und bebaubar, die 119 Millionen Japaner sind damit auf eine Landmasse in der Größe Süddeutschlands zusammengedrängt. Tee ist für sie seit alters her mehr als ein Getränk. Der gemeinsame Genuß mit Freunden gilt oft auch heute noch als religiöse Zeremonie – Kommunikation mit den Göttern

Die größte Stadt der Welt — ein endloses Dorf

Zwölf Millionen Einwohner hat Groß-Tokio, 683.000 Geschäftsbetriebe, 98.000 Fabriken und allein 39.000 Fernsprechteilnehmer, die alle Suzuki heißen. Doch trotz dieser Zahlen, trotz der Hochhäuser und einiger schicker Geschäftsviertel wie Ginza ist Japans Hauptstadt keine aufregende Metropole wie New York, eher ein endloses, chaotisch erbautes Riesendorf mit kleinen Krämerläden um jede Ecke. Langweilig vielleicht, aber dafür auch sicher: Hier gibt es nicht einmal den Bruchteil der Verbrechen von New York und Frankfurt

Alles, nur keine Schamhaare, bitte!

Japans Starfotograf Hideki Fuiji lichtet ein Modell für einen Kunstkalender ab. Doch wie künstlerisch die Bilder auch ausfallen, Schamhaare dürfen sie nicht zeigen – sonst wird das Werk nicht veröffentlicht. Scharfe Zensur auf der einen Seite, geduldete Praxis der „türkischen Bäder" auf der anderen. Die Japaner haben, anders als wir im christlichen Westen, Sex nie als fleischliche Sünde betrachtet, früher war Prostitution legal. Doch unter dem moralinsauren amerikanischen Einfluß nach dem Weltkrieg ist Nippons Gesellschaft puritanischer geworden

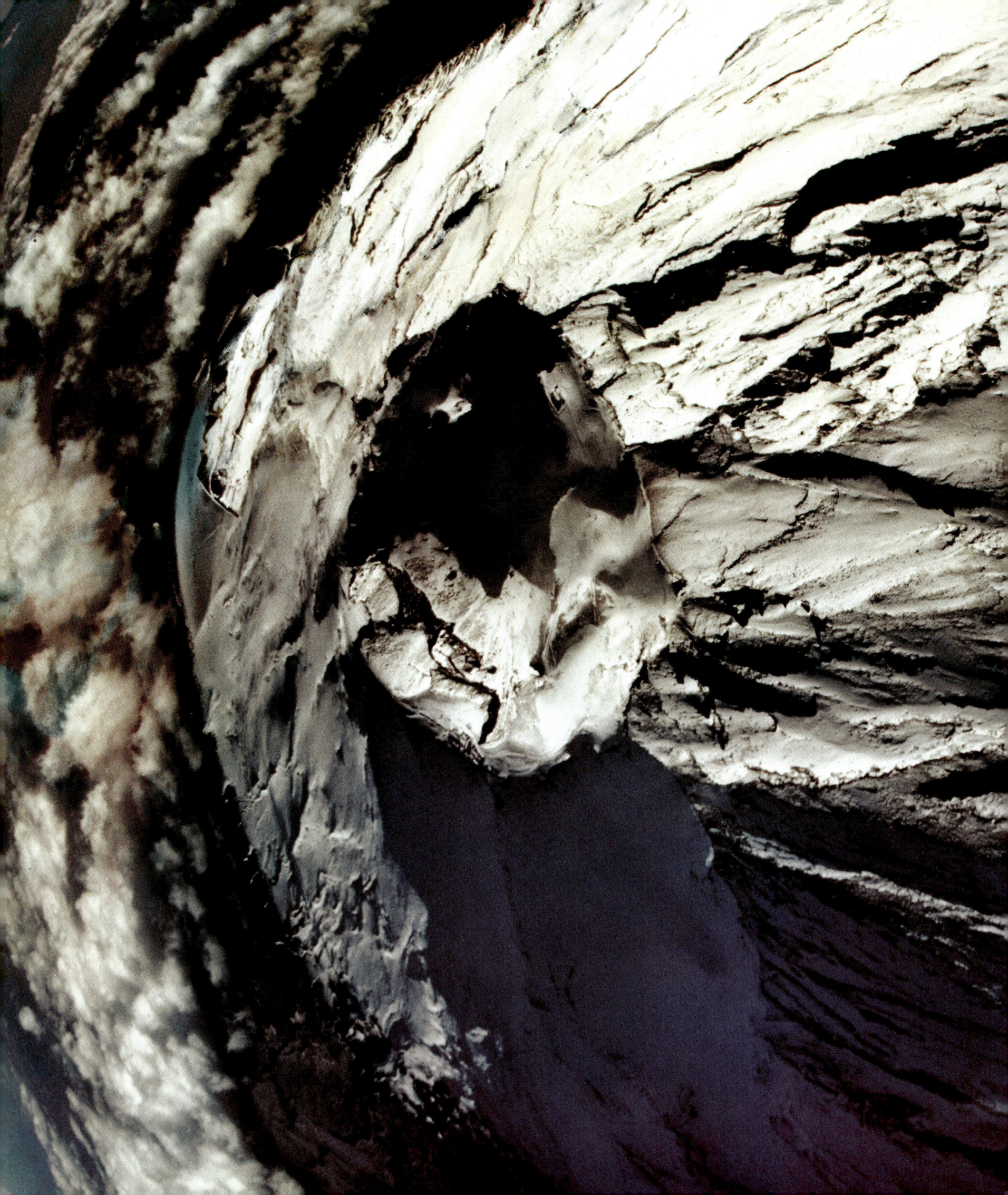

**Der Berg,
der für Japaner
der Nabel
der Welt ist**

Der Gipfel ist 3.776 Meter
hoch, der kreisförmige
Krater hat 600 Meter
Durchmesser und
250 Meter Tiefe,
der Berg gehört zu einer
Vulkankette, die sich durch
ganz Japan zieht. Doch für

die Japaner ist der Fujiyama
(„Feuerberg") mehr als
eine statistisch erfaßbare
Größe: Er ist heiliger Berg,
Sitz der Götter, Schrein der
Seele Nippons. Der Fuji
darf nur im Sommer
bestiegen werden –
einen Blick wie diesen
wird freilich nur der
bekommen, der einen

Helikopter-Piloten zum
Flug in den gefährlichen
Winden über dem Gipfel
überreden kann: Von 35
angesprochenen Piloten
lehnten 34 ab.

Auch was zufällig aussieht, ist immer geplant

Ein Garten ist ein Garten – nicht so in Japan: Hier ist der Garten, wie auf dem Bild die Anlage der kaiserlichen Katsura-Villa von Kyoto, schon seit 15 Jahrhunderten Ausdruck eines besonderen Kunstempfindens, Schönheitsideal, raffinierte Komposition. Der Betrachter soll es nicht wahrnehmen, aber jeder Stein, jede Pflanze ist geordnet und hat eine bestimmte Funktion: Hymne an die von den Japanern als göttlich verehrte Natur. Von Nippons berühmtesten Künstlern entworfen, gelten viele Gärten bis heute als Meisterwerke

Ja, so warn's, ja, so warn's, die alten Rittersleut'

Ausschütten vor Lachen will sich dieser Zuschauer über die mittelalterlichen Kämpfer-Trachten beim historischen Festumzug, der jährlich Mitte Mai am Toshugu-Schrein in Nikko stattfindet. Die Gegner des großen Tokugawa Ieyasu, der solche Ritter befehligte, hatten allerdings wenig zu lachen – im Jahr 1600 ließ er allein bei einer Schlacht 40.000 adligen Rivalen die Köpfe abschlagen. Es begann die Zeit der Shogune, die mit absoluter Gewalt regierten und das Land für über 260 Jahre hermetisch von der Welt abriegelten

WAS KOMMT NACH DEM NÄCHSTEN WALKMAN?

Wirtschaftswunderland.
Modellstaat. Aber auch eine Nation
auf der Suche nach sich selbst

Viertausend Kinder stehen in Reih und Glied. Viertausend Kinder an weißen Markierungen, die auf dem Boden der „Budokan"-Halle von Tokio für ihre Plätze vorgezeichnet sind. Keinen Zentimeter rechts davon, keinen links.

Die Mädchen, alle vier bis sieben Jahre alt, stecken in schwarz-weißen Kleidchen mit roter Schärpe, das Haar duftig hergerichtet und mit Blumenspangen verziert. Die Jungen, alle vier bis sieben Jahre alt, tragen kurze, schwarze Hosen, weiße Wolljacken und Purpur-Schlips. Wichtigtuerisch und selbstbewußt tuscheln die einen, vor Aufregung zitternd und gerötet die Wangen, verharren die anderen.

Der Konzertmeister gibt das Zeichen, und sofort verstummt das letzte Gewisper. Die Kleinen nehmen Haltung an. Sie drücken die Mini-Geigen, die sie bisher in den Händen gehalten haben, unters Kinn. Tausende Köpfchen neigen sich zur Seite. Tausende Füßchen wippen dann rhythmisch, eins, zwei, drei, Strich nach oben, Strich nach unten – es ertönt Vivaldi.

Das Konzert der Knirpse ist ein überwältigender Hörgenuß. Die Griffe sitzen, kaum ein Mißklang. Nach Vivaldi kommt Mozart, und nach Mozart kommt Mendelssohn – „ein Stück, mit dem Sie in der Bundes-republik die Prüfung an der Musikhochschule abschließen können", sagt stolz Shinichi Suzuki, der Inspirator und Organisator des Kinderfestes. Er ist gerade 85 geworden, und hat Schwierigkeiten beim Gehen und beim Artikulieren. Doch seine Augen sind wach, durchbohrend, feurig, wie die eines Jungen. „Die Kinder brauchen mich", sagt er ganz schlicht, einfach als Feststellung. „Ich denke, ich werde meine Pensionierung aufschieben, bis ich 110 bin."

Die Erkenntnis, daß die bisherige Kindererziehung „alles Quatsch" war, kam ihm schon vor Jahrzehnten, als eine Art Erscheinung im Traum. Die Erscheinung argumentierte so: Talent ist nicht vererblich, deshalb sind die Möglichkeiten jedes Kindes unbegrenzt. Es kommt nur darauf an, wie sie entwickelt werden. Da Kinder, ohne Buchstaben zu können, ihre Muttersprache lernen, müßten sie eigentlich auch andere Dinge auf natürliche Weise begreifen. Zum Beispiel, wie man ohne Noten-Kenntnis musiziert.

Suzukis damals vierjähriger Neffe wurde zum Versuchskaninchen – und zum großen Erfolg, als er, mit einer in der Werkstatt von Vater Suzuki hergestellten, auf ein Sechzehntel der Normalgröße verkleinerten Geige, die Klassiker rauf- und runterfiedeln lernte. Und das nur nach Gehör, durch ständiges Nachkratzen der Melo-

33

die, die aus dem Plattenspieler kam. 1947 stellt Suzuki seine Methode erstmals der Öffentlichkeit vor. Von da an verbreitet sie sich wie eine Kinderkrankheit.

„Kleinkinder sind belastbarer als die Eltern denken", sagt Altmeister Suzuki. „Aber am belastbarsten sind doch unsere japanischen Kinder. Wir arbeiten hier einfach mit größerem Ernst als in anderen Ländern. Sehen Sie nur, wie diszipliniert ..." Die kleinen Fiedler spielen zur Abwechslung einmal ein Volkslied: „Hoch auf dem gelben Wagen". Die Bogen fliegen. Die Gesichter sind angespannt, viertausendfach.

Sie sehen zu niedlich aus, die musizierenden Winzlinge. Ihre Leistung ist unglaublich und bewundernswert. Doch es liegt auch etwas Beklemmendes in dem gleichgeschalteten Klang. Etwas Erzwungenes, Ernstes, schrecklich Erwachsenes. Suzuki sagt, seine Methode habe auf die allgemeine Intelligenz-Entwicklung positive Auswirkungen: Seine Schüler seien bei IQ-Tests stets in der Spitzengruppe. Überhaupt könne man mit der Lern-Erziehung nicht früh genug beginnen. „Wir machen in unserem Forschungsinstitut gerade Versuche mit Frauen während der Schwangerschaft. Vielleicht kann man die Kleinen schon im Mutterleib erzieherisch erreichen und sie beeinflussen."

nterviews mit zwei Jung-Künstlern in den Pausen zwischen den Stücken. Zunächst Fräulein Izumi, vier Jahre, dicklich. „Ißt du denn gern?" – „Ja, und wie." – „Und übst du denn auch gern Geige?" – „Ja, und wie." – „Was machst du denn lieber, Essen oder Geigenüben?" – „Geigenüben."

Dann Chimatsu, fünf Jahre, Brillenträger. „Wie lange übst du am Tag?" – „Zwei Stunden." – „Schaffst du es auch noch manchmal, mit deinen Freunden draußen Fußball zu spielen?" Zögern. Blick zu seinem Nachbarn, der gerade wieder die Geige fürs nächste Stück ansetzt. Dann die Antwort: „Wir sind Kinder. Wir haben keine Zeit zum Spielen."

Ende der Vorstellung. Die Kleinen trippeln nach Hause, an der Hand von Mama und Papa. Es ist schwer, Suzukis Worte zu verdrängen und die Schlußfolgerungen, die sie nach sich ziehen: Sollten japanische Kinder wirklich „belastbarer" sein, sollten sie wirklich mit „größerem Ernst" arbeiten, von den ersten Lebensmonaten an, dann war das, was wir bis jetzt an Leistungsexplosion in Fernost gesehen haben, noch gar nichts. Dann kommt auf uns im Westen eine neue Flut von Super-Produkten zu: die japanische Herausforderung, zweiter Teil. Und gerade erst beginnen wir, uns auf den ersten Teil einzustellen.

Wann haben die Deutschen zum ersten Mal etwas gemerkt? Vielleicht, als sie morgens in ihren „Toyota" stiegen? Vielleicht, als sie nachmittags zur Entspannung ihre „Sony"-Stereoanlage anstellten? Vielleicht als sie abends den Alarmton ihrer „Seiko"-Uhr vernahmen, der sie auf den Beginn der „Tagesschau" aufmerksam machte? Jahrelang jedenfalls haben die deutschen Politiker, Industriebosse und Manager das, was sie heute „die japanische Herausforderung" nennen, regelrecht verschlafen – dann reagierten sie, und zwar geballt.

Seit einigen Monaten geben sich Delegationen aus der Bundesrepublik in den Vorstandsetagen der großen Industriebetriebe und in den mit Handel befaßten Ministerien Japans die Türklinken in die Hand. Wie Pilger ziehen sie jetzt aus, um im Tempel des Erfolgs Antworten auf die eigene Misere zu finden. Während westliche Wirtschaften stagnieren, die Bundesrepublik in den frühen achtziger Jahren sogar weniger Waren produziert hat als zuvor, meldet Japan immer neue Rekordzahlen. Geschätztes Wirtschaftswachstum 1983: Plus vier Prozent – und das nicht, wie etwa in den USA, erkauft durch eine fast zweistellige Arbeitslosenrate. Nur 2,5 Prozent der Japaner sind nach Angaben aus Tokio

ohne Beschäftigung, die jährliche Inflation liegt unter 2,0 Prozent. Der Außenhandels-Überschuß geht in die Milliarden Mark. Damit ist der Fernost-Staat eindeutig Stabilitäts-Champion unter den führenden Industrienationen.

Wie machen die Japaner das bloß?

Längst sind sie die Weltmeister im Automobilbau. Ihre Werften produzieren mehr Schiffe als unsere. Ob in der Stahl-, in der Maschinen-, in der Kunstfaserindustrie, es ist überall das gleiche Bild: Wo die USA und die Bundesrepublik einst dominierten, führen heute die Japaner oder kommen uns zumindest mit Riesenschritten näher. Sie exportieren Schwerindustrie-Anlagen, die die Luft verschmutzen – und gleichzeitig die Filter, die sie wieder entpesten. Sie liefern uns Pflanzenschutzmittel und Textilien, vier von fünf Tischbestecken und schon jeden dritten Reißverschluß. Vor allem aber sind sie bei den sogenannten Zukunftsindustrien voreneweg, bei den Produkten für die neunziger Jahre und das kommende Jahrhundert: Industrieroboter, Computer, Mikro-Chips.

Gerade haben sie den Amerikanern bei der Entwicklung der fünften Computer-Generation, den sogenannten „denkenden Maschinen", den Kampf angesagt und ihren Konkurrenten eine Wette darüber angeboten, wer zuerst so einen

Wunderapparat auf den Markt kriegt. Bei den Mikro-Chips lag der Produktionsanteil der Japaner 1974 noch bei weltweit fünf Prozent, heute liegt er schon bei über 60 Prozent, und in der Entwicklung des 256 K-RAM, einem Ding, das 256.000 Bits von Informationen speichern kann, sind die Söhne Nippons derzeit ebenso vor den Amerikanern führend wie beim Einsatz von Industrierobotern – von Europa spricht in diesem Zusammenhang keiner mehr. Rechnet man das Geflecht ihrer Tochterfirmen mit, stehen Konzerne wie „Mitsubishi" und „Mitsui" nicht hinter den Ölmultis zurück – sie sind die größten Firmen der Erde.

Japan als Nummer eins auf der Welt – so hören es die Japaner gern und so projektieren sie es, allen Ernstes, bis Anfang der neunziger Jahre: Dann will der Inselstaat in Fernost auch die USA überholt haben und mehr Waren produzieren und verkaufen als die derzeit größte Wirtschaftsmacht der Erde.

Das Verblüffendste daran: Nichts scheint Nippon bei diesem phänomenalen Wirtschaftserfolg zu begünstigen. Weder ist das Land mit seinen vier Hauptinseln Honshu, Hokkaido, Kyushu und Shikoku sowie den etwa 3.900 anderen Eilanden flächenmäßig besonders eindrucksvoll – die rund 372.000 Quadratkilometer, gut eineinhalb Mal das Gebiet der Bundesrepublik, machen nur 0,28 Prozent der Erdoberfläche aus. Noch ist das ständig von Erdbeben und Taifunen bedrohte Land besonders fruchtbar oder die Bevölkerung besonders groß: Mit seinen 119 Millionen Einwohnern (Bundesrepublik: 62 Millionen) stellt Japan gerade jeden 36. Weltbewohner. Doch diese Japaner erarbeiten volle zehn Prozent aller in der Welt hergestellten Waren, ein jährliches Bruttosozialprodukt von zuletzt 2,8 Billionen Mark. Damit ist Japan drauf und dran, die sowjetische Wirtschaft mit ihren riesigen Bodenschätzen und dem gewaltigen Menschenpotential zu überholen.

Ausgerechnet Japan, das noch vor 130 Jahren ein von der Außenwelt abgeschnittener Feudalstaat mit einer größtenteils analphabetischen Bevölkerung von Reisbauern war. Ein Land, das vor knapp 40 Jahren, nach den Atombomben-Abwürfen von Hiroshima und Nagasaki und der darauffolgenden vernichtenden Niederlage im Zweiten Weltkrieg, am Boden zerstört lag. Und das gerade heute, im Zeitalter der knappen und teuren Rohstoffe, besonders große Probleme haben sollte: Der hochindustrialisierte Staat muß 100 Prozent des Bauxits, 99 Prozent des Erdöls und 98 Prozent des Eisenerzes einführen – es gibt diese

Ressourcen auf den Inseln nicht. Ohne sie aber kann die japanische Industrie nicht produzieren, ohne sie kann das Land nicht überleben.

Man muß es sich so vorstellen: Nippon hängt wie ein Kranker am Tropf, abhängig von einer internationalen „Blutzufuhr", die jederzeit abreißen kann – und es stößt sich dabei auch noch wirtschaftlich gesund. „Wir müssen eine Gesellschaft werden, wie es noch keine zuvor auf der Welt gegeben hat", verlangte Premierminister Yasuhiro Nakasone jüngst und betonte damit etwas typisch Japanisches, nämlich den Anspruch, einmalig zu sein. Auf geheimnisvolle Weise scheint seine Forderung schon in Erfüllung gegangen: Japan, Superstaat.

Eine homogene, in sich geschlossene Insel-Welt mit 99,5 Prozent urjapanischen Bewohnern, kein Schmelztiegel fremder Rassen und Völker wie die USA, kein Land wie die Bundesrepublik, das auch von seinen Gastarbeitern geprägt ist. Und doch eine Gesellschaft, die auf den ersten Blick voller Widersprüche zu stecken scheint. Reisbauern-Familien in gemütlichen Dörfern, die nach alter Väter Sitte ihr eigenes, grobkörniges Papier herstellen; Roboter in menschenleeren Hallen, die mit riesigen Heuschreckenarmen Bleche zusammennieten und schweißen. Shinto-Priester, die jahrtausendealte Weihe-Opfer zelebrieren; ihre Weihe-Objekte: die neuen Autos, die zum Wochenende wie am Fließband an den Tempeln vorbeirollen, 30 Mark pro Wagen, bitte am Eingang zu bezahlen. Die zarte Zerbrechlichkeit alter Kalligraphien; der rüde Strich der in Millionenauflage verbreiteten Porno-Comic-Heftchen. Die Eleganz der Tee-Zeremonie; die Rücksichtslosigkeit des U-Bahn-Gedrängels. Die Überfütterung der Sumo-Ringer; der zur artifiziellen Miniatur zusammengeschrumpfte Bonsai-Baum.

Was für eine seltsame Mischung aus Formalität und Funktionalität, aus Chaos und Charisma! Ein Land mit den vielleicht schönsten Andachts-Stätten und eindrucksvollsten Traditionen der Welt, ein Kulturvolk, das kalte Technologie zu seiner neuen Kunst gemacht hat, und Kommerz zu seiner Religion. Eine Gesellschaft, der es offensichtlich gelungen ist, diese Widersprüchlichkeiten zu harmonisieren, die „Empfindungen einer modernen Menschenmasse mit den Hausregeln eines kleinen Stammes zu verbinden", wie „Time Magazine" einmal schrieb.

Eine weltweit ungeliebte, aber eine bewunderte Gesellschaft. Bewundert vor allem von denen, die auch schon mal ein „Wirtschaftswunder" vollbracht haben, die einst angetreten sind, sich der Welt als „Musterland" zu präsentieren und denen dann irgendwo auf dem Weg der große Erfolg abhanden gekommen ist: den Deutschen. Sie wollen besonders hartnäckig wieder nach dem „Wunder" suchen, und wenn man ihnen so zuhört, haben sie es auch schon gefunden.

Bundesrepublikanische Politiker und Manager kamen aus Japan zurück und erklärten fast übereinstimmend, sie hätten einen Blick ins nächste Jahrhundert getan und den Modell-Staat der Zukunft gesehen. Einen Staat, in dem die Arbeiter selbst am stumpfsinnigsten Fließband-Job Freude haben. Einen Staat, in dem kaum einer krankfeiert und in dem – aus Firmentreue – kaum einer seinen vollen Urlaub nimmt. Einen Staat, in dem alle am gleichen Strang ziehen: die fleißigen Schüler, die aufopferungsvollen Arbeiter, die genügsamen Gewerkschaften und die großzügigen Firmenchefs. Wenn wir unsere Arbeitsplätze retten wollten, sagte Wirtschaftsminister Otto Graf Lambsdorff nach einer seiner Stippvisiten in Tokio, müßten wir so werden wie die Japaner. So fleißig, so effizient.

Vorsicht, „gelbe Gefahr", sagen einige andere mit kaum verhohlenem Rassismus und machen diese „überstundengeilen Workaholics" von Japanern zu Sündenböcken für so ziemlich alles auf der Welt. Vor allem für die eigenen Unzulänglichkeiten. „Indem Sie diesen japanischen Wagen kauften, haben Sie zehn deutschen Arbeitern ihren Job gestohlen", stand kürzlich auf Autoaufklebern im Ruhrgebiet zu lesen – so, als sei es der deutschen Wirtschaft verboten, konkurrenzfähige Autos mit einer den japanischen Wagen vergleichbaren Ausstattung und einem attraktiven Preis auf den Markt zu bringen (und als täten sie nicht genau das, als einer der wenigen Industriezweige, die hierzulande nicht die Zukunft verschlafen haben). Andere Vorwürfe gegen die Japaner sind sicher berechtigter. So schützt die Regierung in Tokio in der Tat manche ihrer Industrien – vor allem aber die Bauern – durch ungerechtfertigte Zölle und selbstherrlich errichtete Handelsbarrieren vor billigeren Auslandswaren. Aber längst haben andere Länder, die sich über diese Form des Protektionismus aufregen, mit ähnlichen Mitteln zurückgeschlagen.

Außer in die Bundesrepublik dürfen die Japaner in kein EG-Land – und auch nicht in die USA – so viele Autos exportieren, wie sie wollen, ob das nun als „freiwilliger Verzicht" oder wie auch immer sonst deklariert ist. Washington hat Sonderabgaben für japanische Motorräder eingeführt, um seiner

Der erste Bundeskanzler der Bundesrepublik Deutschland, Konrad Adenauer, wird am 26. 3. 1960 beim ersten Staatsbesuch in Japan nach dem Krieg, von Kaiser Hirohito und Kaiserin Nagako empfangen.

maroden Krad-Industrie eine Atempause zu verschaffen, Paris ließ monatelang die Abfertigung von Autos und Videorecordern aus Fernost durch seinen Zoll „verbummeln" – die feine französische Art der Importbeschränkung: Der von allen westlichen Politikern als sakrosankt verkündete, hehre Grundsatz des freien Handels ist von solchen restriktiven Maßnahmen durchlöchert. Am erfolgreichsten umgehen die Barrikaden diejenigen Produzenten, die ihre Kapazitäten schnell umstellen und leicht veränderte oder ganz neue Waren auf den Markt werfen können, für die solche künstlichen Handelshürden noch nicht gelten. Und das, wiederum, verstehen am besten die Japaner.

Sollen wir also, wie es die Fernost-Staaten Singapur und Malaysia schon getan haben, die Japaner zu unseren erklärten Vorbildern machen? Sollen wir diejenigen nachahmen, die wir noch vor gar nicht so langer Zeit als „Kopier-Könige" verspotteten? Ein bißchen vielleicht von Nippon abgucken oder uns ganz von der Vorstellung trennen, man könnte von einer solch fremdartigen Kultur etwas lernen?

Tokio, Stadtteil Shibuya, neun Uhr morgens. Ein strahlender Frühlingstag. Yoshi weint. Bittere Tränen laufen über sein rundes Kindergesicht, hinab über die schwarzweiße Uniform, bis zu den kurzen Hosen. Noch vor wenigen Wochen war er einer der umjubelten kleinen Geigen-Virtuosen beim Konzert in der Stadthalle, heute hat er eine große Enttäuschung erlebt. Er hat versagt. Yoshi Nakayama hat soeben erfahren, daß er die Aufnahmeprüfung in den „Shoto"-Kindergarten nicht bestanden hat. Dabei war er doch gut präpariert – die Mutter hatte ihn seit Wochen mit einem Nachhilfelehrer auf den 70-Fragen-Test vorbereiten lassen.

Yoshi ist vier Jahre und neun Monate alt. Seine Chancen für eine spätere Karriere in der Wirtschaft oder im Staatsdienst sind jetzt rapide gesunken. „Denn nur, wer den richtigen Kindergarten geschafft hat, kommt bestimmt auf die prestigeträchtigste Schule, die Elite-Universität – und damit an einen Spitzen-Job", sagte Pädagogik-Professor Masayoshi Munuese. Und nur wenige Kindergärten können diese nahtlose Pipeline in die Zukunft so sicher garantieren wie das Renommier-Institut in Shibuya.

Japans Schulsystem gilt in aller Welt als vorbildlich, als „beispiellos effektiv", wie Harvard-Professor und Japan-Fan Ezra Vogel meint, als „eines der Geheimnisse für den Wirtschaftserfolg Nippons" und „Grund, warum wir in der Bundesrepublik nicht mehr mithalten können" („Die Welt"). In der Tat ist eindrucksvoll, was da auf den Inseln in Fernost passiert: 99,98 Prozent aller jungen Japaner durchlaufen die neunjährige Pflichtschulzeit, über 90 Prozent besuchen anschließend auch noch eine höhere Schule – Weltrekord. Nirgendwo auf der Erde gibt es so wenige Analphabeten, 0,3 Prozent gegenüber fast zwei Prozent in der Bundesrepublik und fast vier in den USA. Japanische Kinder haben 30 Prozent mehr Unterrichtsstunden als unsere im Westen, und sie bewältigen ihre Lernstoffe schneller. Das Ergebnis: Bei den letzten von den Vereinten Nationen unternommenen Vergleichstests schlugen japanische Schüler ihre Konkurrenten aus anderen Ländern in Fächern wie Mathematik und Naturwissenschaft um Längen.

Der Erfolg hat seinen Preis. „Vergiß nicht, Dein Mitschüler ist Dein natürlicher Feind", warnt eines der offiziellen japanischen Prüfungs-Handblätter. Feind bei dem permanenten Auslese-Mechanismus, der Nippons Bildungssystem von frühester Jugend an ist: Ein gnadenloser Kampf um Notendurchschnitte hinterm Komma, ein Hindernislauf von einem Examen zum nächsten. Kaum ein Schüler kommt dabei ohne die „Jukus" aus, teure Nachhilfeschulen. Für die besseren „Jukus" wird wieder eine Aufnahmeprüfung verlangt, worauf eine Spezial-„Juku" vorbereitet.

Um in dieser Prüfungshölle zu bestehen, müssen selbst Grundschüler oft mehr als zehn Stunden am Tag pauken – zum Beispiel in schwitzkastenähnlichen Isolierzellen, die Saunahersteller für hellhörige Wohnungen zum „ungestörten Studieren" empfehlen. „Kyoiku-mama", „Super-Mütter", nennt man leicht spöttisch die Frauen, die für die Ausbildung ihrer Sprößlinge alles tun und sich gelegentlich sogar in die Klassenzimmer setzen und mitschreiben, wenn der Kleine krank ist. Aber sie machen es ja nicht wie die „Eislauf-Mütter" in Deutschland, die ihren Kleinen aus falsch verstandenem Ehrgeiz zu sportlichem Ruhm verhelfen wollen und um selbst einmal im Rampenlicht zu stehen, sondern aus Verantwortungsbewußtsein – sie wissen, daß sie ihren Kindern nur so eine optimale Chance für ihre Zukunft ermöglichen. Ein Erfolgsrezept gibt es aber auch für die eifrigste „Supermama" nicht. Vielleicht hätte der kleine Yoshi seine wichtige Prüfung bestanden, wenn ihn die Mutter statt zum Geigen ins „Kleine-Leute-Studio" von Tokio geschickt hätte, wo man neben Kursen in Rechnen und Englisch – Aufnahme ab 29 Monate – auch schon mal am Computer spielen darf.

Der Ausbildungs-Streß, das Leben unter Druck wie in einem Dampfkochtopf, fordert Opfer. Magengeschwüre sind in Japan keine Manager-, sondern eine Schüler-Krankheit. Allein in Tokio haben ein Dutzend Kliniken Sonderabteilungen für Schulstreß-Geschädigte eingerichtet. Nippon hält neben vielen stolzen Weltrekorden auch einen besonders traurigen – den bei Kinder-Selbstmorden.

Zwei Väter hat das japanische Erziehungssystem, zwei Väter aus unterschiedlichen Kulturkreisen, über deren Seelenverwandtschaft man noch nie spekuliert hat, aber durchaus einmal spekulieren dürfte: Konfuzius und Bismarck. Das Gedankengut des chinesischen Philosophen, das im 6. Jahrhundert nach Christus auf die Inseln drang, fiel in der schon damals autoritätshörigen japanischen Gesellschaft auf besonders fruchtbaren Nährboden. Konfuzius lehrte Grundtugenden wie Nächstenliebe, gutes Benehmen und Ehrfurcht gegenüber den Eltern. Vor allem aber predigte er die Herrschaft einer – dem Volk wohlmeinenden – akademischen Elite. Das Preußen des „Eisernen Kanzlers" lieferte die mehr handfesten Aspekte des japanischen Schulsystems: die Prügelstrafe, das kreativitätsverhindernde Klassenbewußtsein, die geistlose Auswendig-Paukerei. Aus der Verbindung entstand „Shushin", die „Moral-Erziehung" für Nippons Jugend. Sie schließt auch heute noch die Verpflichtung ein, sich stets diszipliniert zu verhalten, allzeit das Beste aus sich herauszuholen und dem Lehrer als Respektsperson für seine Bemühungen – und seine Schläge – Dank zu zeigen.

In japanischen Schulen bleibt keiner sitzen – zu groß wäre die Schande. Wer ins Gymnasium aufgenommen wurde, schafft auch den Abschluß. Mehr als 40 Prozent aller Abiturienten gehen dann auf eine Hochschule (Bundesrepublik: 25 Prozent), die sie fast ausnahmslos mit einem akademischen Zeugnis verlassen. Doch Uni-Abschluß ist in Japan nicht gleich Uni-Abschluß: den Zugang zu Top-Posten in Industrie oder Verwaltung sichern nur die Papiere der sieben Spitzen-Institute des Landes. Jedermann in Nippon kennt diese Abstufung. Die staatliche „Todai", bei der sich die meisten bewerben und wo die Aufnahmeprüfungen am strengsten sind, wird nur von knapp drei Prozent aller Studenten durchlaufen, doch mehr als 25 Prozent aller japanischen Top-Manager und mehr als 30 Prozent aller Kabinetts-Minister sind „Todai"-Absolventen.

Theoretisch hat jeder Schüler in Japan die gleiche Chance, zu dieser Elite zu gehören, und einige Bauern- und Arbeitersöhne haben den Aufstieg in die Chefetagen auch geschafft. Aber in der Regel stehen den Krieg um die optimale Ausbildung am besten die durch, die viel Geld haben. Nachhilfestunden sind kostspielig. Es empfiehlt sich und es ist auch durchaus üblich, den Lehrern Geschenke zu machen – schließlich spielt ihre Beurteilung der „Persönlichkeit" des Schülers später beim Berufseinstieg eine fast so große Rolle wie das Abgangszeugnis. Private Universitäten halten immer einige Plätze für Schüler frei, die sich nicht qualifizieren können, deren Eltern aber hohe „Spenden" für das Wohlergehen des Instituts beisteuern.

Vier Jahre lang studieren die Japaner dann im Schnitt, es sind für fast alle die schönsten Jahre ihres Lebens, die Zeiten des Händchenhaltens, des Ausgehens, manchmal auch des politischen Demonstrierens. Doch Aufsässigkeit und Anflüge von individualistischen Neigungen legen sich in den meisten Fällen wieder – nach der fast lässigen Studierzeit beginnt der Ernst des Berufslebens. Und auf den sind die Söhne und Töchter Nippons gar nicht oder zumindest sehr schlecht vorbereitet. Sie mögen sich in vielen Lehrjahren ein abfragbares Auswendig-Wissen angeeignet haben, mit dem deutsche und amerikanische Hochschüler nicht konkurrieren können, doch sie werden ihre Spezialkenntnisse professionell kaum anwenden. Ihre Arbeitgeber, die großen Renommier-Firmen, wollen das gar nicht: Sie suchen Leute für eine Lebensstellung, nicht für eine festgelegte Tätigkeit, sie suchen vielfältig einsetzbare „abgerundete Persönlichkeiten" ohne Ecken und Kanten, nicht eine brillante Elite von Vordenkern.

Wichtig ist, daß sich die Berufsneulinge in die Firmen-Gemeinschaft einordnen können und wollen. Um dieses Ziel zu erreichen, veranstalten manche Unternehmen Kennenlern-Teestunden oder gar mehrtägige Meditations-Fahrten ins Kloster. Eingeübt werden „Kimochi" und „Wa", Harmonie-Gefühl und Wir-Bewußtsein – bei den meisten mit Erfolg. Fast alle Uni-Absolventen lassen sich ohne Murren von ihrem Arbeitgeber dort einsetzen, wo der es für nötig hält. Bevor die „Neuen" also Ansprüche stellen, zeigen sie sich erst mal solidarisch: Für die japanische Wirtschaft ist diese Bereitschaft ein ungeheurer Wettbewerbsvorsprung.

Bleibt die Frage, warum es all diejenigen, die jetzt eine fast unkündbare Lebensstellung bei einem der Großkonzerne gefunden haben, künftig nicht langsamer angehen lassen – bundesdeutsche Beamte sind doch auch nicht gerade berühmt dafür, daß sie sich in der Arbeitszeit totmachen. Japaner dagegen arbeiten viel, konzentriert und nach eigenen Aussagen auch sehr gern, obwohl sie längst keine „economic animals", keine „Arbeitstiere" sind, die sich – wie man das im Westen manchmal hört – voller Begeisterung und ganz und gar kritiklos vor den Karren ihrer Firma spannen lassen. Aber unbestreitbar gibt es in Nippon eine andere Arbeitseinstellung als bei uns – und um das zu erklären, fängt Professor Shinoda bei Adam und Eva an.

Der weißhaarige Hochschullehrer von der Tokioter „Sophia"-Universität glaubt, daß uns Christen die Erbsünde jede Freude an der Arbeit genommen hat: „Adam und Eva wurden aus dem Paradies vertrieben, und fortan mußten sie zur Strafe arbeiten. Seither betrachten sie im Westen Arbeit als notwendiges Übel, um ihren Lebensunterhalt zu fristen. Wir Buddhisten und Shintoisten haben keine solche Vorgeschichte. Für uns ist Arbeit eine Quelle von Stolz, Freude und tiefster Befriedigung – wir denken nicht immer nur ans nächste freie Wochenende."

Früher war harte Arbeit noch mehr: eine Überlebensfrage. Seit Urzeiten lebten auf den Inseln Reisbauern, oft in bitterer Armut. Auf den terrassenförmigen Feldern war der Bauer der jeweils unteren Stufe vom Wasserfluß der nächsthöheren Anbau-Ebene abhängig. Das zwang zu Disziplin und Gemeinschaftssinn – nur in der Gruppe konnte der Reisbauer die oft

Keiji Nakazawa

Der Mann, der nicht vergessen kann

Als am 6. August 1945 um 8.15 Uhr Ortszeit die Atombombe über Hiroshima explodierte, hatte der siebenjährige Keiji Nakazawa unwahrscheinliches Glück. Er war nur eineinhalb Kilometer vom Zentrum der Bombe entfernt, doch er überlebte, weil er hinter dicken Schulmauern stand. Nur seine Haare versengten. Weniger Glück hatte seine Lehrerin: Sie verbrannte vor Keijis Augen. Weniger Glück hatte auch die Familie: Als der Kleine wie in Trance nach Hause lief, fand er dort, wo das Haus der Nakazawas gestanden hatte, nur noch ein Trümmerfeld. Keijis Vater, einer seiner Brüder und zwei Schwestern röchelten noch unter der Last der eingestürzten Mauern. Doch es gab keine Rettung für sie.

Die Mutter lebte, sie hatte vor dem Feuerblitz im Speicher Schutz gefunden. Sie zog den kleinen Keiji weg von den Leichen und den grauenhaft Verstümmelten, deren Haut in langen Streifen von den Armen hing, als wäre sie klebrig-flüssiger Gummi, weg von denen, die sich, blind geworden, die Fetzen von den Körpern rissen und um einen Tropfen Wasser flehten, weg von dieser Apokalypse aus brennenden, schmelzenden, stinkenden Körpern. Sie stolperten durch die Trümmer hinaus aufs Land, zurück ins Leben.

Vergessen konnte Keiji nicht, aber er versuchte zu verdrängen. Er arbeitete nach dem Krieg als Plakatmaler, schlug sich später als Zeichner von Sciencefiction-Geschichten durch.

1966 starb die Mutter: Es war eine Spätfolge der Bombe, sagten die Ärzte. Da konnte Keiji das zentrale Ereignis seines Lebens nicht mehr verdrängen. In Tagen und Nächten voll fieberhafter Arbeit erzählte er von Hiroshima, und zwar mit seinen Mitteln: als Comic-Strip. Und verblüffend genug – Sprechblasen und naiver Zeichen-Strich machen das Grauen so deutlich wie die schonungsloseste Hiroshima-Dokumentation. Da fällt auch nicht einfach eine Bombe aus heiterem Himmel: Der Autor zeigt die politische Unterdrückung im Kriegs-Japan, zeigt, wie selbst Kinder, die nicht an den Sieg glaubten, von Kriegsfanatikern als „Verräter" verfolgt wurden. Schonungslos greift Nakazawa auf, was nach der Katastrophe als tabu galt: die Unmenschlichkeit japanischer Ärzte, die sich weigerten, die in Hiroshima schwerverletzten koreanischen Gastarbeiter zu behandeln – die sind „Untermenschen" noch im Tod.

Die Comics wurden in Japan zum Millionen-Erfolg. Keiji Nakazawa, 43, ist heute verheiratet und hat eine Tochter. Die Ärzte behandeln ihn auf Leukämie – eine Strahlen-Nachwirkung. Er ist als Hiroshima-Opfer Nr. 0019760 ausgewiesen, rote Karte. Das heißt: keine Pension, aber die Arztkosten übernimmt der Staat.

harten Winter überstehen und seine Familie durchbringen. Dennoch mußte Japans Bevölkerung noch Ende des 18. Jahrhunderts so Hunger leiden, daß es üblich wurde, neugeborene Kinder in abgelegenen Tälern auszusetzen und sie ihrem Schicksal zu überlassen.

Das aus der Not entstandene System des Zusammenlebens basierte zwangsweise auf den Verpflichtungen des einzelnen gegenüber der Mehrheit, nicht auf seinen Rechten. Als 1868 die erste japanische Verfassung formuliert wurde, mußte das Wort für „persönliches Recht" („Kenri") erst einmal erfunden werden.

Japan kannte keine massiv einsetzende industrielle Revolution, keinen Verkauf von Arbeitskraft – Karl Marx kam nicht bis nach Nippon. Die Landarbeiter verstanden sich auch in den schlimmsten Feudalzeiten nicht als geschundene Leibeigene ihres Großgrundbesitzers, sondern als Teil seiner „Familie". Und ganz oben stand der Kaiser. Ihm zu dienen, ihn zu verehren, war die höchste und heiligste Pflicht – nach japanischer Auffassung stammt das Kaiserhaus direkt von der Sonnengöttin Amaterasu ab, was das japanische Volk auserwählt und einzigartig macht, seinen Herrscher zum wahren „Vater der Nation". Wie bedingungslos dem „Gott-Kaiser" zu gehorchen war, ist in die Landessprache eingegangen: „Matsuru", Anbeten, und „Matsurigoto", Regierung, haben den gleichen Wortstamm.

Da die Japaner die gesamte Menschheit nicht als Einheit begriffen, sondern sich selbst als Zentrum der Erde und das Maß aller Dinge, blieben sie gern unter sich. Die selbstgewählte Isolation war für den Inselstaat ein Vorteil. Den Söhnen Nippons wurde vom Ausland nichts aufgezwungen, sie konnten sich heraussuchen, was sie von den Fremden übernehmen wollten. Dieses Borgen von den anderen, die Weiterentwicklung und Verfeinerung fremder Ideen lernten sie bald meisterhaft zu beherrschen. Von den Chinesen übernahmen sie im 6. Jahrhundert die Soziallehren des Konfuzius, den autoritätsbetonenden Zen-Buddhismus, die Pagoden-Bauweise, die Pinsel-Kalligraphie, den Bonsai-Baum – alles Dinge, die ihnen einleuchteten und gefielen. Das chinesische Schönheitsideal von den kleinen, verkrüppelten Frauenfüßen lehnten sie ab: Sie sahen keinen Sinn darin.

Später kamen andere Importe. „Tempura" zum Beispiel, die „typisch japanische" Spezialität – panierte Garnelen, in Öl gebacken –, guckten die Insulaner von den Portugiesen ab. „Sukiyaki Beef", das besonders zarte Rindfleischgericht, ist eine „Leihgabe" aus Amerika. Vor 1850 aßen die Japaner – schon die Vorstellung der reine Ekel für sie! – keine Rinder; die erste Kuh starb für ein Bankett des US-Konsuls in Shimoda – die japanische „Schlachter-Vereinigung" ließ ein Monument an der Stelle errichten.

Jahrhundertelang war es gewöhnlichen Japanern bei Androhung der Todesstrafe verboten, Kontakt mit Ausländern aufzunehmen. Doch als Guckloch in die Fremde erlaubten Japans Herren selbst im abgeschotteten Nippon des 17. Jahrhunderts einigen Holländern auf einer Insel vor Nagasaki Geschäfte zu machen. Im Tausch für Nahrungsmittel erwarben die Japaner Feuerwaffen. Sie hatten so etwas noch nie gesehen, fanden die Gewehre aber überaus nützlich. Wenige Jahre später hatte Japan 20.000 dieser Waffen, jede eine exakte Kopie des Originals.

Doch das reichte nicht, als der Feind geballt angriff. Im Sommer 1853 erzwangen die amerikanischen Kriegsschiffe des Kommandanten Matthew Perry die Öffnung Japans. Es war eine beispiellose Demütigung für das Insel-Reich, als über Nacht die „Barbaren"-Kaufleute und die Missionare ungehindert ins Land strömten – eine Druckkabine, deren Fenster luftdicht geschlossen waren, platzte plötzlich auf. Das Land veränderte sich. Mit der „Meiji"-Reformbewegung von 1868 kamen die erste Butter, die erste Limonade, die erste elektrische Lampe ins Land. Kundschafter schwärmten von den Inseln in die ganze Welt aus, um für Nippon von allem das „Beste" zu borgen. Bei der Verfassung ließen sich die Japaner von Bismarck inspirieren: die Souveränität lag beim Kaiser, nicht beim Volk, das Kabinett war nur ihm verantwortlich. Lediglich die Reichsten, etwa ein Prozent der Bevölkerung, durften die Abgeordneten für das Parlament wählen, das Oberhaus blieb der Aristokratie vorbehalten.

Mit Demokratie hatte das alles noch nicht viel zu tun – aber das System bewährte sich. Aus einer feudal-anachronistischen Gesellschaft wurde in kurzer Zeit eine Weltmacht, die 1894 aus nichtigem Anlaß China angriff und ein Jahrzehnt später den Russen eine schwere Niederlage zufügte. Übersteigertes Selbstbewußtsein führte zu einer faschistoiden Herrschaft der Militärs, die am japanischen Wesen die Welt genesen lassen wollten. Aggressionskrieg hieß die Losung, die 1945 zur Katastrophe führte.

Aber selbst in der totalen Niederlage blieben die Japaner sich treu. Sie borgten und verbesserten, saugten mit Begeisterung den Lebensstil der amerikanischen

Sieger auf und freundeten sich selbst mit dem ihnen verordneten Regierungssystem der parlamentarischen Demokratie an. Aus den Kriegern des Kaisers wurden Soldaten der Wirtschaft. 1953 erwarb „Sony" von der amerikanischen „Western Electric" für ganze 25.000 US-Dollar das Recht, Transistoren herzustellen – heute reißt sich die ganze Welt um die neuesten „Sony"-Stereorecorder.

Die Japaner machten nicht die Fehler der Amerikaner und Europäer, die den fremden Gästen ihre Forschungslabors oft gar zu bereitwillig und ein wenig naiv vorzeigten – in der irrigen Annahme, die „Anfänger" im Fernen Osten könnten ihnen ja sowieso nicht gefährlich werden. Sie schotteten ihre Produkte ab: Weltweit hat in den letzten Jahren niemand so viele Patente angemeldet wie die Japaner. Und sie erfanden ein einmaliges System des Zusammenspiels zwischen Staatsmacht, Ministerialbürokratie und freiem Unternehmertum – die „Japan AG".

Im Zentrum dieser Politik steht das Ministerium für Internationalen Handel und Industrie, nach seinen englischen Anfangsbuchstaben kurz MITI genannt. MITI fördert mit Milliarden-Geldern ganz gezielt jene Industrien, in denen Nippon besonders große Wettbewerbschancen gegenüber anderen Ländern hat – gegenwärtig vor allem die Computertechnik, die Biochemie und die Weltraumforschung. MITI tritt auch in Aktion, wenn Firmen unter Konjunkturflauten leiden oder schrumpfende Sektoren neu strukturiert werden müssen. Dann einigen sich Unternehmen und MITI über Krisenkartelle, Fusionen und Kapazitätsabbau – ein Stück Planwirtschaft, zweifellos.

Doch nicht zu vergleichen mit den sozialistischen Ländern: MITI will nicht den Wettbewerb zwischen den Firmen verhindern. Was einzelne Unternehmen zu tun oder zu lassen haben, müssen sie selbst verantworten. Rasche Genehmigungen, Steuerbefreiungen und Abschreibungen zu verschaffen, das ist der MITI-Job, sowie die reibungslose Finanzierung durch die halbstaatlichen japanischen Banken. Und genau das verschafft den Japanern den oft beobachteten langen Atem: Während deutsche Unternehmen ihren Aktionären immer schnelle Gewinne vorweisen wollen und diese zum alleinigen Maßstab des Erfolgs machen, können Japaner langfristiger planen und sich mehr um die Festigung ihres Marktanteils kümmern als der Maximierung des Jahresprofits nachzuhecheln.

Reibungslos läuft es allerdings auch mit MITI nicht immer: Die Wirtschaftslenker haben schon öfter auf die falschen Pferde gesetzt, so als sie „Sony" jahrelang daran hinderten, Transistor-Technologie zu importieren und statt dessen Geld in die Entwicklung irgendwelcher Vakuum-Röhren pumpten, die inzwischen längst vergessen sind. Bei Langfristprogrammen von nationalem Interesse freilich bewährte sich die „Japan AG". Besonders in der Energiepolitik zeigte sich, wie wichtig konzertierte Aktion sein kann. 1973 traf der erste Ölpreisschock Nippon mit einer Heftigkeit wie kaum ein anderes Land, Fabriken mußten schließen, das Ende des japanischen Wirtschaftswunders schien gekommen. 1979, als das OPEC-Kartell wieder zuschlug, kam Japan glänzend durch die Krise – der private Ölverbrauch war um mehr als 20 Prozent gefallen, die Industrie hatte die Verbrennung des teuren Rohstoffes um über 25 Prozent gedrückt und alternative Energiequellen wie die Atomkraft wurden voll ausgeschöpft.

Bei aller Planung war das nur möglich, weil sich das japanische Wertesystem in den vielen Jahrhunderten seit der Samurai-Zeit kaum verändert hatte. Noch lebt, arbeitet und denkt der Durchschnitts-Japaner wie früher in seiner Gruppe und für seine Gruppe. Heute ist er nicht mehr auf seine Reisbauern-Gemeinschaft oder auf den Großgrundbesitzer eingeschworen, sondern auf seine Firma. Stolz trägt er ihr Abzeichen am Rockaufschlag, singt morgens das Firmenlied und treibt abends mit den Kollegen Kollektiv-Sport – oder geht mit ihnen einen trinken. Glück findet er fast nur innerhalb seiner Gruppe, selbst die Familie ist oft zweitrangig. Er strebt nicht wie wir im Westen nach Selbstverwirklichung, sondern nach Selbstaufgabe fürs Gruppenwohl. Er will sich unterordnen, nicht andere überragen – Individualisten sind bis heute in Japan nicht gefragt. „Wenn ein Nagel zu weit heraussteht, dann muß man ihn einhämmern", heißt ein Insel-Sprichwort. Nur vier Japaner haben seit 1949 einen Nobelpreis in Naturwissenschaften bekommen, gegenüber 120 Amerikanern und 40 Deutschen – und keiner der vier forschte oder lehrte an einer japanischen Universität.

Wie früher beim Reisanbau auf den Feldern gibt es auch heute noch keinen Unterschied zwischen „höheren" und „niederen" Arbeiten – die Prestige-Abstufung zwischen „Angestellten" und „Arbeitern" ist unbekannt. Deshalb läßt sich ein Ingenieur bei betriebsinterner Rationalisierung klaglos zum Facharbeiter, Verkäufer oder auch Chauffeur umschulen. Da die Betriebsgewerkschaften selten aufmucken – auch sie verstehen sich als Teil der Firma –, können modernste Technologien wie die Anwendung von Industrierobotern in Japan leicht durchgesetzt werden.

Oft sind es jedoch nicht irgendwelche neuartigen „Zauber-Apparate", die Nippons Vorsprung ausmachen, sondern gerade die simplen Verbesserungen am Arbeitsplatz, etwa, wenn die Produktion genau dem Eingang der Bestellungen angepaßt wird und überflüssige Lagerbestände wegfallen. Japaner sind Meister solcher Vereinfachungen. Ihr größtes Erfolgs-„Geheimnis" ist ein System, das sie aus dem Westen übernommen und mit ihrem Perfektionsdrang zu einer nationalen Leidenschaft gemacht haben: die Qualitätskontrolle. Während fehlerhafte Produkte in Großbritannien eine industrielle Ausschußquote von rund zehn Prozent verursachen, in den USA und in der Bundesrepublik immer noch an die sechs Prozent, ist es den Japanern nach eigenen Angaben geglückt, die Abfallmarge auf 1,2 Prozent zu senken. Und das alles nur durch Prämienanreize und das ständige Einhämmern, wie wichtig fehlerfreie Waren sind.

Es ist die scharfe Konkurrenz im Lande, die Nippons Industrie zur ständigen Produktverbesserung zwingt. Nach gängiger Vorstellung lebt die japanische Wirtschaft fast ausschließlich vom Auslandsgeschäft, „die Japaner exportieren, um überleben zu können", liest man immer wieder. Ein Mythos. Nur 13,5 Prozent aller im Lande hergestellten Waren gehen ins Ausland, die Bundesrepublik ist mit 26,7 Prozent gerade doppelt so exportabhängig, Kanada noch mehr. Die Firma „Hitachi" beispielsweise, größter Elektronik-Hersteller, verkauft nicht einmal ein Drittel ihrer Produktion außer Landes. Dafür muß sich „Hitachi" gegen 580 andere Firmen behaupten, die auf den Inseln Radio- und Fernsehapparate fertigen: Der japanische Konsument kann zwischen 205 Stereokopfhörern und über 75 unterschiedlichen Plattenspielern wählen. Er verlangt ständig Neues – seit „Sony" 1979 mit seinem „Walkman" auf den Markt kam, haben zwölf andere Firmen nachgezogen und die „Sony"-Macher gezwungen, ihr Modell in elf verschiedenen Versionen zu überarbeiten. Japans Manager dürfen nicht rasten und rosten.

Dafür wird selten gestreikt. Manchmal tragen japanische Arbeiter eine rote Binde am Arm, auf der „Streik" steht – doch dabei arbeiten sie brav weiter: mit rund 2.100 Jahresstunden 330 mehr als ihre deutschen Kollegen. Der Stundenvorsprung ist nicht automatisch ein Leistungsvorsprung. Nach einer japanischen Studie leisten deutsche Arbeiter in acht Stunden, wozu Japaner elf brauchen. Permanente Diskussion auf allen Ebenen über Arbeitsabläufe und neue Betriebsziele kosten Zeit. Dagegen fallen in Nippon weniger Stunden durch Krankheit aus, und noch immer nehmen Japaner nicht einmal die Hälfte von den 20 Tagen Urlaub, die ihnen gesetzlich zustehen.

Japanische Großfirmen zahlen in der Regel nicht nach dem Leistungsprinzip, sondern nach der Dauer der Betriebszugehörigkeit – ein Facharbeiter mit 15 Dienstjahren kann gut doppelt so viel verdienen wie ein neueingestellter Diplomingenieur. Firmen-Wechsel gilt in Japan fast schon als „asozial": Der unaufhaltsame Aufstieg innerhalb eines Konzerns ist ja jedem sicher. Er schlägt sich ab einer bestimmten Position auch im Spesenkonto nieder, mit dem Geschäftsfreunde bewirtet werden. Die Nachfahren der Samurai sind ein Volk von Spesenrittern geworden: über 20 Milliarden Mark werden jährlich als Spesen abgesetzt, mehr als der ganze Verteidigungshaushalt ausmacht.

Auch die Management-Entscheidungen fördern das Wir-Gefühl im Konzern. Die meisten Führungskräfte haben sich jahrzehntelang in einer Firma nach oben gedient und verdienen nur den Bruchteil des Gehalts ihrer deutschen Kollegen. Und wenn sie versagen, können sie nicht

Ryosai Nagamine

Der Mann, der nicht vergessen will

Ihr Auftrag war: Töten. Ihr Schwur war: Keiner von uns kommt lebend zurück. Die Japaner nannten sie „Kamikaze"-Flieger – in Erinnerung an „Kamikaze", den göttlichen Wind, der im Jahr 1281 die Schiffe der invasionsbereiten Mongolen von den Küsten Japans zurück aufs Festland getrieben hatte. Sie sollten sich auf die immer näher heranrückenden amerikanischen Kriegsschiffe stürzen und mit ihnen in Flammen aufgehen – ein verzweifeltes Konzept gegen die drohende Niederlage im Zweiten Weltkrieg. Ein Konzept freilich, das göttlichen Segen hatte: Überall im Land warben Shinto-Priester für den ehrenvollen Opfertod und ermunterten Nippons Söhne, ihr Leben für das Vaterland zu lassen – ihren Seelen käme es in einer anderen Welt zugute. Als Ryosai Nagamine am 11. März 1945 frühmorgens vom Luftwaffen-Stützpunkt Kagoshima in Südjapan aufstieg, hatte er auch schon eine aufbauende Messe hinter sich. Nagamine war einer der ältesten Kamikaze-Flieger auf der Basis. Er war 21.

Wegen seiner „Erfahrung" und wegen seiner Flugkünste erhielt er einen Spezialauftrag: Er sollte eine Gruppe von 24 Kamikaze-Jagdbombern mit einem Radarflugzeug zum Feind führen, in die Nähe der Marianen-Inseln. Damit kein Zweifel über das weitere Schicksal des „Leithammels" bestand, war seine Maschine nur für einen Weg getankt – ein Zurück sollte es, Solidarität mit den Kameraden,

auch für ihn nicht geben. Nagamine fand die amerikanischen Flugzeugträger. Lediglich einer der Todesflieger traf ins Ziel, die anderen wurden vorher abgeschossen. Alle starben – nur einer kam durch: Der Mann, der sie ins Unglück geführt hatte. Nagamine konnte sich mit seiner brennenden Maschine auf eine unbewohnte Insel retten. Dort lebte er 57 Tage nur von Ratten und wurde dann gerettet.

Weil er „keinen Amerikaner sehen wollte", ging er nach Kriegsende in ein abgelegenes Dorf in Südjapan und wurde Fischer. Heute leitet er in Tokio einen Fisch-Großhandel: Ryosai Nagamine, 59, silberhaarig, bebrillt und stets im grauen Anzug, ist ein erfolgreicher Geschäftsmann geworden. Er liebt es, mit seinen Enkelkindern zu spielen. Als Präsident des „Vereins ehemaliger Marineschüler" organisiert er Treffen für die wenigen übriggebliebenen „alten Kameraden". Den Kamikaze-Einsatz hat er nie bereut, auch wenn er heute weiß, daß nicht einmal jede sechste Attacke erfolgreich war: „Wir mußten es tun, für Japan und den Kaiser."

Über seinem Schreibtisch hängt, sorgfältig gerahmt, das Bild von der Verabschiedung einer Kamikaze-Einheit vor dem Einsatz. „Sehen Sie den Stolz in den Gesichtern", sagt Herr Nagamine.

auf einen neuen Top-Posten in einer anderen Industrie flüchten. Sie lassen sich deshalb mehr einfallen als Manager hierzulande und treffen auch keine einsamen Entscheidungen, sondern versuchen alle Mitarbeiter einzubeziehen. „Nemawashi" nennen die Japaner diesen oft mühseligen Prozeß der Entscheidungsfindung – „Wurzelbindung".

Wenn auch kaum ein einfacher Arbeiter den Vorschlag seines Firmenbosses oder Gruppenleiters umstoßen wird, so bleibt ihm doch das Gefühl, „mitbestimmt" zu haben. Mehrheitsentscheidungen gibt es nicht, man diskutiert bis zum allgemeinen Konsens. Wenn der allerdings einmal gefunden ist, wird er von allen mit Begeisterung getragen, auch von denen, die ursprünglich anderer Meinung waren.

Japans Großindustrielle umwerben ihre Mitarbeiter. Sie sorgen für Firmen-Kindergärten, für Firmen-Cafeterias, Tee-Zeremonien für die Frauen der Angestellten, Glückwunschkarten auch zum Kindergeburtstag. Oft helfen sie ihren Arbeitnehmern sogar dabei, den geeigneten Ehepartner zu finden – die Firma kümmert sich patriarchalisch um einfach alles.

Auf der anderen Seite aber gibt es nur geringe Firmenleistungen für die Krankenversicherung und auch, angesichts der unzureichenden staatlichen Altersversorgung, nur eine bescheidene Betriebsrente – selten mehr als 40 Prozent des Gehalts, und häufiger noch, nur eine Abschlagszahlung (für jedes Dienstjahr etwa ein Monatsgehalt). Da viele Konzerne ihre Mitarbeiter mit 55 Jahren zwangspensionieren, der Staat aber niemandem vor seinem 65. Geburtstag Pension zahlt, müssen die meisten Japaner zehn harte Jahre lang hauptsächlich von ihrem Ersparten leben.

Während 1970 noch nicht einmal jede fünfte japanische Familie ein Auto besaß, sind es heute mehr als drei von fünf. Farbfernseher gibt es – geradezu unglaublich – in 98 Prozent aller Haushalte, und fast jede zweite Wohnung ist klimatisiert. Doch die Wohnungen selber sind winzig – „Puppenstuben", oder unfreundlicher noch, „Kaninchenställe" haben ausländische Beobachter sie genannt. Eine vierköpfige Familie muß in Japan mit durchschnittlich 40 Quadratmeter Wohnraum auskommen, der Hälfte weniger als eine vergleichbare deutsche Familie. Und schnelle Lösungen für die Misere sind nicht in Sicht: die Quadratmeterpreise in Tokio sind die höchsten der Welt. Selbst wer es auf sich nimmt, täglich fünf Stunden in Zubringerbahnen zu sitzen, zahlt in den Vororten noch über 300.000 Mark für eine kleine Woh-

51

nung. An so viel Geld kann nur herankommen, wer ein Betriebsdarlehen aufnimmt – und das wiederum ist eine neue, die stärkste Form der Abhängigkeit vom Arbeitgeber.

Japan ist kein Platz für Aussteiger. Oder sollte man sagen: Japan *war* kein Platz für Aussteiger? Denn jetzt plötzlich, Anfang der achtziger Jahre, vollzieht sich auch in Nippon ein Wandel. Die traditionellen Wertvorstellungen der „Japan AG" beginnen zu bröckeln. „Es ist, als hätten uns die anderen Industriestaaten mit einer Krankheit infiziert", schreibt Tokios „Japan Times", „der Krankheit der fortgeschrittenen Nationen". Auf dem Weg zur „Nummer eins" auf der Welt scheint vielen die Leidensfähigkeit abhanden gekommen zu sein: Die Japaner haben, wie sie selber sagen, neuerdings „verlernt, mit Tränen ins Bett zu gehen".

Sonntags ist Tokios Hauptverkehrsstraße am Yoyogi-Park, Stadtteil Harajuku, abgesperrt, und zwar von zehn Uhr morgens bis drei Uhr nachmittags. In dieser Zeit flippt Japans Jugend aus. Mit Einwilligung und unter den strengen Augen der Verkehrspolizei. Die Mädchen tragen spitzhackige Schuhe und Petticoats, das Haar ist zu Rattenschwänzchen zusammengebunden, rote Schleife obendrauf. Der Stil der fünfziger Jahre ist „in", und alles, was amerikanisch ist: „Playgirl" steht auf einer der bunten Jacken, „Donald Duck" und „Wild Cat" auf anderen. Angesagt ist Rock 'n' Roll, der aus mitgebrachten Stereorecordern dröhnt, satter, sich ständig wiederholender Sound, „Rock around the clock". Mitgebracht wird auch Verpflegung. Ein Schluck aus der Pulle, Limonade bei den Mädchen, Bier bei den Jungs. Die tragen Elvis-Tolle, schwarzes Leder und rasseln schon mal mit Ketten. „Hell's Angels" und „Space Shuttle" sind ihre Lieblings-Buttons. Man tanzt im Freundeskreis, Boys mit Boys und Girls mit Girls – auch ausgeflippt wird in der Gruppe.

Ob die Jugendlichen vom Yoyogi-Park, im Schnitt zwischen 16 und 23 Jahren, Spaß haben, ist schwer zu sagen. Sie lachen kaum einmal. Auf ihren Gesichtern spiegelt sich die gleiche, konzentrierte Verbissenheit wie bei den kleinen vierjährigen Geigern: eine Fortsetzung der Suzuki-Schule mit anderen Mitteln. Und doch eine neue Qualität. Denn während die Mehrzahl der „Ausflipper" pünktlich um zehn vor drei die Sachen packt, um sich die Rebellion abzuschminken und in den geordneten Kreislauf von Familie, Schule und Arbeitsplatz zurückzukehren, gibt es neuerdings auch andere. Wie an diesem Nachmittag.

Sechs junge Männer schlendern auf eine der Barrikaden zu, die von der Polizei aufgestellt wurden – und laufen plötzlich Amok. Holz splittert, als sie die Barrikaden gegen die nächsten Häuserwände knallen und immer wieder Laternenpfähle mit den Balken bearbeiten. Niemand wird verletzt, die Polizei ist schnell zur Stelle und verhaftet die Rowdies. Es war wie ein Ausbruch, wie ein Halbstarken-Happening in der Bundesrepublik der sechziger Jahre, eine Eruption sinnloser, ohnmächtiger Gewalt.

Dieselbe sinnlose, ohnmächtige Gewalt beobachten die Japaner zu ihrem Schrecken immer häufiger, vor allem in Schulen. 1983 wurden mehr als 1.000 Lehrer verletzt – Schüler waren mit Messern, Schwertern und Basketball-Schlägern auf sie losgegangen. Jedes zweite Verbrechen in Nippon begehen heute Jugendliche, ein Prozentsatz, der zwar etwas niedriger liegt als in den USA, aber dramatisch zunimmt. Noch vor kurzem war so etwas im konfuzianischen, zum Respekt vor der elterlichen und staatlichen Autorität erziehenden Japan undenkbar. Ein anderer Trend, der das neue Nippon kennzeichnet: Die Scheidungsraten sind seit 1980 stark gestiegen. In Japan trennen sich derzeit mehr Paare als in der Bundesrepublik und in Frankreich – und doppelt so viele wie noch 15 Jahre zuvor.

Soziologen sprechen von einem Umbruch in der Gesellschaft, der sich eben erst zu vollziehen beginnt: Noch zeigen Meinungsumfragen, daß fast 90 Prozent der Japaner mit ihrem Leben „sehr zufrieden" oder „zufrieden" sind, 85 Prozent, mehr als in irgendeinem anderen Land der Erde, zählen sich zur „Mittelklasse" der Bevölkerung. Doch während 1958 jeder zweite Jugendliche bereit war, „alle Kräfte für den Staat und die Firma einzusetzen", mochten das 1982 nur noch ganze sechs Prozent. Je mehr sich Japan der Welt öffnet, je mehr Informationen aus anderen Ländern in das Inselreich dringen, desto deutlicher werden die Einschränkungen und Einengungen durch den „Harmoniestaat".

„On", das System, das Japan regiert, und das aus einem unendlich komplizierten Netzwerk von Verantwortlichkeiten, Abhängigkeiten und gegenseitig abzutragender Schuld besteht, kann lediglich innerhalb einer angestammten Gruppe funktionieren. Und „Harmonie" heißt oft selbst in dieser Gemeinschaft nur, daß Konflikte nicht offen ausgetragen werden. Sobald aber ein Japaner seine Gruppe verläßt, wird die Doktrin der Harmonie eine Form der Tyrannei.

Ob auf der Parkbank, in der Kneipe, im

Flugzeug, kein Japaner kann ohne weiteres mit seinem unbekannten Gegenüber reden. Er weiß nicht einzuschätzen, wieviel höher oder tiefer der andere auf der sozialen Erfolgsleiter steht. Er weiß nicht, wie oft er sich verbeugen muß, welche Kopfhaltung er einzunehmen hat, welchen Tonfall, welche Worte er wählen soll. Denn die japanische Sprache, die Nippons Söhne selbst „den Zungenschlag des Teufels" nennen, ist eine Klassen-Sprache. Sie ist ein Spiegelbild sozialer Barrieren.

Nicht zwischen Intellektuellen und Arbeitern laufen diese Klassen-Schranken, sondern zwischen den Festangestellten der Konzerne, die gerade 30 Prozent aller Beschäftigten ausmachen, und den „Tagelöhnern" aus dem Heer der kleinen Zulieferbetriebe, die von den Großkonzernen ausgequetscht werden; zwischen den männlichen Arbeitnehmern und den berufstätigen Frauen, die trotz hoher Qualifikationen immer noch häufig als „Kaffeeholerin" und dekorative „Blume am Arbeitsplatz" ausgenutzt werden und oft bei gleicher Leistung nur halb soviel Lohn bekommen; zwischen den „normalen" Japanern und der Kaste der zwei Millionen „Burakumin", die als Ausgestoßene gelten, weil ihre Vorfahren „unreine Berufe" – Schlachter, Kürschner, Leichenbestatter – hatten. Von japanischer

„Harmonie" ausgeschlossen sind auch die rund 700.000 koreanischen Gastarbeiter, die von den Japanern – welch Ironie für uns Europäer – als „Schlitzaugen" verachtet werden.

Wer nur an das Wohl und Wehe seiner unmittelbaren Umgebung denkt, kann kein Gefühl für Gemeinsinn und Nächstenliebe entwickeln, das über seine Gruppe hinausgeht. Der Unterschied zwischen „Uchi", denen „drinnen", und „Soto", den anderen da „draußen", ist nirgendwo so groß wie hier: Das reiche Japan hat sich lange Zeit geweigert, auch nur einen Bootsflüchtling aus Vietnam aufzunehmen. Und als nach der Erdbebenkatastrophe in Sizilien 1973 in Tokio gesammelt wurde, brachten die stark erdbebengefährdeten Einwohner der japanischen Hauptstadt gerade 2.000 Mark an Spenden auf.

Lockerer sitzt der Yen, wenn es um das Verteilen von Pfründen geht. Politik hat in Japan ursächlich etwas mit Geld zu tun – vielmehr noch als in der Bundesrepublik. Ein Skandal, wie er in Bonn um die Flick-Spenden für die verschiedenen Parteien entstanden ist, wäre in Nippon undenkbar – Japaner wissen, daß ihre Abgeordneten für Gelder zugänglich sind. „Wer im Wahlkampf fünf Millionen Mark ausgibt, kommt durch, wer drei Millionen ausgibt,

54

verliert", heißt ein geflügeltes Wort, und ein anderes: „Ein erfolgreicher Politiker muß in der Lage sein, sauberes und schmutziges Wasser gleichzeitig zu trinken." Selbst wer gar zu tief am „schmutzigen Wasser" genippt hat und gerichtlich der passiven Bestechung überführt ist wie der frühere Premierminister Kakuei Tanaka, muß deshalb nicht aus dem politischen Geschäft sein: Tanaka, Spitzname „Shogun der Dunkelheit", zieht auch heute noch im Hintergrund die Fäden.

Das war in Nippon immer so. Neu ist nur, daß viele Japaner solche doppelte Moral zu stören beginnt, daß sich ihre Einstellung gegenüber den Politikern wandelt. Wenn die LDP, die „liberale" Regierungspartei, die – vom bundesrepublikanischen Spektrum aus gesehen – weniger liberal als vielmehr konservativ ist, auch weiterhin jede Wahl gewinnt, so liegt das nicht an ihrer Überzeugungskraft oder Popularität, sondern an den schwachen Alternativen.

Die Sozialisten als Haupt-Oppositionspartei bieten in sich ein völlig widersprüchliches Bild und bringen keine Führungspersönlichkeit hervor. Die Kommunisten sind für die meisten Japaner einfach nicht wählbar, obwohl sie sich in Tokio nicht moskauhörig, sondern eher „eurokommunistisch" geben. Die Unzufriedenheit der breiten Masse mit ihren Volksvertretern ist am besten an der Wahlbeteiligung abzulesen – bei den letzten Provinzwahlen ging gerade noch jeder zweite zur Urne. Kleine Interessen-Gruppen, „Boutique-Parteien", wie Premier Nakasone sie nannte, feierten Überraschungserfolge: Selbst einer Wählergruppe, deren einziger – und doch recht utopischer – Programmpunkt es war, die Steuern abzuschaffen, gelang der Sprung ins Parlament.

Weder die neuen noch die etablierten Parteien haben Patentrezepte für die Probleme, die auf Nippon zukommen – es gibt solche Rezepte nicht. Japan wird in den nächsten Jahrzehnten einen dramatischen demographischen Wandel durchmachen: Die Nation altert, und zwar sehr bald und sehr schnell. Im Augenblick sind nur etwas über neun Prozent aller Japaner älter als 65, im Jahr 2000 werden es schon 16 Prozent sein, im Jahr 2020 fast 22 Prozent. Auf dem Weg in die Rentner-Gesellschaft ist Japan international die „Nummer eins" – nirgendwo gibt es, auch das eine Wohlstandsfolge, eine so hohe Lebenserwartung wie auf den Inseln in Fernost. Wenn wir in der Bundesrepublik von einem „Renten-Loch" sprechen, von dem keiner weiß, wie es finanziell aufzufüllen wäre, steht Japan vor einem „Renten-Krater".

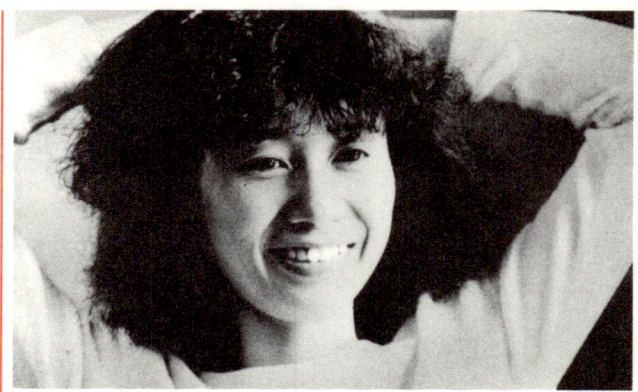
Chinatsu Nakayama

Die Japaner haben diese Problematik begriffen und sich darauf eingestellt: Bei einer Umfrage stellte sich heraus, daß sie sich am meisten um ihr Auskommen im Alter sorgen, das ist der Hauptgrund, warum sie so viel sparen. Außer für die Pensionärs-Zeit legen sie noch für die teure Ausbildung ihrer Kinder und Enkel Geld zurück, sowie für die Verbesserung ihrer Wohnverhältnisse – auch in Nippon träumt man vom Häuschen im Grünen. Nur eben häufiger als bei uns vergebens.

Jahrelang schwappte über die japanische Gesellschaft eine Konsumwelle nach der anderen, und das Volk genoß alles in vollen Zügen: Nachholbedarf einer Nation, die Wohlstand nie gewohnt war. Doch jetzt sind die wesentlichen materiellen Grundbedürfnisse gedeckt und die anderen, wie geräumige Wohnungen oder eine gesicherte Altersrente, sind nicht zu erfüllen. So zerrinnt die Konformität der Gesellschaft, alte Strukturen zerbröckeln. Es bleibt eine geistige Leere, ein Gefühl der Entwurzelung und Entfremdung. Was kommt nach dem nächsten Walkman?

Auf der einen Seite steht die Einsicht in die eigenen Probleme und Unzulänglichkeiten; auf der anderen Seite der ständige westliche Kotau vor dem „Modellstaat Japan" – beides bleibt nicht ohne Wirkung auf die Japaner. Manche flüchten in eine Beschwörung traditioneller Werte

Die Frau, die es den Profis zeigen will

Ihr Haar fällt halblang über die Schultern, sie trägt hauteng Jeans und rosafarbene Blusen. Sie wirkt wie ein Paradiesvogel unter all den gesetzten älteren Herren mit ihren korrekten grauen Flanellanzügen, und immer noch geht ein Raunen durch die Ränge des Oberhauses, wenn sie das Wort ergreift: Chinatsu Nakayama, 34, ist seit zwei Jahren Abgeordnete im japanischen Parlament. Sie kämpft als einzige Vertreterin der kleinen „Progressiv-Liberalen Liga" („Kakujiren") für Umweltschutz, gegen Atomkraftwerke und Aufrüstung. Sie ist Japans „Grüne".

Mit elf Jahren machte Chinatsu zum ersten Mal auf sich aufmerksam – sie feierte als Kinderstar auf der Bühne einen glanzvollen Erfolg. Dem Image vom Wunderkind blieb sie auch fortan treu: Immer die Beste in der Klasse, und das trotz vieler Theaterverpflichtungen. Eine eigene Fernseh-Show. Ein Gedichtband, der für den japanischen Literaturpreis vorgeschlagen wurde. Ein Buch über die Sexualität der Frau, das im prüden Japan zum Gesprächsstoff Nummer eins und zum Bestseller wurde. Irgendwann reichte ihr das nicht mehr: Sie wollte in die Politik, wollte es den „Profis" zeigen. Denn zu eingefahren fand sie das Räderwerk der Macht, zu banal die Antworten der Etablierten auf die drängendsten Fragen der Zeit.

Chinatsu Nakayama zog gegen die Korruptions-Praktiken der etablierten Parteien ins Feld und prangerte das Wahlsystem an, das die von der Industrie mit Millionen-Zuschüssen versorgten Kandidaten bevorzugt. Sie wollte für „Sauberkeit" in der Politik sorgen und führte ihren Wahlkampf mit dem Sammel-Hut – ohne einen Industrie-Sponsoren, ohne Fernsehwerbung, ohne Zeitungsanzeigen. Sie trug eigene Gedichte vor wie dieses: „Leben ist wichtiger als Geld/ Freunde sind wichtiger als Dein sozialer Rang/ Hab den Mut, die Waffen wegzuwerfen/ Und mit mir zu teilen, was übriggeblieben ist von den natürlichen Wundern dieser Welt." Sie gewann. Aber sie weiß, daß sie ihren Erfolg vor allem ihrer Fernseh-Popularität zu verdanken hat. „Bei uns in Japan ist politisches Bewußtsein noch nicht sehr ausgeprägt", sagt sie.

Frau Nakayama glaubt aber immerhin bei den Jugendlichen einen Wandel festgestellt zu haben – „die lassen sich nicht mehr beliebig manipulieren". Obwohl sie in der „Diet" als Einzelkämpferin nicht mehr als ein bißchen Unruhe stiften kann, registriert sie zornig-zufrieden erste Wirkung bei den „Etablierten": Die Parlaments-Protokolle, die jedem Abgeordneten zustehen, wurden ausgerechnet ihr verweigert.

und versuchen, Nippon gegen weitere Fremdeinflüsse dichtzumachen. Ex-Außenminister Sunoa Sonoda ist so einer. Werbewirksam ließ er sich vom Fernsehen beim klassisch-japanischen Kampfsport Kendo ablichten. Jeden Morgen verwandelt sich der Politiker in einen spätgeborenen Samurai und drischt mit einem langen Bambusschwert 60 Minuten lang auf einen imaginären Gegner ein. Japaner pflegen oft nur gar zu gern Mythen über sich. Sie genießen es, anders, „einzigartig" zu sein – das hält den Rest der Welt auf nötiger psychologischer Distanz. Sie lieben es, uns „Gaijin", den Fremden, Rätsel aufzugeben und unverstanden zu bleiben und betonen selbst ihre eigenen Widersprüche.

Wie soll man auch ihre Liebe zur Natur verstehen, wenn sie ihren heiligen Berg, den Fuji, mit Müll regelrecht zudecken? Wie soll man ihre meisterhaft angelegten Gärten bewundern, wenn sie dabei doch die katastrophale Zersiedlung im Ballungsgebiet der Großstädte dulden? Wie soll man begreifen, daß sie, die gebrannten Kinder von Hiroshima, bedenkenlos auf Atomkraft setzen, ihre Nuklear-Anlagen schlecht überwachen und in Erdbebengebieten errichten? Was soll man von ihrer Poesie voll von Liebesromantik und sexueller Freiheit halten, wenn sie heute am liebsten Sado-Comics lesen und ein Heer von Zensoren damit beschäftigt ist, in Magazinen wie dem „Playboy" die „moralisch gefährlichen" Schamhaare zu schwärzen?

So hätte denn eine Rückbesinnung auf altjapanische Werte schon ihren Sinn, wenn sie mit Auswüchsen der Neuzeit aufzuräumen hülfe. Doch oft kommt zur Traditionsbeschwörung ein anderes Phänomen dazu, das übersteigerte Selbstbewußtsein – und diese Mischung ist explosiv. Japan könnte wieder versucht sein, sich wie früher als Maß aller Dinge zu sehen, Umkehr eines Trends aus der Zeit nach dem Zweiten Weltkrieg: Damals verhielten sich die Japaner gegenüber dem Westen und seinen Einflüssen unterwürfig, jetzt fallen sie schon mal ins andere Extrem: Sie werden überheblich.

„Zusehen zu müssen, wie Amerika ständig an Glanz einbüßt, das ist gerade so, wie man die Schönheit eines früheren Liebhabers dahinwelken sieht", schrieb immerhin eine so angesehene Zeitung wie Tokios „Asahi Shimbun" in ihrem Leitartikel. Von Hohn und Spott troff es noch vielmehr, als eine japanische Telefongesellschaft kürzlich ablehnte, ein amerikanisches Angebot auf eine Ausschreibung für neue Geräte auch nur zu diskutieren. Fernmeldetechnik könne man – so das Werk in einem Brief – „mit Rücksicht auf den japanischen Qualitätsstandard" nicht mehr aus den USA beziehen. Sollten die Amerikaner jedoch „Plastikeimer oder Putzlappen" liefern wollen, könne man darüber mit sich reden lassen. Stoßen neue Sekten, rechte Gruppen und alte Militärs in Japans geistiges Vakuum? Wollen sie Japans „Selbstverteidigungs-Streitkräfte" wieder ausbauen, um im Ausland zuzuschlagen?

Man könnte das für möglich halten. In Japans Schulbüchern, verantwortet vom Erziehungsministerium, wurden die Greueltaten der eigenen Armee lange Zeit verharmlost und Nippons Angriffskriege erschienen wertneutral als „Vormarsch" – erst unter internationalem Druck korrigierte die Regierung solche Unglaublichkeiten. Höchst bedenklich, sagen manche Soziologen: Auch in den dreißiger Jahren diskutierten im Parlament von Tokio Parteien von rechts bis links, und dennoch gab es rasch einen Erdrutsch zum Ultranationalismus. Die Japaner sind – bei aller Vorsicht vor Generalisierungen eines Volkscharakters – ebenso wie die Deutschen zur bedingungslosen Unterordnung bereit und damit anfällig für kollektiven Wahnsinn. Sie brauchen dazu, die Geschichte hat es bewiesen, nicht einmal eine Führer-Figur wie Hitler oder Mussolini. Ihr Kriegspremier Tojo war kein Dämon, eher der blasse Verwalter einer faschistischen Massenbewegung.

Eine akute Gefahr für die japanische Demokratie stellen vereinzelte revanchistische Tendenzen aber noch lange nicht dar. Fast drei Viertel der Bevölkerung plädieren gegen jede Erhöhung des Militärhaushalts – von wegen, daß die Japaner wieder im Ausland „zuschlagen" wollen. Fairneß ist angebracht: Wir im Westen mögen es nicht leicht mit den Japanern haben, aber oft haben sie es auch nicht leicht mit uns: Dieselben Politiker in Bonn und Washington, die vor einem „aufkommenden Militarismus" in Nippon warnen, beklagen oft im gleichen Atemzug, daß sich die Japaner auf Kosten anderer ihre Verteidigungs-Ausgaben sparen. Was sollen sie nun tun? Die Japaner können nur aufrüsten oder abrüsten – beides zusammen geht schlecht.

In ihrer Nachkriegs-Verfassung haben sie sich, von den Amerikanern diktiert, zum Pazifismus bekannt und sich schriftlich verpflichtet „nie mehr Land-, See- und Luftstreitkräfte zu unterhalten". Seit 1954 gibt es, sozusagen an der Verfassung vorbei, die „Selbstverteidigungs-Streitkräfte". Während die USA aber über sechs Prozent ihres Bruttosozialprodukts für die Armee verwenden, und die Bundesrepublik auch noch knapp drei Prozent, haben die Japaner ihre Ausgaben stets unter ein Prozent gehalten. Nicht gerade viel für ein Land, das ganze 600 Kilometer von der chinesischen Küste und nur 250 Kilometer vom nächsten sowjetischen Stützpunkt entfernt liegt.

Ganz langsam, ganz vorsichtig streift die Weltmacht Japan ihre Insular-Mentalität ab und nähert sich der internationalen Völkerfamilie an. Unter dem selbstbewußten, aber selten selbstherrlichen Premierminister Nakasone wird das Verteidigungsbudget erhöht. Auch außenpolitisch beginnt Nippon in die Rolle hineinzuwachsen, die ihm zusteht. Während frühere Premierminister sich bei internationalen Konferenzen stets im Hintergrund hielten und die Undurchsichtigkeit ihrer Aussagen zur Kunstform stilisierten, profiliert sich Nakasone, in der Heimat wegen häufiger Meinungswechsel als „Wetterhahn" verschrien, im Ausland mit klaren Erklärungen. Und er hat sich auf die Suche nach den Märkten von morgen begeben, die die Bundesrepublik wie ihre EG-Partner schon wieder zu verschlafen droht: Er besuchte – und hofierte – die wirtschaftlich schnell wachsenden ASEAN-Staaten, allen voran Singapur und Malaysia, machte dort gut Wetter für verbesserte Handelsbeziehungen. Zu Hause riß er wenigstens ein paar der

Handels-Barrieren ein, mit denen sich Japan bisher vor ausländischen Produkten abschottete – alles Ausdruck eines weitergehenden Wandels: Nippon scheint bereit, sich der Völker-Familie zu öffnen.

Die Erkenntnis, daß heute niemand mehr eine Insel sein kann, politisch und kulturell abgeschirmt vom Rest der Welt, dürfte der politischen Führung schwergefallen sein. Sie wird oft erst recht halbherzig verfolgt. Denn dies heißt auch, ein Herzstück japanischer Identität preisgeben. Ein Stück japanischer Kultur, deren Stärke und deren Geheimnis eben in ihrer Begrenzung und unangetasteten Einmaligkeit liegt. „Weltmächte wie die USA und die Sowjetunion versuchen Ideale zu exportieren, sie stehen für etwas auf der Welt", schreibt „Time". „Doch wofür stehen die Japaner?" Nippon steht für nichts auf der Erde – außer für sich selbst und die Qualität seiner Produkte. Ob es dem Land gelingt, seine atemberaubende Entwicklung fortzusetzen, wird irgendwann – und vermutlich sehr bald – davon abhängen, ob Japan sich neue Ziele setzen kann und seine gegenwärtig spürbare geistige Leere wieder mit Idealen aufzufüllen vermag.

Eine Atempause für den Rest der Welt ist das nicht. Japan mag intern in der Defensive sein, seine Export-Offensive hält an, und wird sich vermutlich noch verstärken.

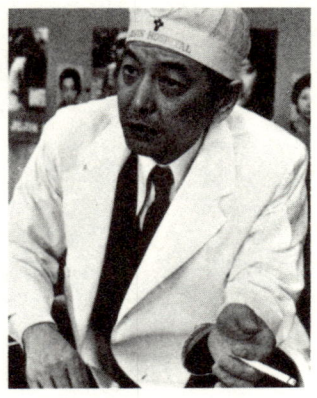

Fumihiko Umezawa

Gerade erst hat das Parlament einem Plan zugestimmt, nach dem überall im Land 19 moderne Forschungszentren entstehen sollen, als Vorbild gilt die Wissenschaftler-Stadt Tsukuba. In dieser „Denkfabrik", 60 Kilometer von Tokio enfernt, leben schon jetzt mehr Forscher zusammen an einem Ort als sonstwo auf der Welt. Ihr Ziel ist die Weiterentwicklung hochklassiger Technologie, und für dieses Ziel stellt der japanische Staat so viel Geld bereit wie die Wissenschaftler eben benötigen. Wissensdrang, Pioniergeist, Zukunftsoptimismus – wären das nicht die Dinge, die wir in der Bundesrepublik von Japan lernen könnten?

Am ehesten jedenfalls diese Dinge. Denn alles andere, was das „Modell Japan" auszeichnet, ist für uns schwer oder gar nicht zu übernehmen. Die Diskussions-Entscheidungen auf allen Betriebsebenen, das Prinzip der Lebensstellung, die Bezahlung nur nach Dienstjahren, die firmengebundenen Gewerkschaften, ja, das Verhältnis zur Arbeit überhaupt, sind Teil der japanischen Geschichte und Kultur. Sie werden inzwischen in Japan selbst in Frage gestellt und sind nicht übertragbar – es sei denn, wir wollten 2500 Jahre europäischer Geschichte aufgeben. Noch deutlicher gesagt: Eine schlichte Übernahme japanischer Muster wäre für uns im Westen nichts anderes als ein sozialer

Der Mann, der es den Frauen recht macht

Wie er seine Tätigkeit definieren würde? Doktor Fumihiko Umezawa lacht und sagt: „Ich korrigiere die Götter." Der Schönheitschirurg aus Tokio korrigiert immer in die gleiche Richtung: Er macht aus japanischen Schlitzaugen westliche „Rundaugen", und das, mit der Hilfe von 16 Kollegen, bis zu hundertmal am Tag. Umezawa hat eine Marktlücke entdeckt – er erfüllt das dringende Bedürfnis vieler Japanerinnen, nicht mehr so auszusehen wie Japanerinnen.

Technisch ist das gar kein Problem. Zuerst wird der Kundin eine Gesichtsmaske abgenommen, um ihre speziellen Maße festzustellen. Dann werden ihr aus einem Katalog Fotos von Augenpartien vorgelegt – zur Auswahl. Der gebräuchlichste Eingriff ist ein Schnitt ins Fettgewebe unterhalb der Augenbrauen, durch den die sogenannte „mongolische Falte" der Asiatinnen entfernt wird. Nach einigen Stunden Bettruhe und einem Heilungsprozeß von etwa einer Woche haben sich die Schlitze zu Kulleraugen geweitet. Die Nachfrage nach Umezawas Künsten ist groß, obwohl er für den zwanzigminütigen Eingriff den stolzen Preis von 1500 DM verlangt. Ärzte-Kollegen nennen das „den goldenen Schnitt".

Umezawas private Schönheitsklinik „Jujin" liegt dort, wo sich Tokio besonders modisch gibt: im Stadtteil Ginza. „In" ist, was aus dem Westen kommt und sich sündhaft teuer verkauft. Die Schaufensterpuppen sind groß, langbeinig und rundäugig – das ist das Schönheitsideal, das der Japanerin auf Schritt und Tritt suggeriert wird.

Umezawa weiß, weshalb es für japanische Frauen besonders wichtig ist, gut auszusehen: „Es gibt zu viele Bewerberinnen für zu wenige Jobs. Und wer läßt sich im Büro nicht lieber von einem hübschen Mädchen Kaffee einschenken?" Der Schönheitschirurg schlägt lässig die Beine übereinander. Er wirkt mit seinem hochtoupierten Haar, dem enganliegenden Maßanzug und den schwarzen Stiefeletten wie ein Gigolo in der Tanzpause: die Inkarnation der japanischen Männergesellschaft. Um den Frauen den Schritt zum Schnitt zu erleichtern, hat der clevere Geschäftsmann sein Empfangszimmer mit Erfolgsfotos vollgehängt. Da sind – mit Hilfe des klinikeigenen Fotografen – aus schlitzäugigen Aschenputteln rundäugige Schönheiten geworden, nachgeholfen auch durch neue Kleidung und Frisur. Selten fehlt auf den Fotos nach dem geglückten Eingriff ein Sportwagen, an dem die Neu-Operierte lässig lehnt oder ein gut aussehender Mann, an den sie sich kuschelt. Kleider und Kosmetik gibt es in der klinikeigenen Boutique, wo das gleiche Schild wie im Sekretariat des Hospitals hängt: „Kreditkarten von Diners und American Express werden gern angenommen."

Rückschritt. Die uns erzählen wollen, sie hätten bei ihren Nippon-Besuchen die „Gesellschaft der Zukunft" gesehen, verfolgen damit nur allzuoft eigennützige Ziele: Konservative Politiker wollen die sozialen Errungenschaften zurückdrehen, für die Gewerkschaften bei uns gekämpft haben. Unternehmen begründen mit der „japanischen Gefahr" häufig überflüssige Entlassungen und unzureichende Sozialpläne.

Zukunftsoptimismus aber kann man nicht einimpfen wie ein Serum, der lange Atem, das Setzen auf langfristige Wachstumschancen läßt sich schlecht von oben herab verordnen. Wer sich im Jammertal fühlt, wie immer mehr deutsche Unternehmer, Manager und Angestellte, kann schwer über die nächste Kirchturmspitze und die nächste Hügelkette hinaussehen. Deshalb gibt es für uns vielleicht doch einige japanische „Lektionen" zu lernen: Lektionen für ein angeknackstes Selbstbewußtsein, keine Patentrezepte.

Unser Staat sollte wie unsere Großunternehmen mehr Geld in die Forschung stecken, wie es die Japaner gerade in wirtschaftlichen Notzeiten getan haben. Unsere Firmen sollten wieder lernen, knapper zu kalkulieren und Gewinnspannen herunterzuschrauben. Unsere Manager müssen neue Märkte besser ausloten, mehr auf langfristiges Wachstum setzen und ihre Mitarbeiter mit eigenem Beispiel besser motivieren. Unsere Gewerkschaften müssen neue Technologien akzeptieren und einsehen, daß sich manche Berufe überlebt haben. Unsere Arbeitnehmer müssen sich flexibler auf neue Arbeitsplätze in einer neuen Umgebung einstellen. Ansonsten aber sollten wir das „Modell Japan" dort lassen, wo es hingehört – auf einer Inselgruppe in Fernost, wo fast alles anders, aber längst nicht alles besser ist als bei uns.

Oft schon hat man darüber gerätselt, ob es zwischen den „Preußen Asiens", wie die Japaner sich manchmal selber bezeichnen, und den Deutschen eine Art Seelenverwandtschaft gibt. Nach den jüngsten Umfrageergebnissen, in der Bundesrepublik vom „Institut Allensbach" im Auftrag des „Stern", in Japan vom „Central Research Service" besorgt, darf man sagen: Es gibt. Mehr noch – Sauerkraut und Sake sind sich näher als jedermann dachte.

Vierundfünfzig Prozent der Deutschen finden die Japaner „sympathisch", zwar etwas weniger als die Franzosen (63%), aber sympathischer als die Amerikaner (51%). Keine Rede von „gelber Gefahr" und „Arbeitsplätze stehlen" – die Deutschen lassen sich da offensichtlich nicht aufstacheln. Sie setzen bei den Ländern,

die sie als Vorbild akzeptieren, Japan hinter die Schweiz auf Platz zwei. Das Kompliment kommt aus Nippon zurück: Hinter den USA und der Schweiz nehmen wir in ihrer Hitparade der Länder Platz drei ein.

Wenn sie nach Deutschland schauen, sagen die Japaner, sehen sie in einen Spiegel. Sie sehen fleißige, hart arbeitende Menschen – Eigenschaften, die sie auch an sich selber schätzen. Sie bewundern unsere wissenschaftlichen Leistungen und interessieren sich für unsere Kultur. Und dennoch – ein Land, in dem es sich gut leben läßt, ist die Bundesrepublik in ihren Augen nicht. Nur drei Prozent möchten bei uns leben, immerhin aber 16 Prozent in den USA. Einer der Gründe: Die Japaner haben kein Vertrauen in unsere Staatsform. Nur drei Prozent nennen die Bundesrepublik eine „funktionierende Demokratie", mehr als 20 Prozent glauben, daß dies für die USA zutrifft. Traurig: Noch immer denken die Japaner vor allem an „Hitler – Nazi – Krieg", wenn sie Deutschland hören, weit häufiger als an die Assoziations-Kette „überlegene Technik – hervorragende Wissenschaftler" oder an „Bier – Sauerkraut – Rhein", die als nächste folgen.

Bei den Deutschen hat offensichtlich das Wort des Bundeswirtschaftsministers Eindruck gemacht, der verlangte, wir sollten hierzulande so fleißig arbeiten wie die

Als erster japanischer Premier nach dem Krieg traf Ministerpräsident Yoshida am 13. 10. 1954 in der Bundesrepublik Deutschland ein. Er wurde von Bundeskanzler Dr. Konrad Adenauer und dem Staatssekretär Prof. Walter Hallstein im Palais Schaumburg empfangen.

Japaner. Nicht einmal mehr jeder zweite Deutsche hält seine Landsleute für „fleißig und arbeitsam", drei von vier Deutschen billigen dieses Prädikat aber den Japanern zu. Nur zwölf Prozent der Deutschen glauben, daß die Bundesrepublik ein Land „mit großer Zukunft" ist, aber 31 Prozent denken das über Japan. Dennoch leben die Deutschen lieber in der Bundesrepublik – sie schätzen die Sozialleistungen unseres Staates wie einigermaßen gesicherte Renten, wie Kranken- und Arbeitslosenversicherung und vermissen all dies auf den Inseln in Fernost.
Grundsätzlich unterschiedlicher Meinung sind Japaner und Deutsche, wenn sie den phänomenalen Wirtschaftserfolg Nippons erklären sollen. Die Deutschen glauben noch immer, der Erfolg japanischer Produkte sei vor allem auf den niedrigen Preis zurückzuführen. Die Japaner schreiben ihren Siegeszug auf den Weltmärkten fast ausschließlich der Überlegenheit ihrer Produkte zu.

Mehr als zwei von drei Deutschen haben schon einmal ein japanisches Produkt gekauft. Sie glauben, zumindest Kameras, Taschenrechner und Motorräder aus Fernost seien der deutschen Konkurrenz überlegen. Japanische Autos halten sie für gleichwertig, bei Textilien und Spiel-

waren vertrauen die Bundesrepublikaner lieber einheimischen Waren. Die Japaner schätzen vor allem unsere Kosmetika, Rasierapparate und Haushaltsgegenstände. Allerdings hat noch nicht einmal jeder dritte ein deutsches Produkt gekauft.
Wie können die Deutschen der japanischen Herausforderung begegnen? Einig sind sie sich, daß die deutschen Produkte weltweit billiger angeboten werden müßten – allerdings möglichst nicht zu Lasten der Arbeitnehmer und deren Gehälter. Das meinen vor allem die Anhänger der SPD und der „Grünen", von denen – im Gegensatz zur Mehrheit der CDU-Wähler – nur wenige größeren Fleiß von deutschen Arbeitern sowie den Verzicht auf Lohnerhöhungen fordern. Doch, Vorsicht Nippon!, fast jeder zweite Deutsche wünscht, die Bundesregierung solle dafür sorgen, daß nicht allzu viele japanische Waren ins Land kommen: Protektionismus ist populär.

結
婚とは

**EHE AUF
JAPANISCH**

Schick ist nur, was aus dem Westen kommt

Mittagspause im vornehmen Stadtteil Ginza von Tokio: Die beiden Arbeitskolleginnen nutzen die Stunde für einen Snack aus der mitgebrachten Lunchbox und für einen angeregten Plausch. Auch werktags kleiden sich die meisten Japanerinnen elegant und teuer: „In" sind Handtaschen aus Frankreich, Schuhe aus Italien und Accessoires aus New York. Während japanische Designer in Europa und den USA Erfolge feiern, bringt im Inselreich nur Prestige, was im Westen gefertigt wurde

Nur raus aus den „Kaninchen-Ställen" – auch wenn's stürmt und schneit

Die Ohrenschützer an, den Schirm aufgespannt und den dicken Mantel über: Dieses junge Paar von Nagano in Mitteljapan läßt sich durch Schneefall und kaltes Wetter nicht von seinem Spaziergang im Park abbringen. Oft sind solche Ausflüge ins Freie für junge Leute die einzige Möglichkeit, der Enge der elterlichen Wohnung zu entfliehen.
Zusammenleben vor der Ehe ist in Japan fast überall noch verpönt – es widerspricht den gängigen Moralvorstellungen der älteren Generation

**Stillhalten!
Augen geradeaus!
Und klick!**

Das klassische
Hochzeitsbild aus dem
Winkel des Berufsfotografen
vor dem Heian-Tempel
in Kyoto. Die shintoistische
Trauung läuft nach
einem strengen Ritual
ab – Traditionskleidung
für Braut und Bräutigam gehört
dazu. Oft kostet allein die
Leihgebühr für den Kimono
mehrere tausend Mark.
Nicht nur deshalb wird die
katholische Trauung in
Japan immer populärer:
Viele Mädchen finden
es schicker, ganz in Weiß
zu heiraten

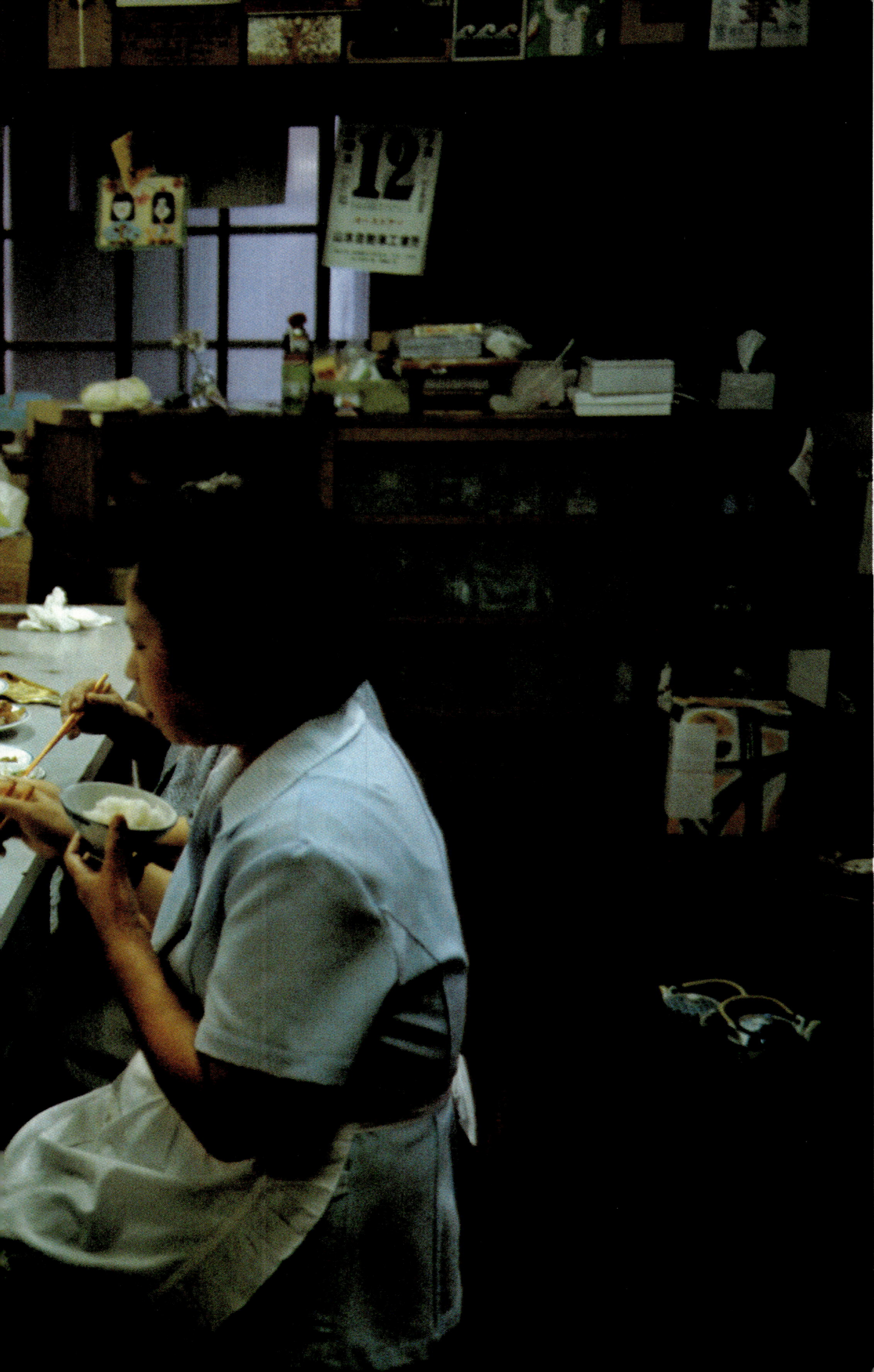

Japanische Küche — das ist mehr als Reis und roher Fisch

Rustikales Abendessen in einem vornehm-traditionellen Gästehaus von Kagoshima. Auf Dutzenden kleiner Schälchen werden Delikatessen serviert — ästhetischer Genuß und Gaumengenuß zugleich. Japaner legen größten Wert darauf, daß alle Speisen frisch sind. Neben rohem Fisch („Sashimi"), der auch auf einer Lage Reis serviert wird („Sushi"), gehören Gemüse („Zensai"), klare Suppe („Soju") und Sojabohnenquark („Dofu") zu den wichtigsten Gerichten. Außer grünem Tee („Matcha") wird vor allem „Sake" getrunken, ein Reiswein mit Malzzusatz

Kinder dürfen alles —
bis sie in den
Kindergarten
kommen

Ein kleiner Mann hat sich
von der Hand der Mutter
gelöst und spaziert allein
die Straße entlang. Schläge
muß er kaum fürchten:
Japanische Eltern
vergöttern ihre Kleinen. Am
ersten Geburtstag wird ein
Fest veranstaltet, und man
stellt mehrere Geräte und
Werkzeuge in die
Reichweite des Kindes. Je
nachdem ob es Sichel,
Rechenbrett oder Pinsel
greift, glaubt man seine
Neigungen erraten zu
können: ein spielerischer
Test. Doch der Ernst des
Lebens beginnt schon bald
— mit vier Jahren, bei der
Aufnahmeprüfung in den
Kindergarten

Ein Golfplatz fast auf jedem Dach

Elf Millionen Japaner spielen Golf – prozentual zur Bevölkerung mehr als irgendwo sonst auf der Welt. Geübt wird überall, wo nur ein paar Quadratmeter Platz ist, wie hier auf dem Dach eines Hochhauses in der Tokioter Innenstadt. Golf ist mehr als ein Sport, es ist soziale Verpflichtung für die Erfolgreichen und die, die erfolgreich werden wollen. Die Aufnahmegebühr für den „Koganei", Japans prestigereichsten Club, beträgt knapp über eine Million Mark

Der kleinste Geiger ist erst vier

Konzert der Suzuki-Schule in der Stadthalle von Tokio: Mehr als 3000 Kinder, die noch nie zuvor zusammen gespielt haben, tragen Stücke von Mendelssohn und Mozart vor. Klassische Musik aus dem Westen ist in allen Altersklassen populär: Allein in Tokio gibt es neun professionelle Symphonie-Orchester. Beliebtestes Stück ist Beethovens „Neunte". In den Sommermonaten Juli und August 1983 beispielsweise wurde sie in Japan über hundertmal von Philharmonikern aufgeführt

„Pachinko" – der Pakt mit den rollenden Kugeln

Japan ist eine Nation im permanenten Flipperfieber: Allein in Tokio gibt es weit mehr als 1.000 Spielhallen mit etwa 180.000 „Pachinko"-Automaten, die ihren meist koreanischen Besitzern jährlich acht Milliarden Mark einbringen. Das Spiel, zu dem sich Männer und Frauen nach der Arbeit und sogar in der Mittagspause einfinden, ist stumpfsinniger als das „Flippern" in Deutschland: Man kann nur mit einem Daumen kontrollieren, in welchen Löchern die abgeschossenen Bälle landen. Als Preis gibt es Zigaretten, Radiobatterien – und Freispiele

**Mit
Baseball-Hemd und
Schlägermütze**

Zwei Jungen schlendern
auf dem Heimweg vom
Einkaufen durch die
regennassen Straßen des
Tokioter Stadtteils
Shinjuku. Ihre westliche
Sportkleidung weist sie als
Baseball-Fans aus – ein
Hobby, das sie mit ihren
meisten Altersgenossen,
aber auch mit den
Erwachsenen teilen:
Baseball ist Japans
Zuschauer-Sport Nummer
eins. Das aus den USA
importierte Spiel zog schon
in den zwanziger Jahren
Millionen an und verlor nur
1943 seine Popularität –
zwangsweise, weil die
Militärs den
„Feindessport" verboten

Alles hersehen – Frau Lehrerin zeigt Kunst!

Diese Erzieherin hat mit ihrer Schulklasse ein Experiment gewagt: Sie hat den Unterricht in einen Tokioter Park verlegt. Die Kleinen, alle in Schulkleidung, nutzen die ungewohnte Freiheit, nur jeder zweite paßt auf. Selten geht es in japanischen Schulen so locker zu, und bald werden auch diese Zöglinge in ihren Klassenraum zurückkehren, wo sie die „Schand-Tafel" erwartet: Die genaue Aufschlüsselung mit Namen, wer in welchem Fach der Schlechteste ist

Wenn Oma um die Ecke biegt ...

Eine alte Frau tritt kräftig in die Fahrradpedale: Sie kommt vom Gemüsemarkt zurück, wo sie als Zwischenhändlerin für die Verwandten vom Land Salat und Obst verkauft und sich so einen Nebenverdienst verschafft hat. Wie diese Dame in Hiroshima machen es viele ältere Menschen in Japan, die mit der Staats- oder Betriebspension nicht auskommen. Die Angst vor der Armut im Alter, ausgelöst von einem unzureichenden Rentensystem, ist für die meisten Japaner Problem Nummer eins

Was zum Anbeißen aussieht, ist nicht genießbar

Falsche Fritten, Plastik-Pizza und Gummi-Garnelen: Tokios Kappabashi ist die Straße der professionellen Essen-Fälscher. Hier kaufen Restaurantbesitzer exakte Imitationen der Gerichte, die sie in ihren Lokalen anbieten: Japanische Kunden wollen sehen, was sie bestellen. Die Attrappen kosten im Schnitt fünfmal mehr als die „Originalgerichte", ihre Herstellung gilt als Kunst: Die meisten „Fälscher" haben eine abgeschlossene Grafikerausbildung

Die im Schatten des Wunders stehen

Auch das gibt es im reichen Japan, wo moderne Werbeplakate kostbare Kleider und exotischen Urlaub anpreisen: Eine gramgebeugte alte Frau schleppt sich allein durch einen U-Bahn-Durchgang. Immer mehr Japaner haben Angst vor der Einsamkeit im Alter – sie wissen nicht mehr, ob sich die Familie auch künftig um sie kümmern wird und ob die Pension ausreicht. Keine Nation „ergraut" so schnell wie die Japaner: Im Jahr 2000 wird schon jeder sechste über 65 Jahre alt sein

EHE AUF JAPANISCH

Mickymaus mit Schlitzaugen.
Leben in Toyota-City.
Ist Frau Nakamura glücklich?

Daß ich die Familie Nakamura kennenlernte, verdanke ich Mickymaus, Goofy mit den langen Ohren sowie Schneewittchen und den sieben Zwergen. Wir alle trafen uns an einem schönen Frühlingsmorgen in Disneyland, zehn Kilometer außerhalb von Tokio.

Es muß im Mai 1983 gewesen sein, der Freizeitpark hatte einen Monat zuvor eröffnet und war unumstritten das japanische Gesprächsthema Nummer eins. Hast du dir das schon angeguckt, fragten japanische Freunde aller Altersklassen und schüttelten halb ungläubig, halb mitleidig den Kopf, als ich verneinte. Es war peinlich, nicht mitreden zu können und erinnerte mich fatal an jenen Abend vor Jahren in Kairo, als ich – gerade aus Europa angekommen – auf eine Party geriet und zugeben mußte, daß ich die Pyramiden noch nicht besichtigt hatte.

War nicht sogar der Kaiser von Japan bei seinem Amerika-Staatsbesuch 1975 auf ausdrücklichen Wunsch bis nach Kalifornien gefahren, um einen Abstecher nach Disneyland zu machen? Hatte der Tenno nach dem Händeschütteln mit Mickymaus diese Begegnung nicht einen der „Höhepunkte" seiner USA-Reise genannt? Gab es also für mich irgendeinen Grund, kulturelles Desinteresse an den Tag zu legen –

jetzt, da das erste Original-Disneyland außerhalb der Vereinigten Staaten hier, greifbar nahe vor den Toren Tokios, eröffnet war? Nein, gab es nicht. Und so fuhr ich mit U-Bahn und Bus Richtung Cindarella-Schloß und inhalierte noch im Zubringer pflichtschuldigst die Superlative der japanischen Mickymaus, die die bunten Werbeprospekte herausschrien: Ein Gelände von 46 Hektar, anderthalbmal so groß wie Anaheim, Kalifornien! Ein Aufwand für Landkultivierung, Technik und Spiele, der alle bisherigen Freizeitparks weit in den Schatten stellt: 1,4 Milliarden Mark! Erwartete Besucherzahl fürs erste Jahr: rekordverdächtige zehn Millionen Menschen!

Auch der Eintrittspreis war durchaus rekordverdächtig – über 2.800 Yen (30 Mark) für einen Tag, Essen natürlich nicht inbegriffen. Ich hatte gerade die Sperre passiert und begonnen, mich etwas umzusehen, da tippte mich ein niedlicher kleiner Junge an, der sich einen Micky-Hut mit großen Ohren über den Kopf gestreift hatte und so selber aussah wie eine Schöpfung von Walt Disney. Der Steppke zeigte auf die Kamera, die um seinen Hals baumelte, und zog mich wortlos in seine Richtung. Und dann sah ich die anderen der Familie: seine kleine Schwester, eine rosa Schleife im Haar und einen Goofy-Pullover über; die

Mama, groß, schlankgewachsen und in Jeans, die Hände vorm Mund, um ein nervöses Kichern zu unterdrücken; und den Papa, Brillenträger, grauer Anzug, typisches Erscheinungsbild eines „geklonten" Salary-Men aus der Heerschar japanischer Arbeitskräfte. Auch ihm war nicht geheuer, daß sein Sohn mich angeschleppt hatte, und er deutete schüchtern auf den Fotoapparat.

Ach so, knipsen sollte ich sie. Aber gern. Doch das war's nicht, wie ich an dem heftigen Abwinken des Kleinen bemerkte. Sein Vater erlöste mich von der Ungewißheit und teilte mir in gutem Englisch mit, daß ich nicht fotografieren sollte, sondern fotografiert *werden*, und zwar mit ihnen zusammen. Der Kleine wollte unbedingt ein Bild von Disneyland … mit einem Amerikaner drauf. Da für ihn „Langnase" gleich „Langnase" war, spielte die Nationalitätenfrage keine Rolle. Und so baute ich mich, zusammen mit der Familie – als „Ehren-Amerikaner" sozusagen – vor dem englischen Schild „Welcome in Disneyland" auf, während der kleine Knirps einige seiner Landsleute verscheuchte, damit auch nur ja kein Japaner den „exotischen" Gesamteindruck unseres Bildes störte.

So lernte ich die Nakamuras kennen. Sie bestanden darauf, mich nach Schluß der „Foto-Session" zum Essen einzuladen. Ich schlug „Sushi" vor. Doch es gab keinen rohen Fisch im japanischen Disneyland. Es gab gar kein japanisches Essen – in 27 Restaurants und Imbißstuben werden nur echt amerikanische Delikatessen gereicht. Wir einigten uns, zur Freude der Kinder, auf „Hottu Dogu", die heißen Würstchen im Brot, und Coke zum Trinken natürlich. Dann rein ins Vergnügen. Abenteuerland, Phantasieland, Zukunftsland und Westernland, alles eine getreue Kopie des US-Disneyparks. An den „Piraten der Karibik", „Pinocchios wagemutiger Reise", „Peter Pans Flug" ist nur die Erklärung japanisch, und bei den meisten Tanzliedern im Westernsaloon nicht einmal die: Man jodelt original-amerikanisch. Die Japaner, das haben die Disney-Experten herausgefunden, wollen das so. Wie die Nakamuras, die sich während unseres gemeinsamen Aufenthalts köstlich amüsierten und die rund 300 Mark Ausgabe allein für Eintrittsgelder und Snacks überhaupt nicht bereuten.

Einmal nur ist der kleine Yoshihiro, den sie „Yoshi" rufen, vor Langeweile eingeschlafen, und auch sein Schwesterchen Tetsuko hat gegähnt. Das war beim „Meet the World"-Programm, einer japanischen Ergänzung zu den normalen Disney-Attraktionen. In 17 Minuten rauschten da 2.000 Jahre Nippon-Geschichte in Film und Figuren an uns vorbei. „Wie in der Schule", maulte Yoshi. Über die düstere Epoche des Zweiten Weltkriegs und die japanischen Aggressionen ging die Show übrigens elegant hinweg – mit einem alles verdunkelnden Knall, von niemandem verschuldet, von allen erlitten.

Wir hatten den gleichen Heimweg. Nakamuras, stellte sich heraus, waren zu Besuch bei Verwandten in Tokio. Sie lebten in Toyota-City, wo Herr Nakamura als Ingenieur bei der größten japanischen Autofirma angestellt war. Am nächsten Tag lud ich die beiden zum Essen ein, tags darauf überraschten sie mich mit Karten fürs Kabuki-Theater. Ich spielte „Space Invaders" und andere Videospiele gegen den achtjährigen Yoshi, ohne daß ich einmal gewann. Wir gingen alle gemeinsam zum „Besuburo" (Baseball) und pfiffen die „Tokio Giants" aus, das Team, das Zeitungsverlegern gehört, und das gegen die „Seibu Lions", im Besitz einer Kaufhauskette, verlor. Als ich eines Tages erzählte, daß Fotograf Dieter Blum und ich für unser Japan-Buch eine Durchschnittsfamilie porträtieren wollten, sagte Frau Nakamura spontan: „Wir sind so eine Durchschnittsfamilie. Besuchen Sie uns." Ich sagte: „Vorsicht! Wir wollen drei Tage bleiben." Frau Nakamura lachte, und meinte: „Wenn Sie sich nicht langweilen ..."

Ich war überrascht. Japaner laden nämlich normalerweise nicht zu sich nach Hause ein, kaum einmal die engsten Freunde. Ob diese Zurückhaltung etwas mit dem hohen Spesenkonto zu tun hat, das die vielen Restaurant- und Barbesuche jederzeit möglich macht, oder ob sie eher im japanischen „Schamgefühl" begründet ist – die Wohnung könnte zu klein sein, das Essen nicht schmecken –, ich weiß es nicht. Vermutlich eine Mischung von beidem. Und ich merkte auch, daß Herr Nakamura zögerte, als seine Frau die Einladung ausgesprochen hatte.

Bei allem was er tue, und sei es auch nur am Rande mit der Arbeitswelt verbunden, brauche er die Einwilligung seines Arbeitgebers, sagte er. Und das könne lang dauern. Ich beruhigte ihn und versprach, ich würde auch seine Chefs aufsuchen. Aber wenn es ihm lieber sei, könne ich seinen Namen für die Geschichte verändern. Er strahlte – und so wurde aus Familie K., ohne daß sich sonst im geringsten etwas an ihnen verändert hätte, Familie „Nakamura". Der Name ist in Japan so häufig wie Müller bei uns.

Der „Hikari"-Schnellzug, der uns von Tokio nach Nagoya bringt, hält nur in Yokohama und braucht für die 366 Kilometer gerade zwei Stunden. Die Landschaft fliegt vorbei. Eine endlose, verstädterte, zersiedelte Landschaft. Betonmauern, Blechdächer, Neonleuchten. Ein wilder Dschungel von kreuz und quer laufenden Elektrokabeln. Manchmal schrumpfen die Räume zwischen den Häusern zu schmalen Alleen, durch die kaum ein Kleinauto paßt. Nur wenige Vorgärten. Aber auf vielen Dächern, an denen die Eisenbahn auf hochgezogenen Strängen vorbeidonnert, kann man Topfbaumkulturen sehen, gezüchtete Mini-Bäume, gezähmtes Grün.

Von der Fushimi-Station, gegenüber dem hektischen Hauptbahnhof der 2,5-Millionen-Stadt Nagoya, geht eine Schnellbahn über zwölf Stationen direkt bis nach Toyota-City. Das letzte Stück der 45-Minuten-Strecke führt durch eine grüne, hügelige Landschaft: Das japanische Wolfsburg ist von Wäldern und Bergen eingebettet.

Als erste sehe ich die kleine Tetsuko, die uns die Bahnhofstreppe entgegenläuft. Entgegentrippelt vielmehr. Denn weil Sonntag ist, oder weil ausländische Gäste kommen, hat die Mama sie in einen enggeschnürten, blumengemusterten Kimono gesteckt: Sehr hübsch anzuschauen, aber längst nicht so praktisch wie die Jeans, die die Fünfjährige sonst trägt. Tetsuko, die schwarzen, dichten Haare streng gescheitelt, strahlt vor Stolz, daß sie uns gefunden hat. Sie bringt uns

zum Parkplatz vor dem Bahnhofsgebäude, wo ihre Eltern vor einem blankgeputzten, weißen Toyota „Corolla" warten – alle sind gekommen, uns abzuholen.

Nur Yoshi fehlt. Doch einen Moment später taucht auch er auf, winkt hinter einem Autobus, balanciert einen Becher mit seinem Lieblingseis auf dem Kopf. Runde Backen, Bürstenhaarschnitt, verschmitztes Gesicht, ständig auf Abenteuer aus: ein Huckleberry Finn in Toyota-City.

Stadtrundfahrt, schlägt Herr Nakamura vor, der wie immer einen Anzug trägt. „Es gibt nicht viel zu sehen", sagt seine Frau, die Augen rundgeschminkt, einen Hauch von „Opium"-Essenz am raffiniert-schlichten Kostüm, die Gucchi-Handtasche so neben sich gestellt, daß die Initialen gut zu lesen sind. „Und ich fürchte, Sie werden alles häßlich finden, was wir Ihnen zeigen." Das will ihr Mann nicht gelten lassen, der stolz ist auf seine Stadt, und die beiden wechseln bei ihrer Diskussion vom Englischen schnell ins Japanische.

Frau Nakamura hat einen bunten Prospekt der Stadt mitgebracht: Wie Toyota-City, 290.000 Einwohner, 55.000 Toyota-Angestellte, sich selber sieht. „Toyota-City vibriert vor Energie. Es ist die Stadt der Zukunft, in der jeder ein glückliches Leben führen kann. Eine Stadt mit Herz", lese ich.

Was nur beweist, daß die Platitüden der Werbetexter weltweit die gleichen sind. Denn Toyota-City, da hat Frau Nakamura recht, ist auf den ersten Blick alles andere als eine schöne, Wärme und Herzlichkeit ausstrahlende Stadt: Funktionalität statt Flair. Bars und Coffeeshops, die aussehen wie schnell zusammengehauene Bretterbuden für eine Western-Verfilmung. Architektonischer Wildwuchs. Riesige Leuchtreklamen, glitzernde Türme in einer Schlacht, die keiner zu beachten scheint. Gesichtslose Geometrie im Spargelwald der Glaspaläste.

Eine Autostadt, die eine Stadt für Autos ist: Nie so viele Parkplätze pro Person gesehen wie hier. Nie so viele Gebrauchtwagenhändler. Zentrum und Hauptattraktion von Toyota-City ist nicht das funkelnagelneue Betonquader-Rathaus mit einer aus Bronze gegossenen, die Hände seltsam hilflos zum Himmel reckenden Figurengruppe, Zentrum ist das „Toyota Kaitan" – ein Automuseum.

Keine liebenswerte, keine lebenswerte Stadt? In meiner anfänglichen Enttäuschung dachte ich das. Später entdeckte ich abseits der schnurgeraden Durchgangsstraßen ein Spinngewebe winziger Gäßchen, kleine Läden voller Gemüse und Obst, in denen alte Mütterchen tratschten: ein Hauch von „Tante Emma". Hinter den Glaspalästen duckten sich bei näherem Hinsehen verschachtelte Häuschen mit Gärten: Inseln der Urbanität. Vielleicht ist der Ort doch nicht so übel.

Seit 1960 ist Toyota-City die offizielle Partnerstadt von Detroit – die beiden größten „Auto-Gemeinden" der Welt haben sich „verschwestert" und in einer feierlichen Zeremonie die Stadtschlüssel ausgetauscht. Seit damals ist es mit Toyota-City fast nur aufwärts-, mit Detroit fast nur abwärtsgegangen. In wirtschaftlicher Hinsicht, und auch in bezug auf die sozialen Einrichtungen. Toyota-City kennt keine Drogenprobleme, Frauen können auch nachts gefahrlos auf den Straßen spazieren, die Müllabfuhr kommt täglich, Slums gibt es nicht. Was vielleicht daran liegt, daß auch die „japanische Stadt der Zukunft" mit den japanischen Tugenden von gestern erbaut ist: mit Fleiß, Disziplin, Ausdauer und vor allem mit der Bereitschaft des einzelnen, sich größeren Zielen unterzuordnen und zum Zusammenleben aktiv beizutragen.

Toyota-City hat mehr Ärzte als Detroit (einen für 1.910 Bürger), mehr Polizisten (einen für 1.045 Bürger) und mehr Feuerwehrleute (einen für 340 Haushalte) – nimmt man Telefon

(1,1 pro Haushalt) und Autobesitz (1,7 pro Haushalt) als Indiz für den Lebensstandard, haben die Japaner auch da die Führung übernommen. Mit dem erkennbaren Vorsatz, sie nicht mehr abzugeben.

1965 wählten die Einwohner von Toyota-City in einer Volksabstimmung aus verschiedenen Vorschlägen die Sonnenblume als das Wappenkennzeichen, das ihre Stadt repräsentieren sollte. Die Wahl war tief-symbolisch: Denn die Sonnenblume mit ihrem strahlenden Gelb und dem offenen, sich nach vorne „verbeugenden Gesicht" gilt in Nippon als Zeichen der Hoffnung und des Zukunftsglaubens. Die Stadtväter machen seit dieser Zeit jedem Paar, das in Toyota-City heiratet oder ein Kind bekommt, ein Geschenk: den Schößling eines Zelkova-Baumes. „Die Stadt soll blühen, gedeihen und sich zu unser aller Nutzen weiter ausbreiten", steht in der Urkunde, die auch Nakamuras bekamen, als ihr Sohn geboren wurde. Herr Nakamura fand die Gabe rührend, seine Frau sah das ein wenig nüchterner. Sie hatte schließlich das Ding wieder loswerden müssen, und am Ende bei Freunden im Garten gepflanzt, weil kein eigener da war.

Wir sitzen in der guten Stube von Nakamuras, bei grünem Tee und Gebäck, und haben uns schon durch die vier Zimmer führen lassen. Ohne Schuhe natürlich, denn in einem japanischen Haushalt zieht man die Straßentreter aus und bereitstehende Pantoffeln über, bevor die Türschwelle überschritten ist. Für den Gang zur Toilette sind sogar besondere Hausschuhe vorgesehen, aus Plastik und mit aufgemalten Buchstaben „WC".

Das Appartement der Nakamuras ist für japanische Verhältnisse sehr geräumig: mit 90 Quadratmetern haben sie weit mehr Wohnraum zur Verfügung als die vierköpfige Durchschnittsfamilie. Die Küche ist modern eingerichtet, Elektroherd, Geschirrspülmaschine, Wäscheschleuder. Im Kinderzimmer, das mit Figuren und Posters aus der Disney-Welt geschmückt ist, und im Schlafzimmer der Eltern stehen kleine Farbfernseher. Man schläft in westlichen Betten, nicht auf den traditionellen Tatami-Strohmatten. Nakamuras haben sich an die Gestelle gewöhnt, als sie für einige Monate in Los Angeles lebten. Und sie haben sich auch mit den westlichen Polstersesseln angefreundet, auf denen wir im Wohnzimmer sitzen, so daß der Raum gar nichts Japanisches hätte, wären da nicht die Kalligraphien an den Wänden, die Frau Nakamura für teures Geld von einem Kunsthändler erworben hat.

Nakamuras können sich kleine Extravaganzen – sie liebt die Kunst, er braucht stets den neuesten Stereoverstärker – durchaus leisten. Sie bezahlen für ihre Wohnung nur 250 Mark, und das ist, obwohl das Appartement in einem wenig attraktiven Wohnblock inmitten einer recht eintönigen Beton-Neubausiedlung liegt, gerade ein Viertel seines Marktwerts. Nakamuras leben, wie 4.500 andere Familien in Toyota-City, in einer vom Werk bezuschußten Toyota-Wohnung.

Das günstige Logis war für den Hausherrn schon vor 13 Jahren eine der Hauptattraktionen des Jobs, als er sich nach seinem Ingenieurstudium in Osaka bei Toyota bewarb; und natürlich der gute Ruf der japanischen „Nummer eins", das bekannt wohltuende Arbeitsklima, die Fortbildungschancen. „Ich habe zugegriffen, obwohl ich fand, daß Toyota-City ein bißchen weitab liegt", sagt Herr Nakamura. Und fügt hastig hinzu, als gelte es, jede kritische Bemerkung gleich wieder abzuschwächen, er habe seinen Entschluß „wirklich, ganz ehrlich" noch kein einziges Mal bereut.

Frau Nakamura hat nie eine so tiefe Dankbarkeit, eine so innige Nähe zu Toyota empfunden wie ihr Mann, und manchmal nimmt sie ihn auf den Arm, wenn er gerade wieder einmal die Firma angepriesen hat. „Du bist bei der Entwicklungsabteilung", sagt sie. „Die haben eine eigene Werbeabteilung bei Toyota, das brauchst du nicht auch noch zu machen." Sie spricht von „die" und „denen", er immer von „wir" und „uns", wenn Toyota gemeint ist.

Yasuko Nakamuras distanzierte Haltung zum Unternehmen erklärt sich daraus, daß sie nicht direkter Bestandteil der „Toyota-Familie" von Firmenangestellten ist, und auch nicht, wie sehr viele Frauen in der Nachbarschaft, einmal im Unternehmen gearbeitet hat. Yasuko war bis 1974 als Chefsekretärin in einer großen Bank tätig – „ein guter Job, nicht nur Tee servieren", sagt sie –, und gerade 27 Jahre alt geworden, als ihre Eltern meinten, nun sei es höchste Zeit für die Hochzeit. Yasuko war keine Landpomeranze. Sie lebte mit ihrer Familie im schicken Tokioter Stadtteil Shinyuku, ging mit Freunden in die Discos und vergoß bei der amerikanischen „Love Story" Tränen. Trotzdem dachte sie nicht an eine eigene Love Story und an Auflehnung gegen die Eltern. „Es gehört sich für ein gutes japanisches Mädchen nicht, seinem Vater zu widersprechen. Und deshalb machte ich brav alles mit, was da auf mich zukam."

Was auf sie zukam, war die traditionell japanische Form der arrangierten Ehestiftung, „Miai" genannt, was übersetzt so viel heißt wie „zwei zusammenstimmen".

95

In Yasukos Fall war es der Onkel, der die Initiative ergriff. Er fragte bei Verwandten und Geschäftsfreunden an, ob da nicht ein passender Heiratskandidat in Sicht war, „gute" Familie und guter Job Voraussetzung. Bei einem teuren Fotografen wurde ein vorteilhaftes Porträt von Yasuko angefertigt und herumgereicht; eines Tages kam ein Bild mit vielversprechendem Lebenslauf zurück. Trotzdem beauftragte Yasukos Onkel noch eine Detektei, um die Angaben des jungen Herrn Nakamura abzuklopfen. Als feststand, daß gegen ihn nichts zu sagen war, durften sich die künftigen Brautleute kennenlernen – bei einem von den Familien arrangierten Hotel-Dinner.

Frau Nakamura meint heute, sie hätte damals sicher nein sagen und sich auf einen oder mehrere neue „Miai"-Versuche einlassen können. Aber ihr gefiel der junge Mann mit der sportlichen Figur und dem offenen Gesicht. „Ich fand, es hätte schlimmer kommen können", sagt sie, und weil so eine Formulierung doch ein bißchen sehr frech ist für eine japanische Frau, und dazu noch vor ausländischen Gästen, hält sie sich die Hand vor den Mund und kichert. Wir lachen alle, auch Herr Nakamura, und das wirkt befreiend.

Drei Monate nach dem Kennenlernen wurde geheiratet. Die Hochzeitsreise ging nach Saipan in Mikronesien, eines der

Tetsuko Kuroyanagi

Die Frau, die selbst die Monster schlägt

Seit Jahren wird sie regelmäßig zur beliebtesten TV-Persönlichkeit Japans gekürt. Ihre Shows erzielen Einschaltziffern, wie sie nicht einmal die brutalen Samurai-Schlägereien oder die allseits geschätzten Sado-Comics mit Greuelwesen aus dem Weltraum erreichen. Und als sie 1981 ihre Memoiren schrieb, da wurde „Totto-Chan, das kleine Mädchen am Fenster" in wenigen Monaten zum größten Bucherfolg im Nachkriegs-Japan: sechs Millionen Exemplare gingen bis heute über den Ladentisch. Das Erfolgsgeheimnis? Tetsuko Kuroyanagi lächelt: „Vielleicht, daß ich eine so absolut untypische japanische Frau bin, ein bißchen so, wie alle meine Geschlechtsgenossinnen in Nippon sein mögen, es sich aber nicht getrauen."

Da ist sicher viel dran. Nicht nur, daß sie heute 49 Jahre ist, unverheiratet und stolz auf ihre Unabhängigkeit. Nicht nur, weil sie in der Fernseh-Talkshow „Tetsuko's Zimmer" so erfrischend freche und direkte Fragen stellt – auch an Männer. Sondern vor allem, weil sie schon in ihrer Jugend so ziemlich alles anders gemacht hat als ein „richtiges" japanisches Mädchen das soll. Als Tochter eines Konzertviolinisten und einer Opernsängerin war sie allerdings auch nicht gerade in eine typische Durchschnittsfamilie hineingeboren worden.

Mit vier kam sie in einen Kindergarten und haßte das Pauken. Mit sechs flog sie von der Schule – die Lehrer wußten nicht, was sie mit dem kleinen Mädchen machen sollten, das sich, statt Biologie und Geographie auswendig zu lernen, lieber ans Klassenzimmer-Fenster stellte und mit vorbeiziehenden Leuten Gespräche anfing. Tetsukos Eltern reagierten auf den Rausschmiß für japanische Verhältnisse ungewohnt milde – sie gaben ihrem Kind noch eine Chance, in einer experimentellen Privatschule, die großen Wert auf künstlerische Entfaltung legte.

Tetsuko ließ sich als Sopranistin ausbilden und bewarb sich auf eine Fernseh-Anzeige als Interviewerin. 13 von 6000 erhielten eine Chance. Sie war dabei. „Meine eigene Entwicklung ging dann mit der Entwicklung der Frauen Japans Hand in Hand: Weg vom Heimchen am Herd, hin zur Entwicklung einer eigenen Persönlichkeit." Der Erfolg gibt ihrer Konzeption recht. Ihre letzte Provokation: Sie kommentierte die Schlagersendung „Die besten Zehn", die auf den Jahrestag des Atombomben-Abwurfs fiel, direkt vom Hiroshima-Memorial – und rührte mit ihrer Aussage gegen Krieg und Nuklear-Tod im Rahmen einer Fernseh-Unterhaltungssendung an ein Tabu der japanischen Medien. „Es wird nicht das letzte Tabu gewesen sein, daß ich durchbreche", sagt die Dame selbstbewußt.

zahlreichen Pauschalangebote für Flitter-wöchner. Wie Frau Nakamura sagt, vor allem deshalb so attraktiv, „weil es der nächstgelegene Platz zu Japan ist, woher man amerikanische Ansichtskarten mit amerikanischen Briefmarken verschicken kann".

Als sie dann aus dem schicken To-kio nach Toyota-City umzog, war sie zuerst alles andere als be-geistert. Sie vermißte ihre Freundinnen, das Theaterangebot der Großstadt, den Ideenaustauch mit interessanten Ge-sprächspartnern. Doch die Firma ihres Mannes tat alles, um dem Paar den Anfang ihres gemeinsamen Lebens zu erleichtern: Herr Nakamura, der vorher in einem Einzimmer-Appartement des Unternehmens gelebt hatte – bis heute bietet Toyota zum Spottpreis von 40 Mark monatlich Junggesellenräume für 19.000 Singles – bekam sofort die größere Fir-menwohnung zugeteilt. Dem Paar blieb so erspart, worüber viele junge Eheleute in Japan klagen: Das Zusammenleben in der elterlichen Wohnung, ständig über-wacht und kontrolliert. Und auch die skep-tische Frau Nakamura lernte bald schät-zen, daß Toyota seine Mitarbeiter patriar-chalisch umhegt – von der Wiege bis zur Bahre.

„Beginnen wir mit der Wiege", sagt die Dame des Hauses, und sieht bei dem Stichwort schnell mal bei den Kleinen nach dem Rechten. Die gucken ganz fas-ziniert ihre Lieblingssendung im Fernse-hen, irgendein japanischer Super-Robo-ter schlägt westlich aussehende Eindring-linge aus dem All in die Flucht, kein Grund zur Sorge. „Yoshi war unser Toyota-Baby", sagt Herr Nakamura, „im wahr-sten Sinn des Wortes." Der Kleine kam in dem firmeneigenen 403-Betten-Kranken-haus zur Welt, wo derzeit 23 vom Unter-nehmen bezahlte Ärzte Dienst tun. Die Geburt war kostenlos.
Toyota läßt sich das mit modernsten Geräten ausgestattete Hospital rund 40 Millionen Mark jährlich kosten. Wer den Stand des japanischen Gesundheitswe-sens kennt – nach einer amerikanischen Untersuchung sind alarmierende 80 Pro-zent der 9.224 Krankenhäuser in Nippon „unzureichend" – der kann abschätzen, wie froh Frau Nakamura über die firmen-geförderte Entbindung war.
Sie kauft in einem Toyota-eigenen Super-markt ein, dessen Preise unter denen anderer Ladenketten liegen. Sie leiht sich Bücher aus der Toyota-Bücherei aus, die mit 40.000 Bänden bestückt ist. Sie geht in einen von Toyota arrangierten Ikebana-Blumensteckkurs. Sie überlegt, ob sie dem Toyota-Kochkurs beitreten und sich für einen Urlaub in einem der sieben

Toyota-eigenen Hotelressorts des Landes eintragen soll. Sie schmettert den Tennisball im 600.000-Quadratmeter-Toyota-Sportzentrum, das einen 50-Meter-Swimmingpool, ein Baseball-Stadion für 30.000 Zuschauer und mehrere Sporthallen zum Training bietet. Sie trägt ihr Geld – natürlich – zur Toyota-Bank, wo sie fast doppelt so hohe Zinsen bekommt wie in einem „normalen" Geldinstitut.

Und worauf sparen Nakamuras? Auf ein Toyota-Haus natürlich. Das ist kein Scherz: Japans Autofirma Nummer eins, von der „New York Times" kürzlich zum „effektivsten Wagenproduzenten der Welt" gekürt, stellt nebenbei auch noch Fertighäuser her. Den Nakamuras schwebt das Toyota-Modell „Eiche" vor, 110 Quadratmeter, 132.000 Mark. In zwei Jahren hoffen sie, mit einem Firmen-Darlehen versehen, den Grundstückskauf in Angriff nehmen zu können.

Und mit 80 Jahren geht's dann ins schöne Grab auf dem werkseigenen Toyota-Friedhof? „Den gibt es nicht", sagt Frau Nakamura lächelnd. „Noch nicht."

Toyota-City war, bevor das Autounternehmen hierherkam und seine Mitarbeiter in einen Kokon von Vergünstigungen verpackte, die Stadt der Seidenraupen und hieß Koromo. Hier lebte Sakichi Toyoda, ein genialer Erfinder, der sich zum Ziel gesetzt hatte, „überlegene japanische Produkte herzustellen und alles Ausländische aus Nippon zu verdrängen". Er kam 1897 mit einem ersten elektrischen Webstuhl auf den Markt und verkaufte sein Patent zwanzig Jahre später für 100.000 Pfund an einen englischen Unternehmer, der schwerlich etwas von den langfristigen Folgen des Geschäfts ahnen konnte: Der Engländer legte den Grundstock für die weltweite japanische Exportoffensive, die heute der britischen Industrie – und nicht nur ihr – erhebliche Probleme bereitet. Denn Sakichi Toyoda gab das Geld an seinen Sohn Kichiro mit dem Auftrag weiter: „Mach du mit den Autos, was ich mit den Webstühlen gemacht habe." Und so gründete Kichiro Toyoda 1937 das erste Werk und baute die ersten, plumpen „Toyota"-Modelle.

Mit der Seidenindustrie ging es bergab, das Geschäft mit den Wagen florierte. 1959 war Toyota so mächtig geworden, daß die Stadtväter die Namensänderung beschlossen: Aus Koromo wurde Toyota-City. Heute leben 95 Prozent der Einwohner vom Autowerk.

Die Geschichte der Toyoda-Familie müsse man kennen, um die „Toyota-Familie" von heute zu verstehen, meint Herr Nakamura zu mir, als wir am nächsten Morgen zum Werk fahren. Slogans wie „Jeder Arbeiter vertraut dem andern", „Positives Denken schafft positive Produkte", „Näher stets zur Harmonie der Gemeinschaft" mögen für uns verdächtig ähnlich den hohlen Phrasen aus der Arbeitswelt des „real existierenden Sozialismus" klingen, für Herrn Nakamura sind sie unumstößliche, ehrlich gemeinte Firmen-Grundsätze. Sie würden auch von den Top-Managern befolgt, sagt er, das zeige sich schon an deren bescheidenem Lebensstil.

Tatsächlich bemühen sich die Toyota-Bosse, durch Genügsamkeit und Selbstbeschränkung aufzufallen. „Präsident Shoichiro Toyoda läßt seine abgelaufenen Schuhe immer wieder sohlen", hört man aus der Pressestelle, seine Frau – so wird durchaus glaubhaft überliefert – trage stets nur Kleider von der Stange. Die 44 Aufsichtsratsmitglieder des Unternehmens, das 1983 einen Jahresumsatz von etwa 55 Milliarden Mark machte, müssen zu ihrem einwöchigen Jahrestreffen in einem spartanischen Hütten-Wohnheim eigene Handtücher mitbringen.

Als Beweis für das Vertrauen, das die Geschäftsleitung den Arbeitern entgegenbringt, gilt Herrn Nakamura der Produktionsprozeß von Toyota, bei dem jeder Arbeiter jederzeit das Band stoppen kann und sogar soll, wenn er irgendeine Unregelmäßigkeit entdeckt hat. Als Beweis für das Vertrauen, das auf der anderen Seite die Arbeiter der Geschäftsleitung erweisen – und für das Interesse, das sie an ihrem Job haben – führt er die Anzahl der werksinternen Verbesserungsvorschläge an: 1.910.000 waren es 1983, 39 pro Mann, 95 Prozent davon verwirklicht – ein einsamer Weltrekord. Sowie die 5.300 Qualitätskontrollzirkel, zu denen sich Toyota-Mitarbeiter in ihrer Freizeit zusammenfinden. Auch Herr Nakamura gehört zu einem dieser „QC" und überlegt einmal in der Woche zwei Stunden lang bei Toyota-Tee in der Toyota-Kantine, wie denn die Firmenprodukte noch weiter zu verbessern wären.

Fällt nicht jeder unangenehm auf, der sich diesen „freiwilligen" Zirkeln versagt? Sind sie damit nicht zu einer Zwangseinrichtung geworden? Herr Nakamura hält diese Einschätzung für einigermaßen zutreffend, erzählt aber, daß sich immer mehr junge Leute vor der „freiwilligen" Arbeit drücken: „Für die ist Job einfach Job, die denken nur an ihre Freizeit. Denen ist Toyota egal." In seiner Generation gäbe es eine solche Haltung nicht. Herr Nakamura fühlt sich Toyota gegenüber in der Schuld – „positiv verpflichtet", sagt er –, weil ihm das Werk „alles ermöglicht hat, was ich heute bin."

Er verdient nicht schlecht, 3.500 Mark im Monat. Das mag für einen Ingenieur in einem deutschen Autowerk, der sich mit Neuentwicklungen beschäftigt, ein geringes Gehalt sein. Aber Herr Nakamura erhält seinen Monatslohn – wie übrigens alle im Werk, vom Fließbandarbeiter bis zum Direktor – nicht zwölf- oder dreizehnmal, sondern achtzehnmal im Jahr. Jeweils im Juli und im Dezember wird bei Toyota ein „Bonasu" (Bonus) von drei Monatsgehältern ausgezahlt. Auf diese Gelder gibt es keinen rechtlichen Anspruch – die Firma behält sich Bonuskürzungen in schlechten Zeiten vor –, aber solange Herr Nakamura zurückdenken kann, ist das nicht mehr passiert. Für die Einhaltung der Bonus-Spielregeln sorgt die Unternehmens-Gewerkschaft, die sich zur Diskussion der Gehälter und Prämien mit der Firmenleitung zusammensetzt – in aller Harmonie natürlich. Gestreikt wurde bei Toyota erst einmal, als ein Zweigwerk geschlossen werden mußte, das ist zehn Jahre her. Übrigens ist jeder bei Toyota unterhalb der „Kacho"-(Manager-)Position automatisch eingetragenes Gewerkschaftsmitglied.

Herr Nakamura also kann nicht klagen. Wie steht es mit den Arbeitskollegen am Band? Das Werk gibt den Durchschnittsstundenverdienst eines Arbeiters mit 2.400 Yen an, gut 27 Mark. Das ist eine nach oben „geschönte Zahl", bei der alle Prämienzahlungen einberechnet sind. Nimmt man die „ungeschönte Zahl", dürfte ein japanischer Autoarbeiter durchschnittlich etwa ein Drittel weniger verdienen als sein deutscher Kollege; allerdings sind die Steuern in Japan niedriger und die Mieten – zumindest in Toyota-City – günstiger als etwa in Wolfsburg. So kann ein japanischer Autoarbeiter genausoviel oder sogar mehr sparen als ein deutscher.

Das gilt nur für die „Arbeiter-Elite" bei Großkonzernen. Zwischen ihren Lebens- und Arbeitsbedingungen und denen der „Tagelöhner" in den Zuliefererbetrieben klafft eine weite Lücke. Denn daß die Herstellungskosten japanischer Autofabriken sich so vorteilhaft von der ausländischen Konkurrenz unterscheiden, liegt – neben modernsten Produktionsmethoden, einem durchorganisierten Betriebsablauf ohne Materialverschwendung und dem Arbeiter-Einsatz für die Qualität des Produkts – an der geringen Fertigungstiefe: 70 bis 80 Prozent eines jeden Toyotas bauen schon die Zuliefererbetriebe zusammen. Und denen kann der Konzern die Preise diktieren, deren Arbeiter genießen keine Arbeitsplatzgarantie.

Wofür geben Nakamuras ihr Geld aus?

Wir hatten die beiden gebeten, einen Monat lang für uns Buch zu führen. Herr Nakamura wollte das gleich auf seine Frau abschieben – „sie macht bei uns die Finanzen", sagte er am Telefon –, aber die Dame des Hauses bestand darauf, daß auch ihr Mann seine Ausgaben schriftlich festhielt. Also hole ich Herrn Nakamura zwanzig nach fünf von der Arbeit ab und bringe ihn zur gemeinsamen Rechenstunde nach Hause. Die erste Überraschung betrifft dann nicht den Inhalt der Buchführung, sondern die Art und Weise, wie bei Nakamuras gerechnet wird.

Er tippt die Zahlen, die er in einem Notizbuch festgehalten hat, in einen kleinen elektronischen Rechner, der bei Subtraktion und Addition jedesmal ein kleines Lied erklingen läßt: Musik wie man sie in einem Land erwartet, das 60 Millionen Kalkulatoren pro Jahr produziert. Sie aber klappert mit einem vorsintflutlich wirkenden, rechteckigen Ding, das mit seinem Holzrahmen und den zwanzig Reihen aufgezogener Kugeln aussieht wie Primitiv-Kinderspielzeug aus einem Alternativladen. Der „Soroban", Abakus auf deutsch, gehört zu den Dingen, die die Japaner von den Chinesen übernommen haben, etwa fünf Jahrhunderte ist's her. Frau Nakamuras Finger fliegen über die Holzkugeln, teilen sie nach oben, schieben sie zur Seite, wirbeln sie nach unten: Fertig ist das Ergebnis. Der Abakus, sagt die Hausherrin, sei enorm populär und enorm praktisch für einfache Rechengänge wie das Abziehen und Zusammenzählen. Und mindestens genauso schnell wie einer der flachen Automatik-Kalkulatoren.

Nach Frau Nakamuras Erfahrungen hat der Antikrechner seinen elektronischen Kusinen sogar etwas Entscheidendes voraus: „Er geht nicht kaputt, wenn mein Sohn ihn unter Wasser testet. Was er leider mit dem Elektronikrechner versucht hat." Auch die vierjährige Tetsuko liebt den Abakus: Sie kann stundenlang mit den Rollen über den Fußboden fahren, was ein knirschendes, entfernt an eine Kutschenfahrt erinnerndes Geräusch ergibt, das keine ihrer sprechenden Puppen und keines ihrer ferngesteuerten Rennautos nachahmen kann. „Leider", sagt Frau Nakamura, „ist ein Abakus mit 30 Mark auch doppelt so teuer wie einer der einfachen Elektronikrechner."

Etwa 25 Prozent des Nettogehalts, stellen wir anhand der Berechnungen fest, geben Nakamuras für Essen, Trinken und Rauchen aus: Das ist der größte Einzelposten. Ihr Geschmack hat sich, wie der vieler Japaner, in den letzten Jahren gewandelt. Zwar lieben sie rohen Fisch und essen immer noch wesentlich mehr Reis als Kartoffeln, aber zum Frühstück gibt es Toast, Marmelade und Kaffee statt gegrillter Makrele, Sojabohnensuppe und eingelegten Gurkenstückchen. Mittags serviert Mama Nakamura ihren Kleinen oft französische Zwiebelsuppe aus der Dose oder italienische Pizza aus der Packung. Und abends trinken Nakamuras gern auch mal französischen oder australischen Weißwein statt grünen Tee und einheimisches Bier. Die „Verwestlichung" seines Gaumens hat dem Hausherrn Gewichtsprobleme eingebracht. „Diese Art Essen schlägt bei unserem japanischen Körper schneller an", vermutet er, und kämpft für seine Figur beim Toyota-Tennis und Toyota-Volleyball.

Rund 20 Prozent gibt die Familie für Kleidung aus, das ist mehr als der japanische Durchschnitt. Aber die Dame des Hauses legt Wert auf erstklassige Stoffe und Markenartikel für die Kinder, wobei sie Markenartikel mit Kleidung aus dem Westen gleichsetzt. Ziemlich erstaunlich, finde ich, in einer Zeit, in der japanische Couturiers in New York und Paris Furore machen. Frau Nakamura zuckt die Achseln. In Sachen Mode scheint ihr eben der Westen vorbildlich. Und das kostet, besonders in Tokio, wohin Frau Nakamura einmal im Monat fährt und Verwandtenbesuche mit einem Einkaufsbummel

verbindet. Toyota-City und Nagoya sind ihr in dieser Beziehung „zu provinziell".

Rund zehn Prozent des Einkommens verschlingen die laufenden Kosten und die Abzahlungsbeträge für das auf Firmenkredit gekaufte Auto, sechs Prozent macht die Miete aus, etwa ebensoviel Strom, Gas, Telefon und Heizkosten. Jeden Monat legen Nakamuras für den Jahresurlaub fünf Prozent – das sind rund 150 Mark – zur Seite. Herr Nakamura nimmt nie seinen ganzen Urlaub, das tut bei Toyota nur eine verschwindende Minderheit. Aber die 14 Urlaubstage, die er sich gönnt – von den 20, die ihm zustehen –, verbringt er mit seiner Familie gern im Ausland. Da Nakamuras Amerika schon dienstlich kennengelernt haben und beide Englisch sprechen, haben sie keine Hemmschwelle vor dem Fremden, anders als die meisten Japaner, die in der Fremde nur hinter den gelben Fähnchen ihrer Führer herlaufen. Nächstes Jahr soll es nach Thailand gehen. Europa bleibt vorläufig noch ein Traum – zum großen Bedauern des Paares: Sie möchten so gern einmal zum Oktoberfest.

Trotz Urlaubskasse und relativ aufwendiger Hobbys bleiben den Nakamuras jeden Monat rund 15 Prozent des Einkommens zum Sparen. Sie legen vor allem Geld für ihre Kinder zur Seite, „weil die Ausbildung in Japan immer teurer und immer wichtiger wird". Der kleine Yoshi soll auf jeden Fall einmal an einer Elite-Universität studieren. Und worum machen sich Nakamuras sonst noch Sorgen? Belastet sie, wie so viele Menschen in der Bundesrepublik, der Gedanke an einen drohenden Atomkrieg? Daran hätten sie beide noch nie gedacht, sagen Nakamuras wie aus einem Munde. Sie sind niemals nach Hiroshima gefahren, um sich die Dokumente der Zerstörung anzusehen. „Das ist doch kein Urlaubsziel", sagt Herr Nakamura nach einigem Nachdenken. Beide haben noch nie von einer „Friedensbewegung" in Europa gehört.

Arbeitszeitverkürzung ist für Herrn Nakamura kein Thema, er liebt seinen Job. Aber für seine Gattin. Auf die Frage, ob ihr Mann lieber mehr verdienen oder lieber früher nach Hause kommen sollte, antwortet sie, ohne zu zögern: „Er soll lieber früher nach Hause kommen und mehr Zeit mit der Familie verbringen." Ein Seitenblick auf ihren Mann. Der sieht auf die Uhr, und sagt: „Ich muß jetzt gehen. Du weißt, ich habe eine geschäftliche Verabredung." Frau Nakamura seufzt, zuckt die Schultern und sieht mich an, als wolle sie sagen: Du hast das Stichwort gegeben. Ich aber weiß, daß Herr Nakamura

schon gleich nach der Arbeit mit seinen Kollegen in die Kneipe wollte und nur für unsere „Haushalt-Rechenstunde" nach Hause gekommen ist. Er nimmt mich mit zu dem, was seine Frau halb spöttisch, halb ärgerlich „die Pflicht-Sauftour" nennt.

Wir sind spät dran und haben das Essen, zu dem heute ein Toyota-Abteilungsleiter einlädt, bis auf den Nachtisch schon versäumt. Die Drinks kommen — Whisky, wasserglasvoll. Zuprosten, erste glasige Augen. Viel Gelächter. Man nimmt sich gegenseitig auf den Arm, erklärt Herr Nakamura. Wobei es vor allem gegen die Chefs geht: Unter der Immunität der Alkoholglocke findet so mancher den Mut, dem Vorgesetzten die Meinung zu sagen, und der muß sich in dieser Stimmung alles gefallenlassen.

Auch Herr Nakamura wird zusehends lockerer. Er gibt wieder, was seine Kollegen erzählen. Dreht sich das Gespräch nicht um die Firma, geht es um Mädchengeschichten. Einer berichtet von einer neuen Institution in Tokio, der sogenannten „Mistress-Bank". Man bezahlt einer Organisation etwa 2.200 Mark und bekommt dafür die Adressen von einem Dutzend Mädchen — Studentinnen meist —, die sich als „feste Freundinnen" anbieten. Die jungen

Kansai Yamamoto

Damen erwarten von ihrem Businessman keine direkte Bezahlung für geleistete Dienste. „Es handelt sich nicht um Prostituierte, sondern um anständige Mädchen", stellt einer klar. Und die würden allenfalls Geschenke annehmen, Schmuck bevorzugt, oder sich ein Appartement einrichten lassen. Alle versammelten Herren finden den Gedanken an eine solche „Zweitfrau" durchaus akzeptabel: Die „Mistress-Bank" ist in den gehobenen Geschäftsmann-Kreisen von Tokio der letzte Schrei.

Ich nutze die entspannte Atmosphäre zu einer kleinen Umfrage: Träumen die Männer aus Toyota-City von einem bestimmten Frauen-Typ? Alle sind sich einig: Blond ist sexy. Lange Haare, lange Beine, „wie sie die Mädchen im Westen haben", werden bevorzugt. Brooke Shields, Farrah Fawcett, Bo Derek — jeder in der Runde kennt diese Namen, jeder hat schon mal einen Film mit ihnen gesehen. Von den einheimischen Stars steht die Pop-Sängerin Seiko Matsuda ganz oben in der Gunst der Männerrunde: Die 21jährige gilt als „niedlich", „charmant" und „attraktiv". Bei ihrer japanischen „Traum-Frau" scheint die Männer nicht zu stören, daß sie keinesfalls auffallend schön gewachsen ist und ein schiefes Gebiß hat.

Wir beschließen den Abend in einem feinen Etablissement, dritter Stock, irgend-

Der Mann, der die Frauen anzieht

Sag keiner, für 25 Mark bekomme man in Japan nichts mehr geboten. Internationales Handelszentrum Tokio. Eine domförmige Halle, in der sonst Computer, Roboter oder Autos ausgestellt werden. 15.000 Menschen, darunter viele Jugendliche, zusammengedrängt auf zu wenigen Plätzen. Gespannte Stille. Und kaum sind die Türen zu, geht es Schlag auf Schlag.

Ein Rocksänger rast mit einem Motorrad über einen schmalen Steg zwischen den Zuschauern durch und röhrt seine Songs. Ein paar Minuten später erklingen zarte Zimbelklänge; grelle Scheinwerfer tauchen die Bühne in gleißendes Licht, und dort ist alles Bewegung. Ein Mann ganz in Schwarz dirigiert ein Dutzend bildhübscher Mädchen, wirbelt mit ihnen über den Steg. Dann wird das Licht plötzlich schwächer und Karateschreie dringen durch die Halle. „Hyah", rufen die Schönheiten, als seien sie plötzlich wild geworden, reißen sich Gürtel, Handschuhe, Jacken und Schultertücher vom Leib und schleudern sie ins Publikum, das sich darum balgt: Es ist ein bißchen wie im Zoo, wenn der Tierwärter den Löwen Fleischstücke zum Fraß hinwirft. Und zum Schluß strömen von irgendwoher an die 50 kleine Kinder auf die Bühne, splitternackt, von ihren Stirnbändern abgesehen, und kreisen den schwarzen Mann ein, der offensichtlich die Hauptfigur in dem Spektakel ist. Verrücktes Avantgarde-Theater à la Tokio? Nein, eine ganz „normale" Modenschau auf japanisch. Kansai Yamamoto stellt seine neue Kollektion vor.

Natürlich hat Yamamoto auch Vorführungen seiner Modelle in Paris und New York, und dort im kleinen Kreis. Schließlich ist der 39jährige, gutaussehende Schneidersohn heute einer der bedeutendsten Couturiers der Welt. Aber seit er 1970 die „Moden-Show" erfunden hat, hängt er an der Idee und hat auch seine berühmten japanischen Designerkollegen Issey Miyake, Rei Kawabuko und Kenzo Takada zu ähnlichen Vorführungen angeregt: Es bringt Spaß und es bringt Berühmtheit, Haute Couture und Chaos zu mischen — die Kosten für die Extravaganzen, knapp über eine halbe Million Mark, sind durch Industriesponsoren und Eintrittsgelder gedeckt.

Yamamoto sieht sich als Künstler und liebt für seine Kleider das Wort „Schöpfung". Er glaubt, daß er als Designer durch verschiedene „Schaffens-Perioden" geht, „wie Picasso", sagt er. Seine Kreationen, darunter praktische Capes und nicht so praktische batteriebetriebene und sich auf Druck selbsterleuchtende Pullover, haben ihm viel Kritikerbeifall eingebracht. Einer schrieb aber auch, nach einer besonders verwegenen Kollektion: „Wenn Yamamoto so weitermacht, können bald nur noch buddhistische Zen-Mönche in seinen Klamotten herumlaufen."

ein Hochhaus. Tiefe Verbeugungen am Eingang, man kennt sich. Ein Dutzend junger Mädchen, alle um 25 Jahre alt und Angestellte des Hauses, arrangieren an niedrigen Tischen eine bunte Reihe. Jede widmet sich einem Gast, zündet ihm die Zigaretten an, schenkt Whisky nach. Die Damen sind nur als Gesprächspartner vorgesehen, keine weiteren Aktivitäten geplant oder erlaubt. Sie reden weniger als daß sie zuhören: Ihre Hauptfunktion scheint darin zu bestehen, über die Witze der Gäste zu lachen und sich verständnisvoll ihrer Probleme anzunehmen – Barfrauen als Beichtschwestern. Leider erfahre ich jetzt nur noch wenige Gesprächsdetails: In diesem Stadium hat der Alkoholkonsum es Herrn Nakamura unmöglich gemacht, für mich zu übersetzen. Das letzte, was ich mitbekomme, ist eine Erzählung über einen Männerausflug nach Manila, wahrscheinlich eine der üblichen „Sex-Tours", für die das böse japanische Sprichwort gilt: „Wenn du auf eine Reise gehst, laß die Scham zu Hause."

Es ist kurz nach Mitternacht, als wir aufbrechen. Der Gastgeber wird wohl um die 2.000 Mark ausgegeben haben; so hoch ist auch der monatliche Spesenetat von Herrn Nakamura, der seine Kollegen einmal alle vier Wochen zu Speis und Trank bittet. Ansonsten wird er eingeladen – im Schnitt viermal die Woche. Natürlich kann

ihn keiner zwingen, jedesmal mitzugehen, aber es würde einen schlechten Eindruck machen, schlösse er sich ohne Begründung aus.

Frau Nakamura schläft schon, als ihr Mann vom „Geschäftsessen" heimkommt. Früher, erzählt sie am Morgen, habe sie immer gewartet und sei darüber beim Fernsehen eingenickt; jetzt macht sie sich die Mühe nicht mehr. Sie muß früh raus, die Kinder anziehen, das Frühstück zubereiten, Yoshi zum Schulbus bringen, Tetsuko zum Kindergarten. Ist dann auch der Mann mit Küßchen verabschiedet, zündet sie sich eine Zigarette an, macht es sich auf dem Sofa gemütlich – und drückt den Fernsehknopf. Ganz wie erwartet, sage ich Frau Nakamura. Denn die japanische Durchschnittsfamilie besitzt nicht nur mit 98prozentiger Sicherheit ein TV-Gerät, sondern hat es – statistisch belegt – auch genau 8 Stunden und 12 Minuten angestellt, im Gegensatz zu den 6 Stunden, 44 Minuten der Amerikaner und den knapp 5 Stunden der Deutschen: Sie ist damit, von der Verbreitung wie von der Nutzung des Mediums gesehen, Fernsehweltmeister.

Ferner weiß ich aus meinen Unterlagen, daß sich 33 Prozent der Japaner, vor die Wahl gestellt, nur eines von fünf Konsumgütern zur Verfügung zu haben (TV, Telefon, Auto, Kühlschrank, Zeitung), für das Fernsehen entscheiden würden – gegenüber ganzen drei Prozent der Amerikaner, die auf den Kühlschrank am wenigsten verzichten können. Dagegen bevorzugen 39 Prozent der Amerikaner den eigenen Wagen, wogegen sich nur 13 Prozent der angeblich so autoverrückten Japaner für ihren PKW entscheiden. Sie sähe also, sage ich Frau Nakamura, daß sie nichts vor mir verbergen könne.

Sie lacht. Ach, sagt sie, wenn ich wüßte, was in Japan alles mit Statistiken angestellt werde. Und ob ich das weiß: Auch ich halte bei jeder japanischen Zahlenangabe Vorsicht für geboten. In Nippon wird zwar alles, aber auch alles statistisch erfaßt, ob es um so wichtige Dinge wie die Anzahl der pro Jahr ausgeführten Fahrzeuge oder um nicht ganz so wichtige wie die jährliche Einfuhr von Teddybären geht. Die Japaner haben ein geradezu erotisches Verhältnis zu Zahlen, Prozentziffern und vergleichenden Berechnungen. Jedes Jahr am 20. Oktober feiern sie einen nationalen „Tag der Statistik", bei dem landesweit 3.112 Ansprachen (1983) über die Bedeutung der Informations-Erfassung von der Meiji-Zeit bis heute gehalten werden. Das Problem ist bloß, daß japanische Behörden dazu neigen, eigenwillige Berechnungsgrundlagen anzulegen.

Nehmen wir die Zahl der Verkehrstoten. Weltweit wird Japan dafür bewundert, daß es im Verhältnis zur Autodichte so extrem wenige Unfälle mit fatalem Ausgang gibt. Kaum einer aber weiß, daß als Verkehrstoter in Nippon nur gerechnet wird, wer in den ersten 24 Stunden nach dem Zusammenstoß stirbt; wer diese Periode übersteht, aber später an den Unfallfolgen verscheidet, wird statistisch als „normaler" Sterbefall verbucht. Ähnlich dubios die Statistik der Arbeitslosenzahlen: Wer auch nur eine Stunde im Monat in einem Hilfsjob arbeitet, gilt als beschäftigt; unabhängige Wirtschaftsexperten schätzen deshalb die wahre japanische Arbeitslosenquote auf etwa sechs Prozent – gut doppelt so hoch wie die offizielle Zahl.

Vollends entlarvend wird die „selektive Wahrheit" bei den Wohnungsstatistiken: Da behauptet das Regierungs-Weißbuch stolz, der japanische Durchschnittshaushalt habe 4,2 Räume, genauso viele wie einer in der Bundesrepublik, mehr als in Italien (3,7) und Frankreich (3,6). Es gibt keinen Grund, diese Zahlen anzuzweifeln. Nur: Über die Größe der Räume und damit über den zur Verfügung stehenden Wohnraum sagen sie nichts aus, und diese Zahlen fehlen – eine beabsichtigte Auslassung, darf man vermuten, da Japan bei diesem Vergleich wesentlich schlechter abschneiden dürfte.

Aber zurück zum Fernsehen. Es läuft die Lieblingssendung von Frau Nakamura, die derzeit beliebteste TV-Reihe überhaupt: „Oshin" heißt sie und wird täglich außer Sonntag in 15-Minuten-Häppchen serviert; angelegt ist sie auf 300 Teile. Der unwahrscheinliche Titelheld ist nicht etwa ein furchtloser Samurai-Ritter, ein gutmütiger Yakuza-Gauner oder ein Super-Roboter: Der Held ist eine Frau, die, im Jahre 1900 geboren, alle Höhen und Tiefen der japanischen Geschichte mitmacht – eine historische Innenansicht Nippons. Wir sehen gemeinsam Folge 157, und das ist bisher passiert:

Die junge Oshin mußte als Kind armer Eltern schon in frühen Jahren für einen Holzgroßhändler schuften, um ein paar Yen dazu zu verdienen. Ihr tägliches Leid, ihr Einsatz für die Familie war Inhalt der ersten 40 tränenreichen Folgen. Japanische Mütter waren so beeindruckt, daß sie die Fernsehstation zwangen, die Sendungen in den Schulferien zu wiederholen: Alle, auch Frau Nakamura, wollten ihren Sprößlingen gern zeigen, wie schwer Kinder es früher hatten, wie bedingungslos sie den Eltern gehorchten, wie tapfer sie sich durchbissen.

Mit 20 Jahren schon wurde die Film-O. verheiratet, an einen Schwächling von Mann, dessen tyrannische Mutter ihr das Leben zur Hölle machte. In Folge 130 fand Oshin endlich den Mut davonzulaufen, ihr Baby auf den Rücken gebunden. Jetzt ist sie gerade dabei, sich in der Stadt eine Existenz aufzubauen und eine erfolgreiche Geschäftsfrau zu werden. Frau Nakamura sagt: „Das gefällt mir so an der Sendung, daß eine Frau ihr Schicksal selbst in die Hand nimmt. Ansonsten kommt das weibliche Geschlecht im Fernsehen nur als dekorative Beigabe vor." So wie in der Lieblingssendung ihres Mannes, der „Wide Show" um elf Uhr abends, wo die Moderatorinnen außer einem die Männer bestätigenden „Hey, Hey" („Ja, ja") oder „Asodeska" („Ach so") kaum etwas sagen, in freizügigen Filmbeiträgen hingegen fast alles zeigen dürfen.

„Du bist ein Mädchen, du badest nach den Jungen", heißt es für die Japanerin schon in der frühesten Jugend, und in der Arbeitswelt wird sie so benachteiligt, daß sie durchschnittlich gerade die Hälfte verdient wie ein Mann. Ich zeige Frau Nakamura einen Zeitungsausschnitt aus „Business Japan", ein Interview mit dem Toyota-Präsidenten. *Frage*: Stimmt es, daß Toyota sich um den inländischen Markt besonders bemüht, indem es attraktive Mädchen für die Ausstellungsräume verpflichtet? *Der Präsident*: Oh, Sie meinen unsere „Toyota-Hübschen". Ja, wir beschäftigen 300 von denen. Es ist nun mal der Trend der Zeit, was Ansehnliches zu bieten. Sonntags ist mein freier Tag, da gehe ich manchmal selber in einen der Showrooms, um zu gucken. Das gehört zu meinen kleinen Freuden. (Lacht.)

Frau Nakamura lacht nicht. Viel schlimmer als solche Sprüche aber findet sie, daß sich prominente Politiker in Interviews öffentlich dazu bekennen, ihre Frauen zu schlagen: „Dabei gehen in Japan mehr Frauen zur Wahl als Männer. Sie haben es nur noch nicht geschafft, eine eigene ‚Frauen-Lobby' auf die Beine zu stellen." Frau Nakamura hält es für wenig wahrscheinlich, daß sich die Position der Frau in der Gesellschaft bald verändern wird. „Zwar haben viele ihre Benachteiligung im Berufsleben erkannt und schimpfen über diese Zustände. Doch sie gehen nicht auf die Barrikaden. Sie sind, wie ich, ‚Kakure feministo'." Das heißt so viel wie „Wandschrank-Feministin" – Frauenrechtlerin nur in der Abgeschiedenheit der eigenen vier Wände.

Immerhin macht Frau Nakamura schon eine ganze Menge, was sich ihre Mutter nie hätte leisten können. Sie hat zusammen mit einem Dutzend anderer Frauen von Toyota-Angestellten einen wöchentlichen Aussprechnachmittag organisiert, in einem „Kohishoppu", einem Café in der Stadt. Da wird natürlich erst einmal getratscht – über die Kinder, übers Fernsehen, über den Urlaub –, aber es kommen auch Eheprobleme zur Sprache, und die Frauen diskutieren Dinge, die sie in ihrem Elternhaus erlebt haben und die sie ihren Familien ersparen wollen.

Wenn Frau Nakamura an ihre Kindheit zurückdenkt, fällt ihr immer zuerst das Lieblingswort der Mutter ein: ordentlich. Was die Mutter auch machte, sie tat es mit der heiligen Inbrunst, die nur der hat, der den rechten Weg kennt. Das Ausnehmen des Huhns fürs Mittagessen; ordentlich. Das Ausbreiten der Wäsche über der Leine; ordentlich. Das Auswischen des Spülbeckens; ordentlich. Und nicht nur für die banalen Dinge der Hausfrauenarbeit hatte Frau Nakamura die Ältere ihr festes Wertesystem, ihren festverwurzelten Glauben, daß es für alles eine richtige, „ordentliche" Verhaltensweise gab – auch für den Umgang mit Mann und Kindern, fürs ganze Leben.

Wenn der Vater betrunken nach Hause kam und um drei Uhr morgens eine Schüssel Reis essen wollte, bedeutete das eben Aufstehen, und war in Ordnung.

Wenn der erwachsene Sohn am Mittagstisch bemängelte, daß es kein Fleisch gab, so hieß das nun mal hochspringen und schnell zum Metzger laufen: Bestandteil der höheren Spielregeln. Nach denen hatte jeder seinen festen Platz. Jeder wurde herumgestoßen, der Mann im Beruf, der Sohn in der Oberschule, die Mutter eben im Haus. Jeder hatte Opfer zu bringen, und „Gaman", die Fähigkeit, still und klaglos zu leiden, galt als Zeichen der moralischen Stärke. Sich aufzulehnen wurde gleichgesetzt mit undiszipliniertem, asozialem Verhalten. „Wo kämen wir hin, wenn jeder das täte", hört Frau Nakamura ihre Mutter noch heute sagen. „Da würde ja ganz Nippon zusammenbrechen."

Kindheitserinnerungen aus einer Großfamilie: Die Oma, erste Kontaktperson, immer gut für Süßigkeiten, Trost und Wärme. Die Mutter, stets streng und voller Ermahnungen: Nicht auffallen! Schande vermeiden! Respekt zeigen! Respekt vor dem Vater, der sich bei der Erziehung im Hintergrund hielt, Respekt vor den Lehrern, Respekt vor dem Chef. Ein behütetes Leben in einer durchregulierten Gesellschaft.

„Damals war die traditionelle japanische Familie noch intakt", sagt Frau Nakamura nachdenklich und seufzt. Für einen Augenblick bin ich nicht sicher, ob sie bedauert oder begrüßt, daß das nicht mehr ganz so ist. Im Rückblick findet sie ihre Jugend zwar „schrecklich spießig und unfrei", aber sie wußte dafür auch genau, wo sie hingehörte und was von ihr erwartet wurde. Das System funktionierte. Jedes Mitglied der „ie", der Großfamilie, stellte seine persönlichen Wünsche im Dienste der Gemeinschaft zurück.

Die „ie"-Strukturen mußten langsam aufbrechen, meint Frau Nakamura, weil sie einfach nicht mehr in die neue Zeit passen. Ein System, in dem der Sohn immer der Alleinerbe war und im Haushalt der Eltern blieb, in dem der Name der Braut stets ans Ende des Familienregisters angeklebt wurde, weil sie nur als Anhängsel in die Großfamilie ihres Mannes kam, konnte nur so lange funktionieren, wie Japan von der Außenwelt isoliert blieb. Es waren dann die Amerikaner, die nach dem Zweiten Weltkrieg dem Großfamilien-System mit einem neuen bürgerlichen Gesetzbuch die rechtliche Grundlage entzogen: Artikel 24 der japanischen Verfassung betont „die Würde des einzelnen und die Gleichheit der Geschlechter" innerhalb der Familie.

Für diesen Paragraphen sei sie den Amerikanern dankbar, sagt Frau Nakamura, sie wisse nur nicht, was anstelle des alten

Werte- und Gedankengebäudes getreten sei – wenn überhaupt etwas. Frau Nakamura wird es vielleicht nicht so sehen. Aber ihr Leben illustriert diese neue Bindungslosigkeit, die Flucht vor etwas, das man nicht will, zu einer Freiheit, mit der man nichts anfangen kann.

Die Flucht begann für sie als Teenager, führte sie in Discos, in Modeboutiquen, in den ersten Job bei der Bank. Und in die erste Liebesbeziehung, die mit einer Abtreibung endete, von der Frau Nakamura mit einer sachlichen Selbstverständlichkeit spricht als handle es sich um das Ziehen eines Zahns. Und so sehen es wohl viele Japanerinnen: Zwei von drei haben heute einen Schwangerschaftsabbruch hinter sich, der von Ärzten ohne den Zwang einer Begründung ausgeführt wird.

Dann kam der arrangierte Treff mit dem Mann und die sofortige Einwilligung in die Ehe – ein Davonlaufen aus der elterlichen Wohnung vor der elterlichen Fürsorge. Die erste, schöne Zeit, in der sie oft in einem der „Love Hotels" abstiegen. Oh, dieser Hauch von Verruchtheit und Sünde, das sei wahnsinnig aufregend gewesen, sagt Frau Nakamaru und wird rot. „Love Hotels" sind eine japanische Erfindung: Phantasievoll gebaute Nachbildungen von Schloß Neuschwanstein, vom „Weißen Haus" in Washington, vom Luxusschiff „Queen Elizabeth", die so verwegene Dinge wie rotierende Wasserbetten und allseitige Wandspiegel enthalten. In dieses erotische Disneyland entfliehen junge, unverheiratete Paare, aber auch Verheiratete auf der Suche nach einem Ausweg aus der Sardinenbüchsenenge ihrer Wohnungen.

Es kam der Umzug, es kamen die Kinder. Da die Großeltern weit weg wohnen, was Frau Nakamura „für einen Segen" hält, überwacht sie heute selbständig die Familienfinanzen und teilt auch ihrem Mann ein „Taschengeld" zu, der sich so viel liebevolle Bevormundung brummend gefallen läßt. Sie arrangiert die Kaffeekränzchen, sie macht Hausarbeit – doch ausgefüllt fühlt sich Frau Nakamura nicht: „Deshalb will ich auf jeden Fall wieder einen Job annehmen, wenn die Kinder größer sind."

Die Chancen stehen nicht gut. Mehr als die Hälfte aller japanischen Frauen in ihrem Alter wollen gern zurück ins Berufsleben, eine Situation, die Nippons Firmen schamlos ausnutzen. Kürzlich wurde die als geheim gedachte „Anweisung zur Einstellung weiblicher Arbeitskräfte" der Tokioter Buchladen-Kette „Kinokunyia" bekannt: Sie sollten „nicht häßlich, nicht klein, nicht quengelig, nicht politisch engagiert und nicht begeistert von heiß-

110

blütigen Künstlern wie van Gogh sein". Da 60 Prozent des „Kinokunyia"-Personals weiblich sind, fragt sich Frau Nakamura, und nicht nur sie, was das wohl für welche sein mögen, die unter keine dieser Kategorien fallen.

Sie ist also nicht optimistisch, was einen Job betrifft. Und sie hat Angst, bald dieselbe Langeweile und geistige Öde zu empfinden, die sie bei manchen Jugendlichen feststellt. „Die Kinder sind besonders empfänglich für so etwas", glaubt sie. „Es ist die erste japanische Generation, die keinen Hunger kennt und nicht in der Großfamilie aufwächst." Frau Nakamura will vermeiden, daß Yoshi und Tetsuko eines Tages so werden wie die bindungslosen, saturierten und desinteressierten Teenager in dem Bestseller-Roman „Nantonaku Kristaru" („Die Kristall-Generation"), den sie gerade mit Betroffenheit gelesen hat. Sie weiß nur nicht, wie.

A uf ausdrücklichen „Befehl" seiner Frau mußte sich auch Herr Nakamura mit diesem Buch auseinandersetzen. Er liest ansonsten keine Romane, nur Fachliteratur – und „Manga", Comics für Erwachsene. Die gezeichneten Bildergeschichten sind in Japan eine Milliarden-Dollar-Industrie. „Kodansha" allein, der größte japanische „Manga"-Verlag, bringt monatlich 17 verschiedene Magazine und 30 gebundene Bände heraus, von gepfefferten Sex-Geschichten über Science-fiction bis zu ernst zu nehmenden Polit-Comics. Herr Nakamura bevorzugt die Abenteuer einer atomgetriebenen Elektro-Katze namens „Doraemon", phantasievoller Ausflug in ein Land neuer technischer Errungenschaften: Solcherart sind Herrn Nakamuras Träume, denen er nachhängt, wenn er sein Toyota-Konstruktionsbüro verläßt.

Die Tage im Haushalt der Nakamuras sind vorbei. Wir haben ihre Gastfreundschaft genossen, ihre Geduld mit uns bewundert. Bleibt die Frage einer Bilanz: Ist die Familie Nakamura glücklich? Sicher die Kinder, die behütet und sorgenfrei aufwachsen und bei denen der Schulstreß noch nicht voll eingesetzt hat. Herr Nakamura? Er sagt ja, uneingeschränkt. Auch seine Frau stimmt zu. Aber im Hinausgehen relativiert sie dieses Ja ein bißchen. Manchmal, sagt sie, empfinde sie so wie „Oshin" in der Fernsehserie: „Im Verlaufe meines Lebens muß ich irgendwo irgend etwas verloren haben. Ich weiß nicht was, aber in mir, da ist manchmal eine Leere."

奇蹟を
生み出す労
働者達

**DIE MACHER
DES WUNDERS**

Antreten zum Turnen in der Mittagspause

Nur in einem gesunden Körper wohnt ein williger Arbeitsgeist: Wie hier in den Sony-eigenen „Bonson"-Werken bei Tokio, wo Transistoren zusammengebaut werden, ist das gemeinsame Turnen in der Mittagspause bei vielen Firmen üblich. Für die meisten Arbeiterinnen ist das kein unangenehmer Zwang, sondern eine willkommene Abwechslung zur ermüdenden Sitzarbeit. Die Betriebsgewerkschaften fördern das Sportprogramm, das sich außerhalb der Arbeitszeit fortsetzt: Sony bietet wie die meisten Großbetriebe seinen Mitarbeitern firmeneigene Tennisplätze und Schwimmhallen

Die Stunde der Computer hat geschlagen

Der Mensch ganz im Hintergrund, die Maschine im Vordergrund: Kein Horrorgemälde, sondern ein Bild des Fortschritts – Computer sind keine „selbstdenkenden" Maschinen, sie helfen dem Menschen lediglich dabei, sich das Leben zu vereinfachen. Die Firma Fujitsu, in deren Werk bei Numazu dieses Bild entstand, ist Japans größter Computerhersteller und hat 1980 im Japanverkauf selbst IBM überholt. Jahresumsatz des Giganten, der erst 1935 gegründet wurde: über acht Milliarden Mark

Eine Muschel wird geimpft

Der Mann im weißen Kittel ist kein Arzt, sondern ein Perlen-Fachmann: Er injiziert in eine Muschel kleine Perlmuttstückchen. So gereizt und wieder ins Meerwasser ausgesetzt, produziert das Weichtier Abwehrstoffe gegen den Fremdkörper: eine Perle entsteht. Der Prozeß dauert Jahre, die genauen „Zutaten" sind immer noch ein Geheimnis. Entdeckt wurde diese Möglichkeit der Perlenzucht 1893 von dem Japaner Kokichi Mikimoto. Bis heute ist die Firma des „Perlenkönigs", der 1954 als hochgeehrter Mann verstarb, weltweit führend

Wo die Roboter regieren

Das Zama-Werk der Autofirma Nissan bei Tokio: Wie riesige Heuschrecken-arme wirken die Roboter, die schweißen, nieten und löten und hier 96 Prozent der gesamten Arbeit erledigen. Das einzig Menschliche in dieser wippenden und ruckenden Robotniklandschaft sind Pin-up-Bildchen, die den Maschinen von Arbeitern aufgeklebt wurden. Nissan-Datsun ist neben Toyota der größte Autohersteller Japans und drittgrößter der Welt. Konzernableger bauen Boote, Immobilien – und sogar Raketen, die Kommunikations-Satelliten in den Weltraum schießen

Die neue Kamera — das dritte Auge der Japaner

Qualitätskontrolle im Nikon-Kamerawerk von Tokio. Schon seit langem haben die Japaner die einst führenden Deutschen in der optischen Industrie geschlagen: Die meisten Kameras der Welt kommen aus Nippon, und einige der besten davon aus dem weltbekannten Nikon-Konzern. Mit Nikon-Produkten wurden die ersten Bilder auf dem Mond und aus dem amerikanischen „Space Shuttle" gemacht. Die Firma, die 1983 einen Umsatz von 1,7 Milliarden Mark machte, ist jetzt auch in den Elektronikmarkt eingestiegen und testet Laser-Atomfusion

**Im Bauch
von Tokio, fünf Uhr
morgens**

„Tsukiji" heißt der große
Fischmarkt offiziell, doch
der Volksmund nennt ihn
nur „den Bauch von
Tokio". Noch ist es eine
Stunde bis zum Beginn der
ersten Auktion: Der
Thunfisch dampft vor sich
hin, die sichelförmigen
Schwänze abgehackt,
damit die Experten an den
Schnittflächen die Qualität
des Fleisches prüfen
können. Frischer Thunfisch
aus küstennahen
Gewässern ist selten
geworden, viel kommt
tiefgefroren aus Kanada.
Auf dem Großmarkt werden
täglich 2.200 Tonnen
Meeresfrüchte gehandelt

Man müßte Klavier spielen können ...

Arbeiterinnen bei der Qualitätskontrolle im Pianowerk der Firma Yamaha in Hamamatsu, Mitteljapan. Es gehört zum Traum fast jeder japanischen Familie, sich ein Klavier anzuschaffen – ein erschwinglicher Traum, denn die hochwertigen Musikinstrumente sind hier nur etwa halb so teuer wie in Deutschland. Und das obwohl Yamaha, auch als Hersteller von Gitarren, Haushaltsgeräten und Motorrädern berühmt, nur feinstes Holz aus Kanada und Korea verwendet

Der Computer-Staat, in dem die Bauern das Sagen haben

Selbstbewußt lächelt diese Bäuerin aus Mitteljapan in die Kamera, Selbstbewußtsein zeichnet ihren ganzen Berufsstand aus – Japans Farmer sind die Hätschelkinder der Politik, ihre Lobby gilt als die mächtigste im Land. Grund der Fürsorge: Durch den Zuschnitt der Wahlkreise sind auf dem Land besonders leicht Mandate zu holen – und die Bauern wählen meist die konservative Regierungspartei. Die hohen Subventionen für den Reisanbau haben einen Reisberg entstehen lassen, der schlimmer ist als der Butterberg in Europa

目標数 1400
予定数 877
実績数 897

Die Tafel treibt die Faulen an

Eine endlose Reihe disziplinierter Arbeiterinnen in einem Transistorenwerk von Tokio. Die Tafel mit den elektronisch eingeblendeten roten Zahlen zeigt, wie genau sich die Arbeitskräfte an ihr Soll halten: 1400 Einheiten ist Tagesschnitt, 877 haben sie bis jetzt geschafft, 897 hätten sie schaffen sollen. An anderer Stelle in der Fabrik fordert ein Schild „Qualitätsverbesserung als Pflicht für alle". Was uns an Arbeitsantreiben in Ländern wie der DDR erinnert, stört die Japaner nicht: Jeder ist Teil der „Firmenfamilie"

**Wo
der Walkman
herkommt**

Endabnahme eines
Walkmans im Bonson-Werk
bei Tokio, einer
Tochterfirma von Sony.
Anhand eines Plans
kontrolliert die
Vorarbeiterin mit einem
Gummischutz über dem
Finger die
Transistorenfunktionen.
Der handliche
Kassettenrecorder mit den
federleichten Kopfhörern
war eine Sony-Erfindung –
doch die japanische
Konkurrenz zog schnell
nach und zwingt den
Marktführer zu ständigen
Verbesserungen an den
Geräten. Bei ihrer
Armbanduhr orientiert sich
diese Facharbeiterin freilich
Richtung USA – Micky-
maus ist „in"

Aus den „Puppenstuben" in die „Wohnmaschinen"

In diese Satellitenvorstadt von Osaka ist die Klär-anlage mit ihren runden Behältern integriert. Vor allem im Weichbild der Großstädte weichen die alten japanischen Häuser mit ihren papierdünnen Wänden immer häufiger den Betonburgen. Die meisten Japaner sehen als Fortschritt, was uns als seelenlose „Wohnmaschine" bedrückt: Die Wohnfläche der „Danji"-Mietskasernen ist in der Regel größer als die in den winzigen traditionellen Wohnungen, die Japaner selbst „Puppenstuben" nennen

**Auf den Friedhöfen
der Zukunft liegen
ausrangierte
Computer**

„Moderne Zeiten" in Tokio,
Stadtteil Shinjuku: Die
konsequente Fortentwicklung
des Autofriedhofs ist die
letzte Heimstatt für die
fortschrittlicheren
„Spielzeuge" unserer Zeit
– der Computerfriedhof.
Hierher bringen Firmen
und Privatleute die Geräte
der „ersten Generation"
oder die defekten
Exemplare der zweiten und
dritten. Bastler suchen im
Müll der Moderne nach
Verwertbarem und
schlachten die alten
Programme aus

Und jedes Jahr eine neue Brücke über den Fluß

Die „Stadt der 800 Brücken" nennt man Osaka seit alters her – inzwischen sind es längst viel mehr geworden. Nicht langfristige Planung bestimmt hier den Brückenbau, sondern – wie so oft in Japan – der tägliche Bedarf. Und weil dieser Bedarf in Osaka, mit fast vier Millionen Einwohnern das zweitgrößte Handelszentrum des Landes, Jahr für Jahr dramatisch stieg, hat man auch fast jährlich einen neuen Übergang über den Shinyodo-gawa konstruiert. Daß die Landschaft damit optisch verschandelt wird, interessiert niemand

DIE MACHER DES WUNDERS

Firmen auf der Überholspur.
Roboter für die Gewerkschaft!
Der Computer-König

Es gibt Plätze, wo man das „japanische Wunder" erwartet, wo man Ausschau hält nach schlanken Fabriktürmen und riesigen Lagerhallen und geschäftigen Büros – im Weichbild des Fuji beispielsweise, an kiefernbestandenen Meeresküsten, im seenreichen Hügelland. Die weite, endlose Ebene vor uns ist nicht so ein Platz. Wirklich nicht.

Die Trockenheit schnürt die Kehle ein. Glühend heiß fegt der Wüstenwind los und wirbelt eine Windhose hoch. „Outback" bis zum Horizont. Sonnenverglühte Täler, verdurstetes Flachland, von Wirbelstürmen zerstörte Schluchten: So sieht Australiens südlichstes Bundesland aus, gleich hinter der Hauptstadt Adelaide. Ein Paradies für Schlangen und Schakale. Ein Paradies auch für Einzelgänger und rauhe Burschen, denen ihre Freiheit – und ihre Freizeit – über alles geht. Aber ein Paradies für Unternehmer? Im Zwei-Millionen-Staat Südaustralien gingen in den letzten Jahren mehr Arbeitsstunden durch Streiks verloren als im 120-Millionen-Staat Japan. Die Gewerkschaften von Adelaide sind stark und selbstbewußt, die Löhne und der Lebensstandard hoch. Und die niedrige Arbeitsmoral der Australier ist, mit Verlaub gesagt, berühmt-berüchtigt: Sie gelten als die Erfinder der „Siesta Society",

der Gesellschaft, der ein gemütlicher Schwatz am Arbeitsplatz und ein vorgezogenes langes Wochenende über alles geht – allemal über Produktivitätssteigerung und Effizienz. Das sollte reichen, um jeden Unternehmer abzuschrecken.

Es hat nicht gereicht. Der japanische Konzern Mitsubishi („Drei Diamanten") kaufte sich im Mai 1979 zunächst mit einem Drittel bei der kränkelnden amerikanischen Firma Chrysler ein, die in Adelaide Autos produzierte. Im April 1980 übernahm Mitsubishi dann das Werk zu hundert Prozent – und schaffte das, was nicht nur die einheimische Presse als das „Wunder in der Wüste" bezeichnete. Denn Chrysler hatte in seinen beiden letzten Jahren jeweils über 50 Millionen Mark Verlust in Australien gemacht und das Werk an den Rand der Schließung gebracht. Die Japaner aber drehten das Rad herum, waren am Jahresende 1979 schon in den schwarzen Zahlen und erwirtschafteten 1981 einen Rekordgewinn von 45 Millionen Mark – und das alles mit einer so gut wie unveränderten Belegschaft. Muß man nach dieser unwahrscheinlichsten aller japanischen Erfolgs-Stories nun doch vermuten, daß die Söhne Nippons zaubern können?

Wenn es in Adelaide einen Zaubermeister gegeben hat, dann war das Naoshi Ichikawa. Der heute 65jährige führte das

Werk in den ersten beiden Mitsubishi-Jahren und lebt heute als einer der Chefberater des Konzerns in Tokio. Ichikawa lächelt, hebt die Hände zu einer typisch japanischen Geste gespielter Selbstbescheidenheit. „Das war doch alles nur gesunder Menschenverstand", sagt er, und fängt an zu berichten. Es ist eine Geschichte, die wie in einem Brennglas klarmacht, warum so viele japanische Firmen den Weltmarkt überrollen. Eine Geschichte von Systematik und Weitsicht, Aggressivität und Zähigkeit, die sich zu einem Lehrstück summiert.

Phase 1: Das Objekt wird eingekreist. Japans mächtigster Unternehmenskoloß Mitsubishi, der von Supertankern über Flugzeuge und Kameras so ziemlich alles produziert, hat sich schon Ende der zwanziger Jahre in Australien engagiert und kontrolliert in den siebziger Jahren mehr als ein Drittel des gesamten Handels zwischen den beiden Staaten. Der Konzern-Ableger „Mitsubishi Motors", der erst 1960 mit der Serienfertigung von Personenwagen anfing, ist zu dieser Zeit Japans viertgrößter Autohersteller geworden und sucht dringend nach Gelegenheiten, auch außerhalb des Landes zu produzieren. Wegen der Geschäftsverbindungen des Mutterkonzerns bietet sich vor allem Australien an. Erste Abkommen mit Chrysler in Adelaide wer-

den unterzeichnet. Doch als die Amerikaner das unprofitable Werk ganz abstoßen wollen, winkt Mitsubishi ab: Chrysler soll zunächst im eigenen Saft schmoren.

So kommt es, daß die Amerikaner nach und nach mehr als 4.000 Arbeiter entlassen müssen – eine notwendige Gesundschrumpfung, um die auch die Japaner als Firmenchefs nicht gekommen wären. Doch die verfehlte Modellpolitik von Chrysler und die weltweite Rezession lassen den Amerikanern keine Chance, wieder in die schwarzen Zahlen zu kommen. Mitsubishi schlägt erst zu, als Chrysler wegen Bargeldknappheit gar nicht mehr anders kann als das Werk zu einem Spottpreis von 200 Millionen Mark zu verkaufen.

Der japanische Konzern hat inzwischen in einer Studie herausgefunden, daß Australiens Automarkt sehr wohl noch etwas hergibt – man muß nur einen Wagen bauen, der auf die Bedürfnisse des Fünften Kontinents zugeschnitten ist. In einer anderen Studie stellt Mitsubishi fest, daß die militanten Gewerkschaften von Adelaide zwar auch den neuen Firmenchefs Schwierigkeiten machen könnten, sich aber in einer denkbar schlechten Ausgangslage befinden: Die Arbeiter wollen keine Streiks, sondern lieber einen sicheren Arbeitsplatz. Die Angst vor Massenentlassungen geht um.

138

Phase 2: Konsolidierung oder: Wie man Vertrauen schafft. Die neuen japanischen Bosse stellen bei der Übernahme am Eingang des Firmengebäudes einen Glasbehälter mit Kabuki-Puppen auf – aber ansonsten halten sie sich im Hintergrund. In Adelaide arbeiten nie mehr als ein Dutzend japanischer „Berater"; die Australier sollen nicht den Eindruck bekommen, das Werk werde „überfremdet". Generaldirektor Ichikawa verspricht, daß die Zahl der Arbeiter nicht verringert werden soll – vorausgesetzt, der Qualitätsstandard der produzierten Autos steige an. Die Gewerkschaften stimmen unter diesen Umständen einem „vorläufigen Waffenstillstand" mit der Firmenleitung zu. Die Mitsubishi-Chefs schwören die 350 australischen Chrysler-Händler mit einem neuen Bonussystem, mit Werbefilmen und kostenlosen Broschüren auf die japanische Marke ein.

Phase 3: Die „Mitsubishi-Familie" entsteht. Die Japaner stecken in die Weiterentwicklung eines Vierzylinderwagens für den australischen Markt eine Menge Geld, aber sie setzen keinesfalls einseitig auf neue Techniken wie Roboter-Automation. Das, haben sie ausgerechnet, käme zu teuer und gäbe auch Schwierigkeiten mit der Belegschaft. Also wird mit „Bordmitteln" rationalisiert.

Die Mitsubishi-Manager schreiben einen mit Preisen bedachten Wettbewerb aus, in dem sie die Arbeiter auffordern, einfache, sinnvolle Verbesserungen an ihrem Arbeitsplatz zu finden („Arbeite smart, nicht hart!"). Durch ein simples Tafel-System wird die Produktion genau dem Eingang der Bestellungen angepaßt, die Lagerung von Material wird abgebaut. Angelockt von attraktiven Prämien, versuchen sich einzelne Schichten im Qualitätswettstreit zu überbieten. Mehr Leute werden in mehr Jobs geschult: Das erhöht die Abwechslung für sie, mindert das Ausfallrisiko für die Firma. Die Arbeiter beginnen an das Produkt zu glauben, das sie herstellen – mehr als je zuvor kaufen sie verbilligte Firmenwagen.

Gleichzeitig bringt die kleine japanische Beratermannschaft das australische Management auf Vordermann. Ichikawa sagt: „Natürlich haben wir darauf Rücksicht genommen, daß Australien eine ganz andere Kultur und Geschichte hat und daher mehr Wert auf die Rechte des einzelnen legt, wo wir die Übereinstimmung in der Gruppe suchen." Schön gesagt – aber was das in Wirklichkeit heißt, wie riesig die Unterschiede sind, kann nur ermessen, wer sich die Grundprinzipien des japanischen Managements vergegenwärtigt.

In Nippons Großunternehmen werden Beschlüsse immer einstimmig gefaßt:

Kurze Konferenzen mit demokratischen Mehrheitsentscheidungen, wie im Westen durchaus üblich, sind verpönt. Je länger eine Besprechung dauert, desto größer ist die Genugtuung unter den Konferenzteilnehmern: Zögert die Minderheit, werden Abstimmungen ausgesetzt und die Minorität zu überreden versucht. Ziel einer japanischen Betriebsbesprechung ist primär die Feststellung der Gruppensolidarität. Die Beschlußfindung hat mehr zeremoniellen als demokratischen Charakter.

Daß Mehrheitsentscheidungen als ungünstig für die Firmen-„Harmonie" gelten, ist ein Relikt aus den Zeiten der „Nippon Buraku", der Dorfgemeinschaft, bei der es nie Überstimmte geben durfte: Die hätten sich vor den anderen gedemütigt gefühlt und wären außerstande gewesen, einen Mehrheitsbeschluß mitzutragen und in die Tat umzusetzen. Große japanische Unternehmen sehen sich bis heute in der Tradition dieser Dorfgemeinschaften: Innerhalb der Belegschaft gibt es kaum personellen Wechsel, so ist der einzelne in einer Art Lebens- und Schicksalsgemeinschaft mit seinen Kollegen verbunden – wie früher die Bauern in ihrem Gemeinschaftswesen.

Auch die andere Art der Beschlußfassung in japanischen Firmen, das „Ringi"-System, mutet uns im Westen fremd an. „Ringi" startet auf der unteren Betriebsebene: Ein einzelner oder eine Gruppe von Angestellten macht einen Vorschlag, entweder zu möglichen Verbesserungen am Arbeitsplatz oder auch zu allgemeineren Betriebszielen. Der Entwurf „zirkuliert" dann, zunächst unter den Arbeitskollegen auf derselben Ebene, später auch nach „oben", bis in die Firmenspitze. Auf diesem Weg wird er mehrfach abgeändert und von verschiedenen Dienststellen gestempelt, oft ohne daß sich jeder ernsthaft mit dem Vorschlag auseinandersetzt. Aber auch „Blind-Stempeln" hat eine Funktion: als Willenserklärung für die Übernahme einer kollektiven Verantwortung.

Nicht alle diese „Ringi"-Anregungen werden angenommen und verwirklicht, manche bis zur Unkenntlichkeit modifiziert. Aber alle Beteiligten gewinnen den Eindruck, bei wichtigen Betriebsentscheidungen mitzuwirken – und das ist entscheidend. Dieses betriebsinterne Vorschlagswesen mag nichts mit institutionalisierter Mitbestimmung im westlichen System zu tun haben, aber es funktioniert. In Japan. Aber machen Australier bei so etwas mit?

Graham Spurling, der neuernannte Betriebsdirektor von „Mitsubishi Australien"

glaubt, daß man zumindest einige Erfolgs-
rezepte des japanischen Managements
auf den Fünften Kontinent verpflanzen
kann. Der 46jährige Spurling – ein dyna-
mischer, hemdsärmeliger Marlboro-Typ,
der den Eindruck macht, als würde er sich
als Viehhüter-Chef auf einer abgelegenen
Ranch besser fühlen als am Schreibtisch
eines Konzerns – hält sich selbst für den
Beweis seiner These. Spurling ist in
Adelaide geboren und aufgewachsen,
aber in Japan durch einen Management-
kurs gegangen. Der große Unterschied
zwischen Australien und Japan liegt nach
Spurlings Meinung in der Einstellung des
Managements gegenüber den Arbeitern.
„Ich bin fest davon überzeugt, daß die
japanischen Arbeiter nicht von Natur aus
fleißiger oder unterwürfiger sind als die
australischen. Sie sind nur besser und
überzeugender geführt", sagt er. Spurling
warnt aber davor, japanische Manage-
ment-Eigenarten „schematisch" zu über-
tragen. Was bedeutet das für seinen
Arbeitsalltag?

Zum Beispiel das: Spurling tritt alle
paar Wochen persönlich vor sei-
ne Arbeiter und berichtet ihnen
bei einer Vollversammlung, wie es um die
Firma steht. Er verschweigt nicht, wenn
es Absatzprobleme gibt und greift Quali-
tätsmängel in einzelnen Abteilungen

öffentlich an. Dennoch wurde er bis jetzt
bei jeder dieser Veranstaltungen von der
Belegschaft mit Beifall verabschiedet –
Chrysler hatte die Arbeiter stets im unkla-
ren über die Firmenlage gelassen, Ge-
rüchte schwirrten umher, die Führungskräfte blieben für die Belegschaft un-
sichtbar.

„Früher dachten wir, die Bosse wirtschaften sowieso in ihre eigene Tasche", sagt
mir ein Arbeiter beim Essen in der Kan-
tine. „Doch die neue Firmenleitung gibt
uns das Gefühl, daß wir alle gemeinsam
den Karren aus dem Dreck ziehen." Er
sagt es, ohne daß ein Vorgesetzter in der
Nähe wäre. Noch essen die „White-
Collar"-Angestellten in einem anderen
Raum – Spurling will das abschaffen und,
im wahrsten Sinn des Wortes, die Wände
zwischen den höheren Angestellten und
den Arbeitern einreißen: Auch in Japan ißt
man schließlich gemeinsam.

Der Betriebschef will den Arbeitern vor
allem das in der Chrysler-Zeit genährte
Gefühl nehmen, daß sie allein schuld
daran sind, wenn die Firma Probleme hat.
„Es ist leicht zu sagen, ach, diese Idioten
am Band, die haben wieder mal alles
falsch gemacht", sagt Spurling. „Schwie-
riger ist es schon, sich hinzusetzen und
den Fehler auch bei sich selbst zu
suchen. Ich halte es mit dem Grundsatz:
Hart zu meinen höheren Angestellten,

verständnisvoll gegenüber meinen Arbeitern. Schließlich kriegen wir dafür, daß wir nach außen die Verantwortung tragen und uns etwas einfällt, ja auch eine Menge mehr bezahlt als die Jungs am Band."

Wieviel mehr, will Spurling nicht sagen. Aber anzunehmen ist, daß Mitsubishi es in Adelaide hält wie der Konzern in der Heimat und die meisten anderen japanischen Großbetriebe auch: Manager verdienen gut – das Fünf- bis Sechsfache eines Arbeiters, abhängig von der Dauer der Betriebszugehörigkeit. Aber sie verdienen längst nicht solche Traumgehälter wie ihre Kollegen im Westen, wo für eine Spitzenkraft in der Wirtschaft ein Gehalt, das zwanzigmal höher liegt als das eines Arbeiters, durchaus üblich ist.

Kann Spurlings Weg, die „Selbst-Erniedrigung" des Managers nach Nippon-Muster, mehr als ein psychologischer Trick, eine raffiniert ausgeklügelte Taktik sein? Will Spurling den nach wie vor fremdbestimmten Arbeiter nur in Harmonie-Watte verpakken und ihm ein „Wir-Gefühl" vorgaukeln, ohne ihn wirklich am Entscheidungsprozeß teilhaben zu lassen? Knallharter Kapitalismus – versehen mit einem etwas menschlicheren Antlitz? Spurling zuckt die Schultern. Philosophische Probleme mag er nicht diskutieren. Statt des-

sen weist er auf die praktischen Erfolge seines „patriarchalischen" Kurses hin: Früher waren in Adelaide 60 Arbeitsstunden nötig, um einen Wagen zu produzieren, heute sind es 22. Die Krankheitsrate ist um ein Drittel zurückgegangen. Seit Mitsubishi die Firma übernahm, gab es im streiknotorischen Australien Hunderte von Arbeitsniederlegungen, aber keine davon im Werk von Adelaide.

So viel Harmonie klingt verdächtig, und sie hat bei näherem Zusehen auch ihre Risse. Das innerbetriebliche Vorschlagswesen beispielsweise ist über die übliche Briefkastenbox mit Anregungen noch nicht hinausgekommen. Wie „Ringi" funktioniert, wird den Australiern – vermutlich uns allen im Westen – verschlossen bleiben. Von freiwilligen Qualitäts-Kontrollgruppen, für die Arbeiter in Japan einen Teil ihrer Freizeit opfern, fehlt in Adelaide jede Spur.

Spurling muß auch zugeben, daß es unter seinen Managementkollegen einige gab, die den neuen Kurs nicht mitmachen wollten oder, wie der Chef sagt, „nicht begriffen". Solche Kollegen warf Spurling auf ganz unjapanische Weise einfach aus der Firma. Und er spricht gelegentlich auch heute noch bei Alltagsentscheidungen „ein Machtwort", obwohl er sich dem System verschrieben hat, Entscheidungen gemeinsam mit seinen Kollegen zu diskutieren und Einstimmigkeit herzustellen. Spurling muß ferner damit rechnen, daß die Gewerkschaften nach den langen Flitterwochen mit den Firmenbossen bald wieder auf Konfrontation setzen. Aber er glaubt, daß sein Kurs stimmt.

Es gibt Anzeichen dafür. In geheimer Wahl sprach sich vor einigen Monaten eine Mehrheit der Arbeiter für die von der Firmenleitung vorgeschlagene Kurzarbeit aus – ein in Australien durchaus nicht üblicher Vertrauensvorschuß. Und es gab keine Unruhe im Werk, als in den australischen Problemjahren 1982 und 1983 – jeweils über zehn Prozent Arbeitslose und eine zweistellige Inflation – die Absatzflaute einsetzte. „Mitsubishi Australien" machte in diesen Jahren keine Gewinne mehr, entließ aber keine Arbeiter, sondern versuchte, ältere Fachkräfte mit einem attraktiven Pensionssystem zum frühzeitigen Ausscheiden zu bewegen. Die Firma hat sich auch einen größeren Exportauftrag geangelt – mit typisch japanischer Ausgebufftheit. Denn in England ist zwar die Einfuhr von Autos aus Fernost auf ein bestimmtes Kontingent begrenzt, und um das rangelt sich Mitsubishi Tokio mit seiner japanischen Konkurrenz. Nicht begrenzt aber ist die Einfuhr australischer Autos – und mit einem Produktionsanteil von 85 Pro-

zent gelten die Mitsubishis aus Adelaide als Produkte des Fünften Kontinents.

Die Expansion im Ausland hat die Autofirma auch anderswo vorangetrieben. In Südkorea gehören „Mitsubishi Motors" inzwischen zehn Prozent des einheimischen Produzenten Hyundai, der bald Mitsubishi-Autos in Lizenz für den koreanischen Markt produzieren soll. Und auch in Kuala Lumpur, einem Markt der Zukunft, waren die Japaner schon tätig: Mitsubishi wird die Technologie für einen Wagen liefern, der mit Regierungsgenehmigung den stolzen Titel „Malaysisches National-Auto" tragen darf.

Was Nippons „Nummer vier" recht ist, ist den Großen billig: Alle produzieren inzwischen schon fern der Heimat oder haben zumindest Beteiligungen. Toyota, der führende japanische Hersteller, läßt jährlich 200.000 Fahrzeuge in Taiwan vom Band rollen, kooperiert mit den britischen Lotus-Werken und dem amerikanischen Spitzenproduzenten General Motors. Nissan, die Nummer zwei, verstärkt seine Aktivitäten in Mexiko, produziert in Vereinbarung mit Volkswagen „Santanas" für den japanischen Markt und hat sich mit Alfa Romeo zu einer gemeinsamen Firma namens „ARNA" zusammengetan, die in „Datsun"-Autogehäuse Alfa-Motoren einbaut. Auch der japanische Rang-Dritte, Toyo Kogyo, expandiert in Südkorea und

Ryoichi Sasakawa

Mexiko und läßt seine „Mazda"-Wagen über seinen US-Partner Ford, der zu 25 Prozent an der Firma in Hiroshima beteiligt ist, nach Australien, Taiwan und Hongkong verkaufen.

Honda ist mit British Leyland im Geschäft und will bis 1985 mit einer gemeinsamen Autoproduktion in England beginnen; der Honda-„Accord" rollt derweil schon von firmeneigenen Bändern in den USA. Und selbst kleinere japanische Produzenten wie Isuzu schnuppern die Luft der großen weiten Welt: In Zusammenarbeit mit General Motors werden die Japaner ab 1985 Tausende von Lastkraftwagen in Ägypten herstellen und ihre amerikanischen Teilhaber – GM hat 34 Prozent der Isuzu-Anteile – mit einem Kleinwagen für den US-Markt beliefern.

Die Welt der Autobauer ist zusammengerückt. Japans Hersteller haben die Konsequenzen daraus gezogen, daß sie in fast kein Industrieland des Westens so viele Wagen exportieren dürfen, wie sie wollen und wie sie auch verkaufen könnten. Neben der Kooperation mit anderen Firmen haben sich die Japaner dabei auffallend stark auf die Märkte der Dritten Welt konzentriert: die Boom-Region Südostasien, aber auch Lateinamerika und Afrika. Wo noch Wachstum zu erwarten ist, will Japans Autoindustrie dabei sein.

Solche Umsicht und riesige Expansions-

Der Mann, der die Puppen tanzen läßt

Nein, mit Bescheidenheit ist er nicht geschlagen. Er fühlt sich schlichtweg als „Erlöser der Menschheit", als einer, der den „Brüdern und Schwestern, wo immer sie auch seien", den Frieden bringen will. In Fernseh-Werbespots fordert er von allen japanischen Jugendlichen „jeden Tag eine gute Tat". Kein Privatmann hat so viel Geld für die Vereinten Nationen gespendet wie er – runde drei Millionen Mark. Ist Ryoichi Sasakawa, 81, ein selbstloser Menschenfreund, ein Heiliger gar, wie seine Freunde sagen? Ganz im Gegenteil, sagen seine Feinde: Dieser Mann ist gefährlich, er ist ein Geschäftsmann mit Gangsterpraktiken, ein Rechtsradikaler, der Boß der japanischen Unterwelts-Mafia – er ist Japans „Pate".

Ryoichi Sasakawa wurde als Sohn eines verarmten Dorfbraumeisters in der Nähe von Osaka geboren. Nach dem Militärdienst gründete er die „Nationale Verteidigungsgesellschaft", eine ultranationale Partei, die forderte, Japan solle ganz Südostasien angreifen und in seine Gewalt bringen. 1939 flog Sasakawa mit einem seiner eigenen Flugzeuge – er war mit Aktienspekulationen ein reicher Mann geworden – nach Rom, um sein Faschisten-Idol Benito Mussolini zu treffen. Nach der japanischen Niederlage sperrten ihn die Amerikaner als einen der Hauptkriegsverbrecher ein. „Das Gefängnis war für mich ein von Gott verschriebener Urlaub", sagt Sasakawa heute. Einflußreiche

Freunde bekamen ihn bald frei. Sasakawa erhielt das Monopol für die Ausrichtung von Motorbootrennen – eine Goldgrube, denn auf die Flitzer durfte gewettet werden. Er kassierte Prozente und wurde zum „reichsten Faschisten der Welt" (Sasakawa über Sasakawa).

Er gründete Jugendorganisationen, um „Japans gesunden Kriegsgeist" zu erhalten. Er ließ sich mit Gangsterbossen sehen. Er wurde Chef der unpolitischen „Welt-Karate-Union" und der höchst politischen „Gesellschaft zur Bekämpfung des Kommunismus". „Wenn es sein muß, bringe ich Millionen Menschen auf die Beine", sagt der „Pate", dessen Reichtum auf zwei Milliarden Mark geschätzt wird. „Jeder japanische Politiker ist auf mein Wohlwollen angewiesen." Neulich machte er wieder Schlagzeilen, als er den Goldschatz eines im Krieg gesunkenen russischen Panzerkreuzers heben und Moskau übergeben wollte – aber nur im Tauschgeschäft für die vier Inseln, die die Sowjets seit 1945 im Norden Japans besetzt halten. Aus dem Geschäft wurde nichts. Sasakawa schlägt dafür anderweitig zu: Nach eigenen Angaben hat er schon mit über 500 Frauen geschlafen und zertrümmert noch heute mit der Handkante zehn Ziegelsteine. Nur so zum Spaß.

144

schübe haben diese Industrie über Jahrzehnte hinweg gekennzeichnet. Dabei mag auch ihre innere Struktur eine Rolle gespielt haben. An Toyota und Nissan sind die beiden mächtigsten japanischen Multis beteiligt. Auch bei den anderen Autofirmen dominieren Kapitalbeteiligungen von Banken und Versicherungen und geben den Unternehmen finanziellen Rückhalt, die für europäische Verhältnisse mit Eigenkapital recht schwach bestückt sind. Die Absicherung durch das „große Geld" wird es zumindest den fünf Top-Unternehmen ermöglichen, auch Rezessions-Zeiten zu überstehen.

Fünfeinhalb Millionen Japaner sind entweder direkt in der Autoindustrie oder in Zulieferwerken tätig – jeder neunte Job im Land hängt somit am Wohlergehen der Branche. Einer relativ jungen Branche, der ein solches Wachstum keinesfalls in die Wiege gelegt war. Noch 1961 produzierten alle japanischen Autohersteller zusammen weniger als eine Million Fahrzeuge. Nippons Produkte wurden im Ausland mitleidig belächelt und beim Export klammerten die Japaner die größten autobauenden Länder zunächst aus: Sie hätten mit ihren Blechschlitten auch keine Chance gehabt.

Bald ging es aufwärts. Ende der sechziger Jahre wagten sich japanische Autofirmen mit ihrem größer gewordenen Organisationsnetz auch auf den europäischen Markt. Ihre Exportstrategie war langfristig angelegt: Es kam den Herstellern aus Fernost zunächst nur darauf an, einen Fuß in die Tür zu bekommen. Dabei setzten sie weniger auf die ausgereifte Technik ihrer Wagen – da waren die Europäer zunächst noch überlegen – als vielmehr auf den günstigen Preis, eine vollständige Ausstattung der Autos, gewissenhafte Verarbeitung, einfache Bedienbarkeit und Reparaturfreundlichkeit. Den endgültigen Durchbruch schafften die Japaner aber ironischerweise dank einer Krise, die kein Industrieland so schwer traf wie das energiehungrige Japan selber: den Schock der Ölpreiserhöhungen von 1973.

Während man in den USA weiter die großen Schlitten baute und nicht zu begreifen schien, daß eine neue Ära angebrochen war, während auch europäische Hersteller nur sehr zögernd ihre Modell-Programme von den Benzinschluckern wegbrachten, reagierten die Japaner schnell: Mit einer ganzen Reihe vernünftig gebauter, spritsparender Wagen der unteren Mittelklasse. In Europa wurde es bald schick, seine „Umwelt-Vernunft" zu demonstrieren und die „Kleinen" zu fahren. Und die zahlreichen Bittgänge westlicher Politiker nach Japan um Selbstbeschränkung beim

Autoexport hatten natürlich auch einen Werbeeffekt: So schlecht konnten japanische Wagen nicht sein, wenn man sich im Westen nicht anders zu helfen wußte, als um eine Begrenzung der Ausfuhren nachzusuchen. Selbst die Konkurrenz mußte zugeben, daß man gut mit den Japanern fuhr. „Die Produzenten in Fernost haben gewöhnliche Dinge ungewöhnlich gut gemacht", sagte – zähneknirschend – der amerikanische Ford-Präsident Philip Caldwell in einem SPIEGEL-Gespräch.

Japan wurde – in atemberaubender Geschwindigkeit – zum größten Autoproduzenten der Welt. Die Sieben-Millionen-Grenze war 1975 erreicht, seit 1980 werden in Nippon mehr als zehn Millionen Wagen jährlich hergestellt; das sind zweieinhalbmal so viele wie in der Bundesrepublik und achtmal mehr als in Italien vom Band rollen. Die japanischen Autoexporte machten im Jahr 1983 wertmäßig gut 21 Prozent aller japanischen Ausfuhren aus – über 30 Milliarden Dollars klingelten in den Kassen. Die Erträge aus dem Export von Stahl und elektronischen Geräten lagen weit darunter. Und dabei war 1983 für die japanische Autoindustrie keinesfalls ein besonders gutes Jahr – man verschiffte „nur" 5,6 Millionen Wagen in die weite Welt.

Japan hat auf dem Binnenmarkt immer noch einen Nachholbedarf. Mit 333 Autos pro 1.000 Einwohnern liegt Nippon in der Hitparade der vollmotorisierten Länder lediglich an elfter Stelle, weit hinter den USA (714 pro 1.000), Kanada (588), Australien (500) und der Bundesrepublik (417). Kein Land allerdings holt so schnell auf wie Japan, dessen Zulassungsrate für Personenwagen sich im vergangenen Jahr annähernd verdreifacht hat.

Das Image des Autoproduzenten aus Fernost hat sich entscheidend gewandelt. Die Japaner sind nicht mehr länger die Nur-Billig-Produzenten, sie haben auch im Bereich der Hochtechnologie viel dazugelernt und machen den Europäern und Amerikanern jetzt in deren Domänen Konkurrenz: bei den Sportwagen und Luxus-Autos. Dabei ist der japanischen Industrie eine Entwicklung gut bekommen, die sie zunächst als Belastung empfinden mußte: die neueingeführten Abgasvorschriften, die strengsten der Welt, und die Lärmnormen, die ebenfalls schärfer sind als innerhalb der Europäischen Gemeinschaft. Die Auflagen förderten den Erfindungsgeist der japanischen Top-Ingenieure und machten ihre Wagen noch konkurrenzfähiger.

Ein Spaziergang über die „Tokio Motor Show" im November 1983 zeigt es. Viele

Experten halten diese Automesse, die alle zwei Jahre stattfindet, inzwischen für die aufregendste der Welt. Wahre Wunderfahrzeuge sind da ausgestellt. „Sie werden schläfrig. Bitte machen Sie eine Rast!", murmelt eine blecherne Stimme irgendwoher. Wer ist es? Wer weiß so etwas?

Kein Mensch natürlich. Der schlaue Wagen selber. Er sagt es auf englisch, der Ansprache „You" ist leider nicht zu entnehmen, ob er mich duzt oder auf Distanz hält. Aber recht hat das sprechende Wunderding auf Rädern. Meine Konzentration in einer imaginären Verkehrssituation hatte nachgelassen. Der „Schläfrigkeits-Monitor" konnte mit meinen Reaktionen nicht mehr zufrieden sein.

Das Auto heißt „Forschungs-Wagen Nummer II" und stammt von Nissan. Seine Räder und seine Fenster sind alle aus Plastik, er hat Methanol-Benzin im Tank, der ebenfalls aus Plastik besteht. Das Cockpit sieht aus wie das der Raumfähre „Columbia": Ein automatisches Kontrollsystem mißt mit Radar und Mikrowellen die Distanz zum Vorderwagen, warnt mich, wenn ich zu nahe komme und verlangsamt die Geschwindigkeit automatisch. Das Wunderauto hört auf die Stimme seines Herrn wie ein wohlerzogener Hund. „Schneller", „langsamer", „Licht an", „Radio aus", „Sitz verstellen" – das sind nur einige der 26 Befehle, die

im Stimmen-Computer in mehreren Sprachen gespeichert sind, und auf die das Fahrzeug prompt reagiert.

Die Serienmodelle der Zukunft haben alle Weltraum-Namen oder Kürzel, die fatal an gefährliche Raketensysteme erinnern: FX-1, NX-21, MX-02 und TAC-3. Die abschreckende Wirkung ist weder geplant noch verdient: Die neuen Gefährte sollen zwar schnell, vor allem aber sicher und bequem sein. Nissans NX-21 beispielsweise ist eine windschnittige Limousine mit einem Gasturbinen-Motor, der von Laserfasern und nicht mehr durch ein Drahtnetz kontrolliert ist – größere Sicherheit. Toyotas FX-1 hat nicht nur einen Stimmen-Computer, der Nissans Modell ähnelt, sondern auch automatisch zur Seite gleitende Türen und Scheibenwischer, die, wenn gewünscht, unter einer verborgenen Schließvorrichtung zum Vorschein kommen – verbesserte Funktionalität. Und bei niedrigen Geschwindigkeiten schalten sich die Motoren automatisch auf halbe Kraft, um Benzin zu sparen.

Der Mazda-Familienwagen für die neunziger Jahre, der MX-02, öffnet sich nicht nur automatisch, wenn der Fahrer die richtige Zahlenkombination eingibt, er verstellt auch selbständig den Sitz, das Lenkrad und den Außenspiegel auf die vorprogrammierten

Idealwerte seines Besitzers. Ein halbes Dutzend „Gast-Fahrer" können gleichzeitig programmiert werden und dann ihre Maße „abrufen". Das Gefährt der Zukunft besitzt darüber hinaus ein Lenksystem, das die computergesteuerten Räder auch seitwärts bewegt; das Auto ist mobil wie eine Krabbe. Mit dem neuen Patent, sagen die Konstrukteure, könne künftig jeder einparken. Auch Frauen.

Weitere Neuheiten aus der Trickkiste der Auto-„Hexenmeister": ein Umschaltmechanismus, der es ermöglicht, per Knopfdruck von Automatik auf Handschaltung überzugehen; Scheibenwischer, die die Intensität des Regens auf dem Fenster „erfühlen" und ihre Schnelligkeit automatisch angleichen; Autoreifen, die es erlauben, auch mit einem Platten noch zwei Stunden weiterzufahren; ein System, das Alkohol „riecht" und es einem betrunkenen Fahrer unmöglich macht, seinen Wagen in Gang zu bringen.

„Die meisten dieser Neuerungen sind doch nur Spielereien", sagt der Beobachter eines deutschen Autokonzerns zu mir, als wir gemeinsam durch die Halle gehen. Er erzählt, daß einige Hersteller im Westen gerade dabei seien, übertriebene Technik im Auto abzubauen. Nicht alle „Bord-Computer" hatten sich als sinnvoll

erwiesen. Das mag schon stimmen. Aber allein die Tatsache, daß praktisch alle großen Unternehmen in Europa und USA ihre „Spione" nach Tokio geschickt haben, belegt, wie ernst die Japaner inzwischen auch als technische Innovatoren genommen werden.

Elf japanische Hersteller beschickten den 1983er Automobilsalon von Tokio. Beispiele für „verwertbare" Kreativität lieferten nicht nur die Branchenriesen. Auch der Kleinwagenhersteller Daihatsu brachte einen neuartigen, besonders effektiven Diesel-Mini auf den Markt. Und ein Isuzu-Motor überraschte mit Keramik-Teilen, einem ersten wichtigen Schritt zur vollständigen Keramik-Maschine, mit der eines Tages bis zu 50 Prozent Treibstoff gespart werden könnte, die 30 Prozent mehr Leistung zu liefern verspricht und keine Kühlvorrichtung mehr braucht.

Nippon auf der Überholspur — ein aufmerksamer Beobachter hätte die Entwicklung in der Autoindustrie vorausahnen können: am Beispiel der Motorradindustrie. Da passierte nämlich genau das gleiche. Nur ging in der Motorradbranche alles noch schneller, und die weltweite Vormachtstellung Japans ist heute schon viel eindeutiger: Drei von vier neuproduzierten Motorrädern der Erde kommen aus dem Land der aufgehenden Sonne. Im Jahr 1955 hat alles noch anders ausgesehen. Damals war der größte Kradhersteller ein Unternehmen aus der Bundesrepublik: die Neckarsulmer Firma NSU. Die Japaner gerieten nach einer Phase schnellen Wachstums Anfang der sechziger Jahre in die Krise. Sie entschlossen sich zur Vorwärtsverteidigung. Statt ihren Ausstoß zurückzuschrauben, wagten sie den großen Sprung nach vorn, einen Sprung ins Unbekannte – ins Ausland. Honda bot als erstes Unternehmen Japans seine Motorräder auf dem umkämpften amerikanischen Markt an, und feierte schnell phänomenale Erfolge. Einer der Gründe: Die schicken „Feuerstühle" aus Fernost kamen in den Motorrad-Freizeitboom, den der Kultfilm „Easy Rider" ausgelöst hatte.

Der riesige US-Markt erlaubte den Japanern in der Folgezeit Stückzahlen, die nicht nur eine gewinnträchtige Fertigung, sondern auch hohe Forschungsaufwendungen möglich machten. Dazu kam ihre aggressive Marktstrategie, besonders deutlich zu sehen, als die deutschen Versicherungsfirmen 1977 ihre Klassifizierung für Motorräder änderten: Statt des Hubraums galt plötzlich die Motorleistung als Bemessungsgrenze. Obwohl die Bundesrepublik für sie weltweit nicht von entscheidender Geschäfts-Bedeutung war, stie-

gen die Japaner sofort gezielt in den Markt ein und waren mit entsprechenden Kleinmodellen zur Stelle.
Die Klasse der 250- bis 499-Kubikzentimeter-Maschinen ging fest in japanische Hand über. Und auch sonst bauten die Honda, Kawasaki, Yamaha und Suzuki ihre Marktanteile in der Bundesrepublik kontinuierlich aus – mit der Ausnahme von BMW kam technisch keiner mehr mit ihnen mit. Gegenwärtig bringen es deutsche Firmen zwischen Hamburg und München nicht einmal mehr auf einen Marktanteil von zehn Prozent. Und in den USA mußte die Regierung die Motorräder aus Fernost mit einer Sondersteuer belegen, um ihren eigenen Werken – darunter so klangvolle Namen wie Harley-Davidson – eine Atempause zu verschaffen.
Seit 1981 produzieren die Japaner im Jahresdurchschnitt über sieben Millionen Kräder – gut 200mal so viele wie BMW. Im Gegensatz zu deutschen Herstellern haben sie einen großen Teil ihrer Produktion, beispielsweise die Fertigung der Fahrgestelle, in Niedriglohnländer verlagert und sparen so Kosten, die sich erheblich auf den Verkaufspreis auswirken. Die Japaner besitzen Zweigwerke in Syrien, Kamerun und Uruguay, selbst in der Volksrepublik China. In Ländern wie den USA, Spanien oder Belgien produzieren sie schon lange.

Sadamichi Hirasawa

Bei dem blendenden Geschäft kommt den Herstellern der immer noch steigende Inlandsbedarf zugute. Dabei rollen schon heute mehr Motorräder und Mopeds über Nippons Straßen als über die Straßen irgendeines anderen Landes: Fast 15 Millionen Krafträder sind in Japan im Gebrauch. Dagegen brausen in den riesigen Vereinigten Staaten nur knapp über sieben Millionen und in der Bundesrepublik weniger als 2,5 Millionen Bürger durch die Lande. Das heißt: Nippons Fahrzeugindustrie ist zwar auf den Export angewiesen und macht einen Großteil ihrer Gewinne im Auslandsgeschäft. Aber immerhin werden etwa jedes zweite Motorrad und fast jedes zweite Auto im eigenen Land verkauft.

In anderen Branchen ist die Abhängigkeit vom Weltmarkt viel stärker. Und da wurden die Japaner von internationalen Entwicklungen gebeutelt wie jede andere große Handelsmacht der Erde. In der Schiffsindustrie zum Beispiel. Bis zum Jahre 1868 hatten Nippons Herrscher den Bau von größeren Schiffen als Küstenfischkutter ausdrücklich verboten – keiner sollte das Land verlassen und „fremdes Blut" und neuartige Ideen in die homogene japanische Gesellschaft „einschleppen" können. Bis zum Zweiten Weltkrieg, machte Japan als Schiffs-Exporteur kaum von sich reden.

Der Mann, der auf den Henker wartet

Sadamichi Hirasawa wacht jeden Morgen um vier auf, rezitiert seine buddhistischen Gebete, putzt sich die Zähne und versucht dann noch ein bißchen vor dem Frühstück zu schlafen. Das gelingt ihm meistens nicht, weil er auf den Klang von Schritten achtet, und zwar sehr genau. Hört er ein gleichmäßiges Schlurfen, atmet er auf, aber wenn da irgendwo die kleinste Unregelmäßigkeit ist, ein Näherkommen des Geräuschs, ein Innehalten, dann stockt ihm das Herz. Denn er weiß, dann kann seine letzte Stunde geschlagen haben. Dann kann es der Henker sein, der ihn holen läßt, um das Urteil auszuführen: Tod durch Strang. Seit 27 Jahren geht das so mit der Angst des Sadimichi Hirasawa, seit jenem Morgen, als eine unabhängige Jury ihn des zwölffachen Mordes für schuldig befand und ihn in die Todeszelle schickte. Immer wieder erreichte er einen Aufschub, nie wurde er begnadigt, nie seinem Antrag auf ein neues Verfahren stattgegeben. Und so ist der heute 91jährige, kränkliche, zitternde Mann ein makabrer Fall für das „Guiness-Buch der Rekorde" geworden: Der am längsten lebende zum Tode verurteilte Gefangene der Welt.

In Japan gibt es keine öffentliche Diskussion um die Todesstrafe, keine Partei und auch keine Lobby, die gegen die Hinrichtung von Verurteilten kämpft. Einer der Hauptgründe dafür ist, daß die meisten Japaner gar nicht wissen, daß in ihrem Land die Todesstrafe in Kraft ist. Das Justizministerium informiert die Öffentlichkeit nur am Jahresende über die Anzahl der Exekutionen; seit 1945 waren es über 570, in den letzten Jahren durchschnittlich je zwei. Die Namen werden selten mitgeteilt, und auch der Delinquent selbst wird, wenn der Gefängnischef ihn für „labil" hält, erst in letzter Sekunde benachrichtigt – deshalb die allmorgendliche Panik des verurteilten Hirasawa.

Sein Fall begann am 26. Januar 1948 in Tokio, kurz nach fünf Uhr nachmittags. Die Angestellten der „Teikoku"-Bank waren gerade dabei zu schließen, als ein gutgekleideter Herr eintrat und sagte, er sei vom Gesundheitsministerium und habe Anweisung wegen einer Ruhr-Epidemie alle Anwesenden zu impfen. Man habe ein neues, wirksames Serum in Pulverform erfunden. Sämtliche 16 Angestellten tranken auf ein Zeichen des Mannes das in Tee aufgelöste Gemisch – und brachen Sekunden später zusammen: Es war Zyankali. Der falsche Ministerialrat floh mit 1.800 Mark Bargeld und ließ seine Opfer in Agonie zurück. Einige Tage später verhaftete die Polizei den Kunstmaler Hirasawa, den von vier Überlebenden allerdings nur einer identifizieren konnte. Er gestand, widerrief – man habe seine Beichte unter Folter erzwungen – und wurde in einem Indizienprozeß verurteilt. Einziges Zugeständnis seit damals: 1981 bekam er einen Ofen. Für den Winter in der kalten Zelle.

150

Doch schon elf Jahre nach Kriegsende wurden in den Nippon-Werften mehr Tanker produziert als sonstwo auf der Welt. Die Japaner bauten die größten Nutzschiffe und setzten auf weiteren Ausbau der Kapazitäten – dann kam 1973 die Ölkrise, und das Geschäft mit den Supertankern schrumpfte. Obwohl die Großkonzerne schnell reagierten und anfingen, „schwimmende Fabriken" herzustellen – etwa für Zelluloseherstellung in Brasilien –, erholte sich die Branche nie ganz vom Ölschock. Bis heute produzieren die Japaner die meisten Handelsschiffe von allen Industrienationen: 8,3 Millionen Bruttoregistertonnen 1982 und damit zwölfmal soviel wie die Bundesrepublik; ein stolzes Ergebnis, doch weniger als die Hälfte als noch im Jahr 1975.

Billigländer wie Südkorea und die Volksrepublik China holen in der Herstellung und im Know-how schnell auf, und es ist überhaupt noch nicht abzusehen, wann und ob die bestehenden Kapazitäten wieder voll ausgelastet sein werden: Statistisch gesehen schippert derzeit jeder zweite Tanker leer. Kein Wunder, daß die bundesdeutschen Reedereien ohne staatliche Subventionen nicht mehr existieren können – auch Japan fährt auf den Weltmeeren, trotz einer aggressiven Verkaufsstrategie gegenüber Entwicklungsländern, nur noch Verluste ein.

Etwas rosiger sieht das Bild in einer anderen Branche aus, die bei den führenden Industrienationen der Welt sonst durchweg als „Sorgenkind" gilt: bei der Stahlerzeugung. Nippon-Stahl ist mit einer Produktion von 28 Millionen Tonnen jährlich der größte Hersteller der Welt, Japan liegt mit einem Gesamtausstoß von knapp 100 Millionen Tonnen (1982) hinter der Sowjetunion auf Rang zwei, weit vor der Bundesrepublik (Rang 5 mit 36 Millionen Tonnen). Während die Weltproduktion in den letzten Jahren stark zurückging – die USA und Westeuropa erzeugten jeweils etwa 20 Prozent weniger als im Vorjahr – konnten die Japaner ihren Stand halten. Durch kräftige Investitionen sind sie heute in der Lage, wesentlich rationeller und preisgünstiger zu produzieren als ihre Konkurrenz. Bei den computergesteuerten Herstellungsprozessen kommen sie mit weit weniger Koks aus als beispielsweise die Deutschen und haben mit neuen Techniken auch den teuren Schwerölanteil wesentlich gedrückt.

Daß die Japaner sich in der Unterhaltungselektronik weltweit durchgesetzt haben, ist fast schon eine Binsenweisheit. Heute werden Kofferradios und Kassetten-Recorder kaum noch außerhalb Nippons produziert – die Konkurrenz der Hitachis, Sonys und

Nationals ist zu übermächtig, auch und gerade bei Neuentwicklungen wie dem Walkman. Obwohl deutsche Firmen ihren Marktanteil bei Videogeräten in der Bundesrepublik noch verteidigen – eine Import-Begrenzung aus Japan für den EG-Raum hilft dabei –, wird auch in diesem Bereich der Angriff aus Fernost immer stärker. Ähnlich bei den Chronometern: Als da die Quarztechnik erfunden worden war, merkten die Japaner als erste, was die Uhr geschlagen hatte. Selbst renommierte deutsche und schweizerische Firmen mußten schließen, weil sie den Trend der Zeit verschlafen hatten und auf ihren konventionellen Armbanduhren sitzenblieben.

Ein Gynäkologe namens Takeshi Mitarai war der erste Japaner, der 1935 einen Fotoapparat zusammenbaute – eine getreue Reproduktion der deutschen Leica, deren Patent nur bis zu diesem Jahr geschützt war. Die 35-Millimeter-Kamera mit dem schönen Titel „Göttin der Barmherzigkeit" („Kwanon") war zwar gottserbärmlich unzuverlässig und fiel noch ziemlich schnell auseinander, aber der Arzt ließ nicht locker. Er hatte in seinem Beruf gelernt mit optischen Geräten umzugehen und traute es sich zu, ein Werk für Fotoapparate aufzubauen.

Die Zeit gab ihm recht. Das von Mitarai gegründete „Canon"-Unternehmen gehört heute neben Nikon, Minolta, Pentax und Olympus zu den erfolgreichsten der Branche. Und die deutschen Vorbilder lassen inzwischen Teile ihrer Kameras in Japan produzieren – wie Zeiss mit seiner Contax – oder sie haben den Kampf gegen die Fernost-Giganten schon ganz aufgegeben.

Im Fall der Fotoindustrie war vor allem das Ministerium für Internationalen Handel und Industrie, das berühmtberüchtigte MITI, durch seine kluge Lenkung für den Erfolg verantwortlich: Es organisierte die weitgehende Arbeitsteilung der Branche und ließ beispielsweise Kamera-Verschlüsse nur noch von zwei Firmen herstellen. Kleine Unternehmen wurden von kapitalstärkeren geschluckt – es entstand so eine kostensparende Konzentration, die den Export-Boom durch attraktive Preise vorantrieb. Durchdachtes Management und überlegtes Marketing kamen dazu. Und inzwischen beginnen auch schon in dieser Branche Roboter eine Rolle zu spielen, automatische Handlanger, die längst mehr können als nur Primitiv-Arbeiten zu verrichten.

Über 100.000 Industrieroboter schuften in Japan heute an der Seite menschlicher „Kollegen" – sie sprühen gefährliche Farbmischungen auf Autokarosserien, legen Keilriemen auf, schrauben Räder an

Achsen, schweißen und löten. Sie machen aber auch Feinarbeit in ganz anderen Branchen – drücken mit ihren kleinen Hebelarmen beispielsweise sojagetränkten Reis zu den traditionellen Sushi-Häppchen zusammen oder überprüfen die Funktionen eines Atomkraftwerks. Solange sie mit Elektrizität gespeist werden, tun sie klaglos ihren Job: ohne Arbeitspausen, ohne Klimaanlage, ohne Lärmschutz, ohne Licht. Roboter sind ein Unternehmertraum: Anspruchslose „Workaholics", die nie streiken, nie Urlaub nehmen, nie krankfeiern, nie höhere Löhne fordern. Sie sind, sozusagen, eine „stählerne" Fortentwicklung des japanischen Arbeiters.

Kein Wunder, daß der Robotereinsatz gerade in Nippon Triumphe feiert. 150 japanische Unternehmen sind auf ihre Herstellung spezialisiert, die Jahresproduktion betrug 1983 über 28.000 Einheiten, der Umsatz mehr als zwei Milliarden Mark. Bis 1985 hofft die Branche auf einen Jahresausstoß von 50.000 Robotern, von denen die meisten schon der neuen und vielfältiger einsetzbaren „Sensoren-Generation" angehören sollen, ausgestattet mit elektronischen „Sinnesorganen", die ihre Umwelt erkennen und im Ansatz auch schon analysieren.

Die „Sensoren-Roboter" sind aber nur eine Vorstufe zu den wirklich „denkenden Maschinen", von denen Experten wie der japanische Professor Ichiro Kato erst eine wahre Umwälzung der Arbeitswelt erwarten. Die „Denker" sollen selbständig Arbeitsprogramme entwickeln. Endziel ist ein Roboter, der in Eigenleistung den für einen bestimmten Arbeitsgang idealen Roboter entwirft. „Wir stehen am Vorabend einer neuen industriellen Revolution", sagt Professor Kato, der an Tokios Waseda-Universität lehrt. Bei der ersten, vor rund 200 Jahren, wanderten nach der Erfindung der Dampfmaschine und des mechanischen Webstuhls Millionen Menschen vom Land in die Städte ab und suchten sich Arbeit in den neu entstandenen Fabriken. Mit dem Einsetzen der „Roboter-Revolution" werden sich die Fabrikhallen wieder leeren – die meisten Jobs beherrscht die Maschine dann besser als der Mensch.

Japan ist in dieser Entwicklung wesentlich weiter als jede andere Industriemacht: Mehr als jeder zweite Industrieroboter der Welt arbeitet irgendwo in Nippon. Die Automatisierung hat auch schon mittlere und kleine Betriebe erfaßt, eine „Japan Robot Leasing"-Gesellschaft, gebildet von 42 Roboterherstellern und 23 Versicherungsgesellschaften, finanziert von der staatlichen „Development Bank of

Japan", kauft Roboter und verleiht sie dann zu günstigen Bedingungen. Die Produktivität der Firmen steigt, aber auch die Probleme nehmen dramatisch zu: Roboter killen Arbeitsplätze. Und das haben inzwischen selbst die zahmen japanischen Gewerkschaften gemerkt.

In den ersten Jahren des Robotereinsatzes hatten die Arbeitnehmervertreter überall stillgehalten. Das japanische System der Lebenszeitbeschäftigung in den Großbetrieben machte es den Konzernbossen unmöglich, ihre Arbeiter einfach auf die Straße zu setzen. Als Togyo Kogyo, der „Mazda"-Produzent, durch seine verfehlte Modellpolitik 1974 in die Pleite schlidderte, verordnete die Unternehmensführung eine rigorose Automatisierung der Produktion – und schulte Tausende von Arbeitern, deren Jobs Maschinen übernahmen, zu Verkäufern um. Der Firma ging es bald besser. Nicht nur, weil sie so „freihändig" über ihre Arbeitskräfte disponieren konnte. Sondern vor allem, weil sie, wie alle Großunternehmen, die Masse ihrer Nicht-Stammarbeiter abbaute: In den Zuliefererbetrieben wurden Tausende entlassen – wie immer genutzt als „Puffer" in den Zeiten einer Wirtschaftskrise.

Doch jetzt werden auch die Betriebsgewerkschaften der Großfirmen nervös. Die 47.000 Mitglieder starke Nissan-Gewerkschaft fühlte sich im April 1983 von ihren Mitgliedern gedrängt, mit der Firmenleitung ein Abkommen über die Roboterproblematik auszuhandeln. In dem ersten Pakt dieser Art verpflichtet sich der zweitgrößte japanische Autohersteller, keinen seiner Stammarbeiter zu entlassen oder ihn wegen der neuen Technik in Rang und Gehalt zurückzustufen. Im Gegenzug will die Arbeitnehmervertretung „im Geiste der Harmonie" über Umschulungen mit sich reden lassen. In den Nissan-Werken arbeiten derzeit schon etwa tausend Roboter; bisher scheint die Übereinkunft zu halten.

Ganz andere Probleme haben die Gewerkschaften im supermodernen Roboterwerk von Fujitsu Fanuc am Fuß des heiligen japanischen Berges. Die Arbeitnehmervertretung des hochgradig automatisierten Unternehmens – Roboter haben hier damit begonnen, „fast alleine" Roboter herzustellen – droht pleite zu gehen. Es fehlt an Beitragszahlungen. Ein heller Gewerkschafts-Kopf kam jetzt auf die Idee, die Firmenleitung aufzufordern, sie solle doch für die 200 Roboter, die Menschen ersetzt hatten, gefälligst Gewerkschaftsgebühren entrichten. Die Fujitsu-Fanuc-Bosse stimmten zu, um den lieben Betriebsfrieden zu erhalten. Doch da griff die japanische Regierung ein. Wenn die Firma die Beiträge übernehme, würde sie ein Gesetz brechen, das den Gewerkschaften verbietet, sich vom Management unterstützen zu lassen, verlautete es aus dem Tokioter Arbeitsministerium. „Roboter werden von uns nicht als menschliche Arbeitskräfte betrachtet", sagte der Ministeriumssprecher wörtlich. „Nur menschliche Arbeitskräfte aber können Gewerkschaftsmitglieder sein. Wir fürchten einen Präzedenzfall." Arbeitnehmervertreter fordern jetzt eine Gesetzesänderung. Der Fall ist noch nicht abgeschlossen.

Bei den Robotern müssen die japanischen Hersteller keine Konkurrenz fürchten; in der Mikroelektronik liegt der Fall etwas anders. Zwar hat Japan bei der Entwicklung der Super-Chips – fingernagelgroße Winzlinge, die Millionen von Informationen speichern können – stark aufgeholt, doch auch noch 1983 beherrschten die Amerikaner 60 Prozent des Weltmarktes, die Japaner „nur" ein Drittel. Wie interessant dieser Markt ist, zeigen die Umsätze: knapp über 40 Milliarden Mark weltweit im Jahr. Vier japanische Firmen befinden sich unter den „Top Ten": Hitachi, NEC, Fujitsu und Toshiba. Sie liefern ihrer amerikanischen Konkurrenz einen gnadenlosen Preis- und Qualitätskampf, von dem der Verbraucher profitiert: Wohl keine andere „Ware" ist in den

letzten Jahren so viel besser und billiger geworden wie der „Stoff", aus dem die Computer sind.

Ein Chip der einfachsten Art kostete 1960 noch 25 Mark, heute ist er für einen Pfennig zu haben. Die Dichte der integrierten Schaltkreise schnellte von 50 Transistoren in den sechziger Jahren auf 1.000 in den siebziger Jahren hoch und liegt heute bei einer Million. 1990 wird jeder Chip etwa 20 Millionen Transistoren enthalten – die Primitiv-Ausgabe von 1960 wird dann nur noch den zwanzigsten Teil eines Pfennigs kosten.

Die Japaner haben in der Mikroelektronik zehn Jahre nach den Amerikanern angefangen. Erst 1955 kümmerte sich MITI um die Branche und schoß, zögernd zunächst, Geld zu. Um die eigene Industrie zu schützen, schotteten die Japaner diese Branche aber mit besonders hohen Zöllen ab – und so ging es nach bewährten Mustern bald bergauf: Konzentration auf einige wenige Firmen, hohe Staatszuschüsse, gewaltige Firmeninvestitionen. Wenn die Japaner heute eine echte Chance haben, bei der Entwicklung der Computer der sogenannten „intelligenten fünften Generation" mit den Amerikanern zu konkurrieren, verdanken sie das vor allem ihrer Bereitschaft, die Forschung zu fördern.

Mehr als 25 Prozent ihrer Einnahmen legten die japanischen Chips-Produzenten 1983 wieder an, während die amerikanischen Forschungsausgaben stagnierten. Eine Branche, die so viel Erfolg verspricht, hat in Nippon schon immer die besonders zielstrebigen Unternehmer angezogen — Leute wie Takayoshi Shiina, dessen Name in Europa kaum einer kennt und dessen Karriere doch so typisch japanisch ist.

Auf der Schule mochten ihn alle, den Takayoshi. Er war immer so freundlich, so fleißig, so hilfsbereit. Doch manchmal tuschelten sie hinter vorgehaltener Hand über ihn: „Mit dem stimmt was nicht." Dann hatte er gerade wieder einmal dem Mathematiklehrer im freundlichsten Ton vorgeschlagen, doch später einmal in seine Firma einzutreten oder einem Freund geraten, Geld zu sparen und demnächst in Takayoshi-Aktien anzulegen. Man muß wissen: Takayoshi Shiina war kein Millionenerbe, kein Fabrikantensohn. Er lebte damals, Anfang der sechziger Jahre, allein mit seiner Mutter in einer bescheidenen Zweizimmer-Wohnung außerhalb Tokios. Und träumte nur von der großen Karriere.

„Heute lächelt keiner mehr über mich", sagt Shiina bei unserem Besuch, streicht dann fast zärtlich über einen gläsernen Globus. Den haben ihm seine 150 Mitarbeiter geschenkt, und er steht jetzt im Chefzimmer, neben der dickbauchigen, schmunzelnden Buddha-Figur und dem neuesten Mini-Computer aus eigener Produktion. Shiina hat es geschafft. Er hat es allen gezeigt. Er ist Präsident der „SORD Computer Systems", einer Firma der Superlative. Jahresumsatz 1983: über 15 Milliarden Yen (170 Millionen Mark). Selbst im Wirtschaftswunderland Japan ist SORD unerreicht. Keine Firma wuchs im letzten Jahrzehnt so schnell wie diese, seit ihrer Gründung 1970 um jährlich 80 Prozent im Schnitt. Und die Zukunftsprognosen sind rosig. „Wir erobern gerade die Märkte von morgen", sagt Shiina freundlich, aber bestimmt. Kann da einer Erfolg programmieren? Wie kriegte Shiina es fertig, die Prophezeiungen aus seiner Schulzeit zu erfüllen?

Nach dem Abitur zog er sich monatelang zu Freunden aufs Land zurück — und tat nichts außer nachzudenken und ein paar Bücher über Zukunftstechnologien durchzublättern. Shiina hatte keine speziellen Interessen. Er hatte nur beschlossen, sich für das zu interessieren, was man später einmal gut verkaufen könnte. In seinem Heimstudium kam er zu dem Schluß, daß Computer das Geschäft der Zukunft sein würden.

Zunächst studierte Shiina an der Tokai-

Universität von Tokio Betriebswirtschaft und sah sich in den Semesterferien bei den wenigen Computerfirmen um, die damals den Markt beherrschten. Für knapp 1.200 Mark im Monat nahm er einen Job bei der japanischen Niederlassung einer führenden amerikanischen Firma an. Wenn andere nach einem Zehnstundentag in die Kneipe oder nach Hause gingen, schloß sich Shiina in sein Zimmer ein, zog die Vorhänge zu und lernte weiter. Nach drei Jahren wußte Shiina so viel über Computer, daß er der beste Verkäufer der Firma wurde.

Aber er wollte mehr. Auf eigene Faust reiste er nach Amerika, besuchte in New York und Kalifornien die größten Computerfirmen und fragte an, ob er sich nicht mit den amerikanischen Experten über die neuesten Technologien unterhalten könnte. Die waren gern dazu bereit – kein Mensch nahm damals an, daß Japan dem Industriegiganten USA einmal gefährlich werden könnte, schon gar nicht in einer Branche wie der Computerindustrie.

Als Shiina 1970 nach Japan zurückkam, war er mit Beförderung und Gehaltserhöhung nicht mehr zufrieden. Er stieg aus, um seine eigene Firma zu gründen – an seinem 25. Geburtstag. Sein Betriebskapital waren 6.000 Mark, die er sich zum Teil von seinem Onkel hatte vorstrecken lassen. Mit einem Freund begann er in der Wohnung des Onkels Computer-Teile, sogenannte „logic tester", zusammenzubauen, die sie an größere Firmen weitergaben. Sie verkauften mit 50 Prozent Gewinn – und nur gegen bar, weil sie sonst das Rohmaterial für die nächste Produktion nicht hätten einkaufen können. Ihrem Unternehmen gaben sie den aus den Computer-Fachausdrücken „Software" (Programme) und „Hardware" (Geräte) zusammengesetzten Namen SORD. Er spricht sich so aus wie das englische Wort für Schwert.

Die Schwert-Jünger schlugen sich eine Bresche in den Computer-Markt. 1973 hatte die Firma schon 23 Angestellte, der Umsatz stieg auf 900.000 Mark. Jetzt begann – mit der Rückendeckung von großen Banken – das eigentliche Planziel: der Bau eines Mini-Computers. SORD-Techniker entwickelten die Computer-Sprache PIPS, die Programmieren so einfach machte, daß keine Fachkurse mehr nötig waren. Die Geräte wurden immer besser – und vor allem billiger. Weil SORD rechtzeitig den Markt der Kleinbetriebe und Privatabnehmer mit relativ einfachen Geräten anpeilte, sicherte sich das Unternehmen eine Marktnische.

Shiina glaubt, daß heute das „Zeitalter des Privatcomputers" herangebrochen ist und daß bald kein Firmenvertreter, kein

Journalist, kein Unternehmer mehr ohne seine eigene „Terminal Machine" mehr auskommen wird, mit der er sich per Steckdose an die zentrale Datenbank seines Betriebs anschließen kann. Die Mini-Terminals, nicht größer als eine Schreibmaschine und nicht schwerer als 3,5 Kilogramm gibt es bei SORD je nach Ausführung schon ab 2.000 Mark. Kürzlich hat Shiina ein Zweigwerk in Irland aufgemacht. Ausländische Märkte erschließt er generalstabsmäßig – die schwierigsten kommen zuerst dran. Frankreich, England und die skandinavischen Länder werden schon beliefert, die Bundesrepublik soll demnächst „erobert" werden.

An seine 150 Mitarbeiter stellt Shiina dieselben Ansprüche wie an sich selbst. Der Chef hat die Firmenphilosophie in vier Punkten zusammengefaßt, die – fein säuberlich gerahmt – überall im Produktionswerk bei Tokio hängen. Erstens: Im Werk ist jeder Mitarbeiter gleichrangig; Anreden wie „Chef" gibt es nicht. Zweitens: Wenn ein einzelner nicht weiterkommt, springt das ganze Team für ihn ein. Drittens: Wir diskutieren alle Entscheidungen miteinander aus. Viertens: Bestimmte Bürozeiten gibt es nicht – wir arbeiten so lange, wie es das Problem gerade erfordert.

Shiina gibt zu, daß gerade das letzte Gebot in der Praxis bedeutet, daß seine Mitarbeiter wesentlich mehr als 40 Stunden in der Woche arbeiten. Das, sagt er, mache ihnen aber nichts aus, weil sie mit demselben Feuereifer bei der Sache seien wie er selbst: „Das liegt daran, daß sie über alle Entscheidungen der Firma genauso mitbestimmen können wie ich." Bei SORD gibt es keine so deutliche Arbeitsteilung wie in einer vergleichbaren deutschen Firma, keine Überspezialisierung. Shiina geht kaum einmal vor zehn Uhr abends nach Hause und arbeitet auch samstags und sonntags im Büro. Auf eher wundersame Weise hat er bei diesem Arbeitsstreß auch noch Zeit gefunden, mit seiner Frau – Programmiererin von Beruf – für Familiennachwuchs zu sorgen. Die Familie wohnt, weil das so praktisch ist, nicht weiter als einen Steinwurf von der Firma entfernt.

Als Anteilseigner arbeitet der Präsident immerhin in die eigene Tasche, profitiert direkt vom SORD-Erfolg. Aber fühlen sich seine Mitarbeiter nicht ausgebeutet, die oft nicht mehr als 2.000 Mark (allerdings meist in 18 Monatsgehältern pro Jahr) verdienen? „Unser Betriebsklima ist ausgezeichnet", sagt uns ein Entwicklungsingenieur beim Interview. „Natürlich arbeiten wir für die Firma, was das Zeug hält – Ehrensache." Was der Mann nicht sagt: Es gibt genug andere, die für einen Job wie seinen

Schlange stehen. Jedes Jahr wählt Shiina persönlich aus etwa 250 Bewerbern mit Hochschulabschluß 30 aus, die bei SORD anfangen dürfen. Dabei ist für ihn weniger ihre Examensnote entscheidend als vielmehr der persönliche Eindruck und etwas, das er „auf einer Wellenlänge liegen" nennt. Um die Wellenlänge zu testen, läßt Shiina die Bewerber fachfremde Aufsätze schreiben. Themenbeispiele: Woran krankt die englische Wirtschaft? Oder: Wie wichtig ist das Familienleben?

Wer die Prüfung besteht und die vier Firmenprinzipien gutheißt, wird von Shiina zu einem pseudoreligiösen Ein-Wochen-Kurs in ein Kloster geschickt. Dort schwören altgediente Firmenmitglieder, Professoren und Theologen den Berufsneuling auf japanische Arbeitsethik ein. Sie bringen den Universitätsabsolventen auch bei, wie oft man sich vor wem verbeugt, wie man mit Geschäftsfreunden umgeht und wann man wie hohe Spesen macht.

Präsident Shiina hat alle Details über seine Mitarbeiter in den werkseigenen Computern gespeichert. Er betreut jeden seiner Männer selbst – und das bedeutet mehr als Präsente zum Geburtstag. Wenn einer von Shiinas Mitarbeitern mit 32 Jahren noch nicht verheiratet ist, bittet der Chef ihn zu einem ernsten Gespräch. Intaktes Familienleben gilt dem Boß als optimaler Ausgleich zur Firmenarbeit. Deshalb hat er in einem Computerprogramm alle Daten über heiratsfähige Mädchen aus seiner Bekanntschaft zusammengefaßt. Der Junggeselle erhält einen Ausdruck. Die Firma hilft als Ehevermittler – macht aber auch klar, daß es langsam an der Zeit ist, sich fest zu binden.

Geht so viel Eingreifen ins Privatleben nicht zu weit? Gibt es nicht ein Recht auf Datenschutz im Intimbereich?

In den ganzen Tagen, die wir zusammen waren, hat Takayoshi Shiina kaum einmal geschmunzelt. Jetzt muß er aus vollem Herzen lachen. „Aber warum denn?" fragt er glucksend. „Was für eine abwegige Frage! Meine Mitarbeiter wissen doch alle, daß ich nur das beste für sie will. Für sie und für SORD."

日本
株式会社
の実態

**WIE DER
»JAPANKONZERN«
FUNKTIONIERT**

Das große Geld und die große Politik gehen Hand in Hand

In der staatlichen Gelddruckerei von Tokio: Die brandneuen 10.000-Yen-Scheine, die das Mädchen herzeigt, sind mit ihrem Gegenwert von gut 100 DM das höchste Zahlungsmittel Japans. Noch immer läuft die Zusammenarbeit zwischen Staatsbürokratie, Wirtschaft und Politik in vielen Bereichen wie geschmiert – wer als Politiker Erfolg haben will, ist auf „Industriespenden" angewiesen. „Go to, yon raku", sagen die Japaner: Wer 500 Millionen Yen für den Wahlkampf aufbringt, gewinnt ein Mandat, wer nur 300 Millionen hat, unterliegt

Eine Geisha ist nicht das, was Männer aus dem Westen denken

Das Gesicht dick in Weiß geschminkt, die Frisur kunstvoll gesteckt, die Kleidung ausgesucht elegant: Eine Geisha, wörtlich „Kunstperson", im Stadtteil Gion von Kyoto. Die klassischen Geishas, von denen es in ganz Japan nur noch wenige Dutzend gibt, sind keine Prostituierten, sondern höchst gebildete Unterhaltungsdamen mit formvollendeten Sitten. Ihre traditionelle Ausbildung beginnt schon mit sechs Jahren. Ein Abend mit einer Geisha kostet heute über tausend Mark — und nach dem Essen zieht sich die Dame allein zurück

Kunst am Körper für die Gangster-Bosse

Die hohe Schule der Körpertätowierung ist in Japan sehr verbreitet – und sehr berüchtigt. Denn die Herren, die hier ihre kunstvoll geritzten Rücken zeigen, haben guten Grund, ihre Gesichter nicht zu präsentieren: Tätowierungen sind oft Erkennungszeichen von Gangsterbanden. Die führenden Kriminellen haben mit der Polizei ein „Gentleman's Agreement" geschlossen: Sie sorgen dafür, daß Japan rauschgiftfrei bleibt. Zu ihren Bandenmitgliedern sind sie nicht immer so rücksichtsvoll: Manche Bosse fordern als Zeichen der Unterordnung einen Finger

Wo die Finanzgenies zu Hause sind

Was aussieht wie eine Massenveranstaltung zu besonderem Anlaß ist nichts als ein normaler Vormittag an der Tokioter Börse. „Kabutocho", so heißt die japanische „Wall Street", gehört neben New York und London zu den größten Umschlagplätzen der Welt für Geld, Gold und Aktien. Die Tokioter Börse wird auch für Ausländer immer interessanter: Allein in einer Juli-Woche im Jahre 1983 kauften sich Amerikaner und Europäer hier im Gegenwert von 500 Millionen DM ein

Ein Mann, der nur Frauenrollen spielt

Geschlechtsumwandlung mit Puder, Brauenstift und Wimperntusche: Ein „Onnagata" schminkt sich in der Garderobe des Kabuki-Theaters von Tokio zur Frau. Im traditionellen Kabuki dürfen seit 1629 keine „richtigen" Frauen mehr auftreten: Die Obrigkeit hatte es verboten, weil sich die Schauspielerinnen allzuoft an die männlichen Zuschauer herangemacht hatten. Die Kabuki-Autoren umgingen die Zensur, indem sie Männer in Frauenkleidern auf die Bühne schickten – und so blieb's bis heute

Spaß und Spiel mit schnellen Schlägen

Selbstverteidigung muß keine todernste Sache sein – zumindest nicht beim Training: Die Judokämpfer im berühmten „Kodokan" von Tokio amüsieren sich über ihren Lehrer, der einen fehlerhaften Bewegungsablauf vorführt. Judo wurde 1878 von Kano Gigoro aus den klassischen Selbstverteidigungsübungen des „Jiujitsu" entwickelt. Ziel ist es, sich an seinen Gegner geschmeidig anzupassen, seine Unachtsamkeit auszunützen und ihn durch raffinierte Griffe und Würfe außer Gefecht zu setzen

Kabuki ist anstrengend — auch für die Zuschauer

Fünf Stunden dauert im Durchschnitt ein Kabuki-Stück im Theater. Obwohl Kabuki — „Ka" für Gesang, „Bu" für Tanz und „Ki" für Schauspielkunst — volkstümliches, aktions-geladenes Theater mit einer Mischung aus Pantomime, Tanz, Oper und Schauspiel ist, wird die Zeit oft auch japanischen Betrachtern lang: Sie wickeln ihre mitgebrachten Lunchpakete aus und essen ungeniert während der Vorstellung oder dösen bei einer nicht so interessanten Szene vor sich hin

Traditions-Theater und Mickymaus — eine japanische Mischung

Der jugendliche Tänzer, der sich sonntags im Yoyogi-Park von Tokio austobt, hat zwar ein altes japanisches Drachenmotiv auf dem Kimono, aber auch einen Mickymaus-Aufstecker – Kunst ist heute in Japan, was gefällt. Das Disney-Land in der Nähe der Hauptstadt, das einzige außerhalb der USA, zieht weit mehr Schaulustige an als das klassische Masken-Theater Noh mit seinen stilisierten, moralisch-religiösen Dramen – ein anspruchsvolles Vergnügen, dessen Ursprünge bis ins 14. Jahrhundert zurückreichen

**Japans
Shakespeare schrieb
nur für Puppen**

Tänzeln und taumeln,
tasten und tapsen: Auf
Frauen geschminkte Männer
und „richtige" Männer in
einer dramatischen Szene
einer klassischen Kabuki-
Aufführung. Es gibt nicht
mehr als zwei Dutzend
solcher traditioneller
Stücke, ihre Handlungen
ähneln sich: Meist geht es
um die Entführung eines
armen Mädchens durch
den Lehnsherrn und ihren
Opfertod für den Geliebten.
Die berühmtesten Texte
stammen von Chikamatsu
Monzaemon und waren
ursprünglich für das
Marionettentheater
„Bunraku" geschrieben

Wenn der Maestro mit dem Manager ...

Zwei, die in ihrem Fachgebiet zu den Erfolgreichsten der Welt gehören, haben sich am Rand der Bühne zu einem privaten Meinungsaustausch getroffen: Herbert von Karajan, Chef der Berliner Philharmoniker, und Akio Morita, Boß der japanischen Sony-Werke. Morita ist ein Musikliebhaber und verehrt den Meister – und der wiederum genießt die Bewunderung in vollen Zügen. Vor allem, wenn sie ihm von jemandem entgegengebracht wird, der es in seinem Fach ebenfalls zu Weltruhm gebracht hat

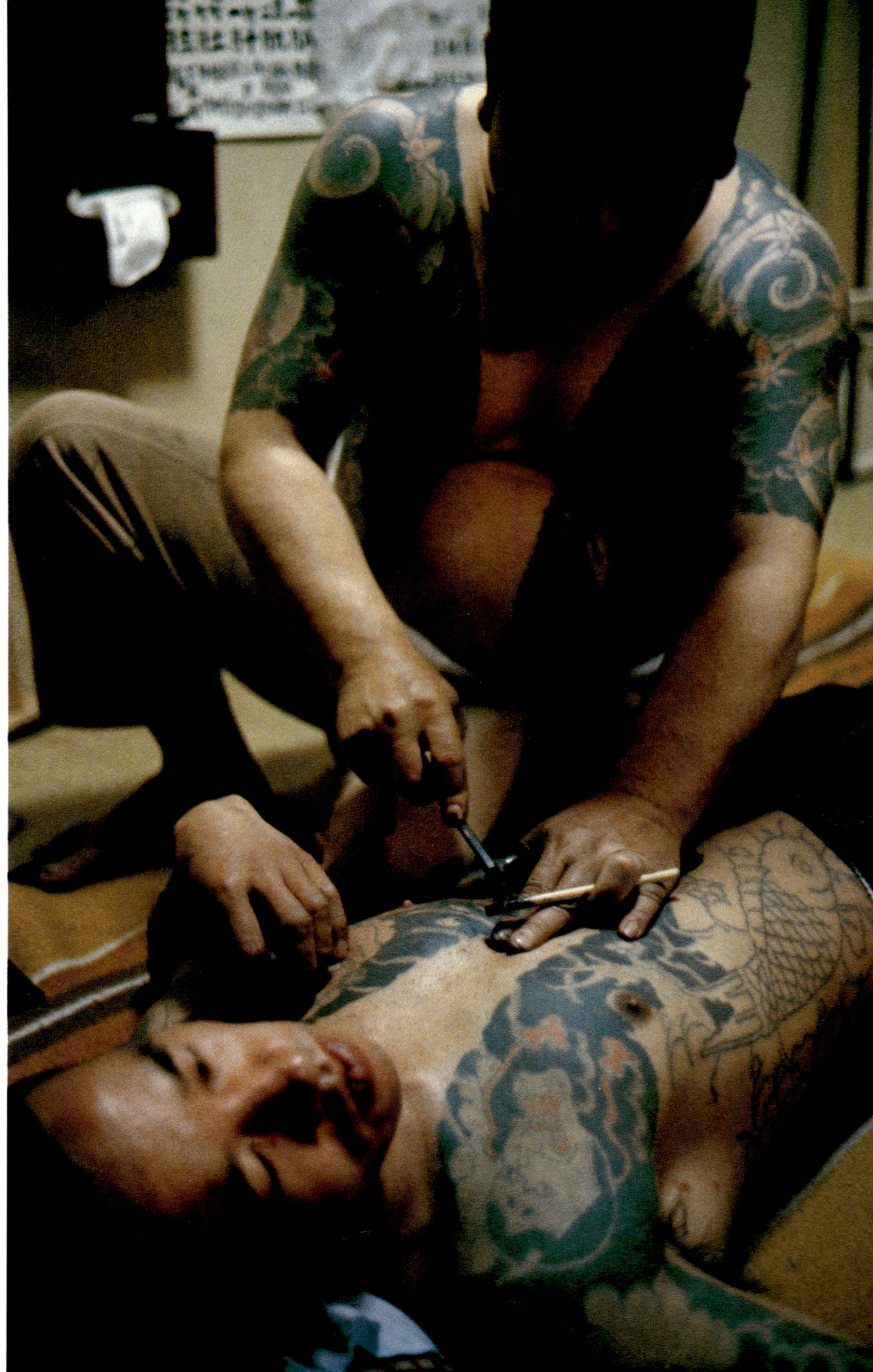

Eine Leidenschaft, die wirklich unter die Haut geht

Meister Yamada ist der vielleicht bekannteste Tätowierkünstler Japans. Wer zu ihm kommt, muß für ein Tattoo mindestens 2.000 Mark auf den Tisch legen – und Schmerzen aushalten können, denn Yamadas Messer ritzen unter die Haut. Zur Auswahl stehen 20 verschiedene Grundmuster, Sonderwünsche werden berücksichtigt. In vielen „Yakuza"-Gangster-banden gilt das Tätowieren als Mutprobe für die Aufnahme in den Kreis der Gruppe, und als Erkennungszeichen untereinander

WIE DER »JAPANKONZERN« FUNKTIONIERT

Der Shogun im Schatten.
Beamte, die von der „Himmelfahrt" träumen.
Panzer und rote Ampeln

Japanische Politiker machen sich im Wahlkampf ihre Hände niemals schmutzig, was daran liegt, daß sie in dieser Zeit durchgehend weiße Handschuhe tragen. Das ist Tradition, die Farbe Weiß bedeutet Unschuld. Tradition ist auch, daß japanische Wahlkämpfe erschütternd sind. Trommelfell-erschütternd.

Von sieben Uhr morgens bis acht Uhr abends ziehen die Kandidaten an den Tagen vor dem Urnengang in offenen Autos und auf Lastwagen durch die Straßen und brüllen ihre Namen und den der Partei so laut heraus, daß Passanten eher einen Ohrenschaden bekommen als Fans bei einem Rockkonzert in der ersten Reihe. Und hören die Lautsprecher für einen Moment auf zu quäken, dröhnen Hupen und Hörner los. Kaum ist der Wagen einer Partei vorbei, kommt der Karren der nächsten um die Ecke. So betäubend war das Getöse bei der letzten Kampagne 1983, daß sich in Yokohama eine Bürgerinitiative zusammenschloß und einen „Club der Lärm-Leidtragenden" gründete. Der Verein forderte alle Wähler auf, keinen der Schreihälse ins Parlament zu wählen und erntete viel Sympathie unter Japans Bürgern. Das Problem war nur: Da sich von den Kommunisten bis zu den buddhistischen „Komeito"-Kandidaten jeder an dem

Trommelfell-Anschlag beteiligt hatte, konnte man keine Partei durch Stimmentzug bestrafen – es sei denn alle.

Der Krieg um die Dezibels ist nur eine Facette der japanischen Demokratie, die in manchen Aspekten westlichen Demokratien ähnelt, sich in anderen aber wesentlich unterscheidet. Die Lautsprecher-Kampagnen entspringen dabei keineswegs einer Laune der Kandidaten, sie sind für die meisten die einzige Möglichkeit, auf sich aufmerksam zu machen. Werbespots im Fernsehen sind sündhaft teuer, keine Rundfunkstation in Nippon käme auf die Idee, den Parteien Sendezeit zuzuschanzen wie das im öffentlich-rechtlichen deutschen Fernsehen geschieht. Hausbesuche aber sind den Politikern während der Wahlperiode gesetzlich verboten. Da bleibt nicht viel anderes übrig als Handzettel zu verteilen und seinen Namen herauszuschreien.

Die japanische Demokratie hat viele ihrer Institutionen von den USA und Europa übernommen – kein Wunder, wenn man bedenkt, daß Nippons Nachkriegsverfassung von 1946 wesentlich durch das Gedankengut der amerikanischen Besatzer beeinflußt war. Der Kaiser spielt als Staatsoberhaupt, als „Symbol der Einheit des Volkes und der Einheit des Staates", wie es in der Verfassung heißt, in der Tagespolitik keine Rolle mehr und erfüllt im wesentlichen repräsentative Funktionen, ähnlich denen der britischen Königin. Für den „Tenno" ist im Parlamentsgebäude aber nach wie vor ein Zimmer reserviert, der mit Gold und Lackarbeiten verzierte „Gokyusho" („Ort der Ruhe"). Dort empfängt er am Tag der jährlichen Parlamentseröffnung in einem feierlichen Zeremoniell den Sprecher des Hauses.

Das Parlament teilt sich in zwei Kammern auf, das Oberhaus („Sangi-in") und das Unterhaus („Shugi-in"), im Volksmund nur „Diet" („Roter Teppich") genannt. Das Unterhaus wählt den Ministerpräsidenten, der als Chef des Kabinetts die Richtlinien der Politik bestimmt. Das Oberhaus kann theoretisch das Kabinett durch einen Mißtrauensantrag zum Rücktritt zwingen; die Regierung ist im Gegenzug berechtigt, das Oberhaus aufzulösen. Die „Diet" hat die Macht, Richter zu entlassen, während die unabhängigen Gerichte ihrerseits vom Parlament verabschiedete Gesetze als verfassungswidrig erklären und wiederaufheben können. So besteht zumindest theoretisch ein System von „checks and balances", Kontrolle und Gegenkontrolle. Die politisch bedeutsamste der drei Institutionen ist ohne Zweifel das Unterhaus, das alle vier Jahre direkt von den Bürgern gewählt wird. Von ganz rechts bis ganz links stellen sich Parteien zu diesen freien Wahlen und dieses Spektrum zeigt sich auch im Parlament, wo Kommunisten neben Rechtsradikalen sitzen. Allerdings vertritt in der japanischen „Diet" nicht jeder Abgeordnete gleich viele Wähler: Der Mann aus der ländlichen Hyogo-Präfektur repräsentiert 82.015 Wähler, sein Kollege aus dem städtischen Chiba, bei Tokio gelegen, 359.492. Daß man auf dem Land als Wähler viermal so wichtig ist als in manchen Städten, beruht auf der alten Wahlkreiseinteilung nach dem Zweiten Weltkrieg. Inzwischen aber zogen viele vom Land in die Städte, und jedermann sieht ein, daß die Aufschlüsselung der Sitze eigentlich geändert werden müßte. Aber keine dahingehende Initiative hatte bis jetzt Erfolg – die regierende LDP sahnt die meisten Bauernstimmen ab und hat deshalb kein Interesse an der Behebung der Ungleichheit. Und die Gerichte halten sich zurück, wenn es darum geht, in den politischen Prozeß einzugreifen.

Noch fremdartiger als diese Vorzugsbehandlung muten uns die Entscheidungsabläufe innerhalb der japanischen Parteien und des Ministerrats an. Jahrhundertealte Landestraditionen sind lebendig geblieben und prägen das politische Leben mehr als das westliche Kleid von Institutionen, das sich Nippon über-gestreift hat. So zerfällt die konservative „Liberaldemokratische Partei" (LDP), die in den letzten 30 Jahren ohne Unterbre-chung das Land regiert hat, in verschie-dene, deutlich voneinander getrennte, sich mitunter sogar bekämpfende Fraktio-nen – aber nicht wie etwa die bundes-deutsche SPD in einen linken („Hessen-Süd") und in einen rechten („Kanalarbei-ter") Flügel. In ideologischen Fragen gibt es innerhalb der LDP keine Differenzen, ja noch nicht einmal Diskussionen: Die Loyalität der einzelnen LDP-Gruppierun-gen gehört Personen, nicht Programmen. Und sie heißen auch nach ihren Führern „Fukuda-Fraktion", „Nakasone-Fraktion" oder „Suzuki-Fraktion". Wie das in der Praxis funktioniert, zeigt am besten der Politkrimi um Japans berühmtesten und berüchtigtsten Politiker der Nachkriegs-zeit: Kakuei Tanaka.

Der Stoff ist gut für Hollywood. Ge-heime Treffs an Parkplätzen und in dunklen Seitengassen, wo Pappkartons mit Millionengeldern den Besitzer wechseln. Ein Chauffeur, der viel weiß und plötzlich Selbstmord begeht. Staranwälte, die mit zweifelhaften Tricks den Angeklagten entlasten. Dann die Zeugin der Anklage, eine bildschöne Frau, die mit ihrer verblüffenden Aussage

jedes Alibi zerstört. Druck auf das Gericht, den prominenten Beschuldigten dennoch freizusprechen. Und am Ende ein Sieg der Gerechtigkeit: Schuldig, lautete das Urteil.

Der „Fall Tanaka" erschüttert Japan min-destens ebenso stark wie „Watergate" die USA und mehr noch als die Flick-Affäre die Bundesrepublik. Der ehemalige Ministerpräsident wurde zu vier Jahren Gefängnis ohne Bewährung verurteilt. Das Gericht erklärte ihn nach sieben-jähriger Prozeßdauer im Oktober 1983 für überführt, während seiner Amtszeit fünf Millionen Mark an Bestechungsgeldern von der amerikanischen Firma „Lock-heed" eingesteckt zu haben. Im Gegen-zug bewog der Angeklagte laut Urteilsbe-gründung die japanische Fluglinie „ANA" zum Kauf von „Tristar"-Flugzeugen aus den US-Werken.

Gegen Kaution kam Tanaka sofort wieder auf freien Fuß und schwor, „den Kampf um die Gerechtigkeit" fortzuführen. Er dachte nicht daran, seinen Parlamentssitz aufzugeben, erklärte sich für unschuldig und ging in die nächste juristische Instanz. Experten meinen, es könne bis 1990 dauern, ehe ein endgültiges, rechts-kräftiges Urteil gefällt ist. Hält die Gesund-heit des 65jährigen Tanaka, dann spricht vieles dafür, daß er bis zu diesem Zeit-punkt das bleibt, was er heute ist: Japans mächtigster Mann, der „Shogun im Schatten", der Königsmacher, der nach eigenem Bekenntnis „beim Golfspielen, zwischen zwei Grün" Premierminister bestallt oder stürzen läßt.

Den Liberaldemokraten hat Tanakas Entscheidung, trotz Verurteilung in der Politik zu bleiben, nur Unglück gebracht. Da alle Oppositionsparteien das Parlament boykottierten und sein Ausscheiden aus der „Diet" zur grundsätzlichen Frage der politischen Moral hochstilisierten, sah sich Premier Nakasone gedrängt, für den 18. Dezember 1983 vorgezogene Wahlen auszuschreiben. Bei einer geringen Wahlbeteiligung von 67 Prozent verlor die LDP 36 Sitze und die absolute Mehrheit; nur mit der Hilfe von unabhängigen Delegierten konnte sie sich schließlich 259 von 511 Mandaten sichern und sich an der Macht halten. Noch immer aber trennen die LDP und die größte Oppositionspartei Welten. Die Sozialisten stellen jetzt 113 Abgeordnete, ein Gewinn von 11. Die buddhistische „Komeito" („Saubere Politik") mit 59 und die Sozialdemokraten mit 39 Delegierten gewannen leicht dazu, die Kommunisten verloren und stellen jetzt nur noch 26 Abgeordnete.

Die Kommentatoren taten sich schwer, das Wahlergebnis zu kommentieren. Der Rückschlag für die LDP und die Gewinne bei den „Kleinen" deuteten daraufhin, daß die japanischen Wähler ein Votum für „Sauberkeit" in der Politik geben wollten. Was dabei nur so verwirrend war: Kakuei Tanaka, der „Buhmann" und „Bösewicht" der Oppositionsparteien, ging aus den Wahlen als strahlender Sieger hervor. Er gewann seinen Wahlkreis mit über 220.000 Stimmen – das sind 170.000 mehr als sein härtester Rivale erringen konnte, weit mehr auch, als er je zuvor erkämpfte. Da viele der engsten Freunde Tanakas wieder ins Parlament gewählt wurden, hat sich sein Einfluß nicht abgeschwächt. Premierminister Nakasone ist weiter auf die Unterstützung seines „Gönners" angewiesen – in Tokio spricht man ironisch von einer „Tanakasone"-Regierung.

„Tanaka hustet, und Japan erbebt", sagen halb-respektvoll, halb-schaudernd Tanakas Politiker-Kollegen. Wie kommt es, daß ein so umstrittener Mann so viele Fäden der japanischen Politik in der Hand hält?

Er war nie einer aus der scheinbar endlosen Reihe von Nippons austauschbaren Funktionsträgern. Mit seiner rostig-rauhen Stimme, dem klobig-holzschnittartigen Gesicht, der bäuerlich-derben Sprache paßte Tanaka nicht in die „geklonte" Elite seiner Kollegen. Er blieb immer ein „Politiker zum Anfassen", einer, der mal flucht, in die Hände spuckt und beim Holzhacken schwitzt. Als einziger von 16 Nachkriegspremiers hat er niemals eine Universität besucht. Kein millionenschwerer Onkel, kein einflußreicher Verwandter half ihm beim Einstieg in die Zirkel der Macht. Nur sein unbändiger Wille, seine Bereitschaft, alles für die Karriere einzusetzen und alles ihr unterzuordnen, trug ihn nach oben.

Kakuei Tanakas Vater war ein Viehhändler, ein tragisch erfolgloser Typ, der in allen möglichen Jobs dilettierte – einmal verkaufte er sein gesamtes Hab und Gut und erwarb dafür Karpfen, die mangels richtiger Pflege kläglich eingingen. Wenn durch den kalten Nordwesten Japans, wo Tanakas lebten, die Schneestürme tobten, konnte sich Kakuei, einziger Sohn neben fünf Töchtern, oft nicht satt essen. Mit zwei Jahren wäre er fast an Diphtherie gestorben, später begann er schrecklich zu stottern. Er übte monatelang allein im Wald, um den Sprachfehler loszuwerden. Nachts träumte er von dicken, gesunden Karpfen im eigenen Teich.

In der Volksschule wählten ihn die anderen Jungen zum Klassensprecher, er war der Primus. Doch die Familie hatte kein Geld für die höhere Schule. So brach Kakuei Tanaka mit 16 Jahren allein nach Tokio auf, ganze drei Mark in den Taschen. Seine Mutter verabschiedete

ihn mit den Worten: „Wenn Du's in der großen Stadt nicht schaffst, ohne was Böses zu tun, dann komm lieber heim."

Er schaffte es – zunächst auf dem ganz geraden Weg, und mit mehreren Jobs gleichzeitig. Morgens verdiente er sein Geld als Stift bei einer Baufirma, mittags als Jungreporter für ein Versicherungsmagazin. Abends büffelte er an der Technischen Hochschule, bis tief in die Nacht. „Ich nahm damals ein Messer mit in die Schule", schrieb Tanaka später. „Die Spitze hielt ich mir unters Kinn, um nicht einzunicken." Mit 19 Jahren hatte er seine erste kleine Baufirma. Dann kam der Krieg, den Tanaka bei der Kavallerie in der Mandschurei erlebte.

Zurück im Baugewerbe, verblüffte Tanaka die Konkurrenz mit knappen Kalkulationen, ungewöhnlichem Organisationsgeschick und knochenharter Arbeit. Er heiratete eine reiche, acht Jahre ältere Frau – und stürzte sich wie ein Besessener in die Politik. Tanaka war jetzt ein wohlhabender Mann, aber die Bestätigung der oberen Zehntausend, auf die er so großen Wert legte, blieb ihm bis dahin versagt: Zu den vornehmen Parties lud den Emporkömmling ohne den „richtigen" gesellschaftlichen Hintergrund keiner ein.

Während andere von Parteien unterstützt

189

wurden, zahlte Tanaka jeden Wahlkampf-Pfennig aus eigener Tasche. Im ersten Anlauf verlor er, 1948 gewann er dann seinen Sitz im Parlament. Doch wenige Monate später sah es plötzlich so aus, als sei Tanakas politische Karriere, kaum begonnen, schon zu Ende. Er wurde von einem ordentlichen Gericht zu zwei Jahren Gefängnis verurteilt, weil er von einer Gruppe von Kohlenbergwerksbesitzern Gelder in Millionenhöhe angenommen hatte. Um die Regierung gegen ein geplantes Verstaatlichungsgesetz zu beeinflussen, sagten die Richter. Als Vorschuß für einen Bauauftrag, sagte Tanaka. Das Gericht gab dem Politiker in der zweiten Instanz recht.

Noch aus dem Gefängnis führte Tanaka seinen Kampf um Wiederwahl — und gewann. Für die Wähler von Niigata, dem Heimat-Distrikt Tanakas, war schon damals nicht so sehr das Gemeinwohl oder der Charakter ihres Abgeordneten entscheidend, es zählte, was er für den Wahlkreis leistete — und das war eine ganze Menge: Neue Straßen wurden gebaut, öffentliche Einrichtungen wie Schwimmbäder und Parks geschaffen, mehr Jobs initiiert. Ob Tanaka das Geld für dieses Programm aus dunklen Quellen beschaffte und an dem Bauboom als Unternehmer selbst mitverdiente, war gleichgültig. „Ein Politiker muß sauberes

und schmutziges Wasser gleichzeitig trinken können", heißt eine zynische Redewendung aus dieser Zeit.

Keiner begriff die Mechanismen der japanischen Politik so gut wie der Aufsteiger Tanaka, keiner paßte sich ihnen so gierig und skrupellos an: Er stellte sich mit der Großindustrie gut und trieb Millionenspenden für die Partei ein. Er schanzte Firmen, an denen er beteiligt war, ganz legal Staatsaufträge zu. Er schuf sich mit Versprechungen von Pfründen, Gefälligkeiten und Geldgeschenken ein Spinnennetz von Dankesschuld und Abhängigkeiten, in dem sich bald immer mehr Parteikollegen verfingen. Es entstand die „Tanaka-Hausmacht", eine wichtige Fraktion innerhalb der auf Wahlsiege programmierten LDP. Zwischen Tanaka und seinen Getreuen herrschte stets ein Abhängigkeitsverhältnis wie in der Feudalzeit zwischen dem „Daimyo", dem Fürsten, und den „Samurai", seinen Rittern. Es ging dabei — und es geht — ganz wesentlich ums Geld.

Das fängt schon beim Wahlkampf an. Nur wer fünfhundert Millionen Yen (etwa 5,7 Millionen Mark) ausgeben kann, sichert sich seinen Sitz, sagen die Japaner — egal, für wen oder was er kämpft. Über solche Geldmittel verfügen normalerweise nur die großen

Parteien. Da gegenwärtig in den meisten Wahlkreisen drei bis fünf Kandidaten „durchkommen", ist es üblich, daß mehrere LDP-Politiker gegeneinander antreten – ein Umstand, der die Fraktionenbildung innerhalb der Regierungspartei fördert. Es genügt für einen Kandidaten nicht, auf dem „LDP-Ticket" in den Wahlkampf zu ziehen, er muß sich einer bestimmten Gruppierung anschließen und hoffen, daß diese Organisation innerhalb der Partei ihm bei der „Logistik" hilft, bei den Wohltätigkeitsveranstaltungen, die Spenden einbringen, bei den Kontakten mit führenden Geschäftsleuten, die ihre Mitarbeiter beeinflussen können.

Wer den Sprung ins Abgeordnetenhaus schafft, bekommt monatlich an Gehalt und Zuwendungen einen Betrag von 2.136.000 Yen – knapp 25.000 Mark. Das ist mehr, als einem deutschen Parlamentsmitglied zur Verfügung steht, und doch nicht genug. Denn der Wahlkreis erwartet von seinem „Diet"-Abgeordneten einen ständigen Strom von Zuwendungen, Geschenke für Persönlichkeiten des Distrikts zu Geburten, Hochzeiten und Todesfällen, Spenden für Volksfeste und Konzerttourneen. Um seine Anhänger bei Laune zu halten, muß ein Abgeordneter pro Monat zwischen 50.000 und 70.000 Mark ausgeben, und er sollte

ihnen ständig als Gesprächs- und Anlaufpartner zur Verfügung stehen. Er braucht einen mächtigen und reichen „Sponsoren" – so einen wie Tanaka. Als Gegenleistung wird erwartet, daß er seinen Fraktionschef im Kampf gegen die anderen stützt: Hat der „Sponsor" mehr Macht, fällt auch für den Abgeordneten mehr ab und seine Chancen auf eine Wiederwahl steigen.

Die Hausmacht spülte Tanaka an die Spitze des Staates – mit 54 Jahren war er der jüngste Nachkriegspremier, nach japanischen Verhältnissen als Politiker kaum dem Stimmbruch entwachsen. „Dampfwalze mit Computergehirn" taufte ihn die Presse wegen seiner unbändigen Energie und seines phänomenalen Gedächtnisses. Der Viehhändlersohn hatte es geschafft: Staatsmänner in aller Welt hofierten ihn, sein Buch über die „Neugestaltung des japanischen Inselreichs" wurde ein Bestseller, und er konnte sich seinen Kindheitstraum erfüllen: einen Teich voller prachtvoller Karpfen.

Tanaka wurde der populärste Nachkriegspolitiker. In seine Amtszeit fiel die Aussöhnung mit der Volksrepublik China – nicht die erste und nicht die letzte Parallele zur Karriere des US-Präsidenten Nixon. Doch die Erfolge blendeten Tanaka. Das System, das ihn geschaffen hatte, dessen Wunderknabe und Zauberlehrling er war, ließ ihn nicht mehr los. Tanaka raffte immer mehr Abhängigkeiten, immer mehr Millionen zusammen. „Er übertrieb es ein bißchen", sagt der Journalist Takashi Tashibana, der in einem Zeitschriftenartikel aufdeckte, daß der Premierminister 1973 nur ein Einkommen von 600.000 Mark versteuerte, aber allein für eine halbe Million Börsenpapiere erworben hatte. Solche finanziellen „Unregelmäßigkeiten" hätten vielleicht noch nicht gereicht, Tanaka zum Rücktritt zu zwingen. Aber die Ölpreiserhöhung traf Japan damals hart und politisch unvorbereitet, die Inflation stieg – da verabschiedete sich Tanaka lieber freiwillig. Nicht aus der Politik, wohlgemerkt, sondern aus der ersten Schußlinie.

Der eigentliche Knüller, der „Shokku", kam zwei Jahre später: Die Staatsanwaltschaft klagte Tanaka wegen der Lockheed-Gelder an. Das konnte nun keiner mehr als „Kavaliersdelikt" abtun. Seltsame Dinge passierten in der Folgezeit: Tanakas Chauffeur kam durch Autoabgase ums Leben – Selbstmord aus Loyalität zu seinem Herrn, vermutete die Polizei. Gemeiner Mord, behauptet – ohne Beweise – bis heute die Mutter des Toten. 80jährige Zeugen, von Tanakas zehn Strafverteidigern vorgeladen, bewiesen verblüffende Gedächtnisleistungen, als es darum ging, sich über Jahre hinweg minutengenau an Entlastendes zu erinnern.

Schon deutete alles auf einen Freispruch mangels Beweisen hin. Da machte im Herbst 1981 Mieko Enomoto, Bardame und hübsche Exfrau des mitangeklagten Tanaka-Generalsekretärs, eine dramatische Aussage: Ihr Mann habe ihr beim Tête-à-tête gestanden, Lockheed-Geldpakete für den „Chef" in Empfang genommen zu haben. Von diesem Schlag erholte sich die Verteidigung nicht mehr, und das Gericht sprach – Beweis für die Unbestechlichkeit und Unabhängigkeit des japanischen Rechtswesens – den Angeklagten schuldig.

Obwohl Tanaka schon 1974 formell aus der LDP ausgetreten war, behielt er während der Prozeßdauer seinen Parlamentssitz und verlor innerhalb seiner Fraktion nicht an Macht. Sein triumphaler Sieg bei den Wahlen vom Dezember 1983 stellte jetzt sicher, daß Tanaka weiter etwa 120 Abgeordnete kommandieren kann: Das ist die größte LDP-Fraktion. Das sind trotz der sozialistischen Stimmengewinne mehr Volksvertreter, als die führende Oppositionspartei ins Parlament entsendet. Obwohl ein neues Gesetz die Geldspenden begrenzt, die ein Politiker von Industriefirmen akzeptieren darf, bleibt Korruption in Nippons Regierungssystem sozusagen „eingebaut". „Schwarzer Nebel" sagen die Japaner dazu. Was nicht heißen soll, daß das Land mit diesem politischen System bisher schlecht gefahren ist. Denn so allmächtig, wie die Politiker auf den ersten Blick scheinen, sind sie gar nicht, und es fällt selten ins Gewicht, wenn der eine oder der andere versagt. Politiker sind viel zu beschäftigt, um ihre Wahl oder Wiederwahl zu organisieren, in ihren Fraktionen zu antichambrieren und für ihre Wahlkreise zu spenden, als daß sie sich mit der Tagespolitik und der Gesetzgebung ausgiebig beschäftigen könnten. Das überlassen sie Nippons heimlichen Regenten: der äußerst kompetenten, tüchtigen und hart arbeitenden Schicht der höheren Beamten.

In die Ministerialbürokratie steigen nur die intelligentesten und fähigsten Akademiker des Landes auf – einer von 150 Kandidaten übersteht die Prüfungen. Die Elite-Universität „Todai" ist das beste Sprungbrett und stellt fast jeden zweiten Karriere-Beamten. In einem noch weit größeren Ausmaß als in der Bundesrepublik werden Gesetze außerhalb des Parlaments vorbereitet, und auch die Durchsetzung und Interpretation obliegt der Bürokratenschicht. Ex-Premier Tanaka

hat einmal gesagt, 80 Prozent seines Jobs bestünde darin, die Beamtenschaft auf seinen Kurs einzuschwören, und das gilt bis heute. Nur so kann sich Japan den raschen Wechsel an der Spitze der Ministerien leisten: Die „Generalisten"-Chefs gehen, die sachkundigen Spitzenbeamten bleiben.

Die große Frage ist, ob wirklich so viele Bürokraten gebraucht werden. In Japan entstand nach und nach ein Beamten-Wasserkopf, den keine Regierung eindämmen konnte. Die Karriere im höheren Staatsdienst gilt nicht nur deshalb als attraktiv, weil sie Einfluß und ordentliche Bezahlung verspricht. Sie verschafft auch finanzielle Sicherheit für den Lebensabend. Höhere Beamte können bis zu ihrem 55. Lebensjahr, oft noch länger im Amt bleiben, wenn sie wollen, aber auch schon mit 50 ausscheiden und einen lukrativen „Pensions-Job", etwa als Berater in einem Industriebetrieb, übernehmen. „Himmelfahrt" („Amakudari") nennen die Japaner diesen finanziellen Aufstieg. Die Ministerialbürokraten sind für die freie Wirtschaft so interessant, weil sie wissen, wie die Querverbindungen zwischen Politikern, der Verwaltung und dem „Big Business" laufen. Schon in ihrer Amtszeit halten sie die Kontakte zu dem dritten Wagen in der Troika, die den japanischen Staatskarren zieht: den Wirtschaftskonzernen.

Staat und Industrie haben in Nippon traditionell eine engere Verbindung als in irgendeinem anderen nichtsozialistischen Land. Die Gründung vieler Großbetriebe geht auf die Zeit der Meiji-Reformen nach 1868 zurück, als intelligente Berater des Kaisers erkannten, daß der imperialistische Drang der Kolonialmächte bis in den Fernen Osten zielte. Während China keine Mittel fand, dieser Expansionsbewegung zu widerstehen und bald zerstückelt wurde, entschloß sich Japan, den Westen mit seinen eigenen Mitteln zu bekämpfen: mit einer Konzentration wirtschaftlicher Macht in einigen wenigen Händen, mit der staatlichen Förderung kapitalistischer Großunternehmen. Das Land wurde schließlich so mächtig, daß keiner es anzugreifen wagte.

Anfangs ergriff die Regierung selbst die Initiative und gründete in staatlicher Regie Firmen, die sie dann an wagemutige Privatunternehmer weiterverkaufte. Als deren Gewinne sichtbar wurden, häuften sich die Anträge auf Firmengründungen. Die Regierung genehmigte nur die vielversprechendsten und unterstützte sie großzügig mit Steuererleichterungen – ein Vorgriff auf die heutige Praxis des Ministeriums für Internationalen Handel und Industrie (MITI). Politiker, Bürokraten

Naruhito Hironomiya

Der Mann, der einmal Kaiser wird

Für einen Götter-Sohn gibt sich der junge Mann ganz schön locker: Im Schottenrock hat er kürzlich zur Dudelsack-Musik getanzt, in Oxford ein Zimmer im Studentenwohnheim bezogen und, wie jeder normale Sterbliche, über das englische Essen geschimpft: „Ich vermisse Curry-Reis und Sojasoße doch sehr." Ältere Japaner kommen da nicht mehr mit. Sie haben gelernt, daß man die Augen niederschlagen muß, wenn jemand aus der Kaiserfamilie auch nur in der Nähe ist. Und heute mischt sich Prinz Hiro, Enkel des jetzigen Monarchen, Zweiter in der Thronfolge und damit nach der Überlieferung Sproß der Sonnengöttin Amaterasu, einfach unter das gemeine Volk. Auch noch im Ausland!

Man sieht, selbst am japanischen Kaiserhaus geht die Zeit nicht ganz spurlos vorüber. Der heutige Herrscher war gerade drei Monate alt, da wurde er seinen Eltern entrissen und von Hofmarschällen aufgezogen – „ich war wie ein Vogel im Käfig", sagte er später einmal. Prinz Hiro wird der erste Mann auf dem Chrysanthemen-Thron sein, der von seinen Eltern erzogen wurde. Daß er wirklich eines Tages Kaiser wird – der 126. von allen – steht außer Frage. Japaner sind ihrer Monarchie so treu wie die Briten. Nach den letzten Meinungsumfragen wollen 90 Prozent der Bevölkerung nicht auf die nationale Symbolfigur verzichten, und das gilt auch für die Mehrzahl der kommunistischen Wähler. Bis es soweit ist, führt Hiro ein ziemlich bürgerliches Leben. Er ist ein begeisterter Bergsteiger, schwimmt gern und spielt Violine. Er schloß auf der „Gakushuin"-Privathochschule von Tokio mit einer Arbeit in mittelalterlicher Geschichte ab, bevor er 1983 nach Oxford ging, um seine Studien fortzusetzen. Professoren loben seinen Fleiß, Hiro ist ein Arbeits-Prinz, dem nichts in den Schoß fällt, kein Playboy.

Und die Mädchen? Wenn der gutaussehende, schwarzhaarige Prinz nach diesem Thema gefragt wird, röten sich noch heute – mit 23 Jahren – seine Wangen vor Schüchternheit. Er wünscht sich, sagt er, eine „unkomplizierte, sportliche Kameradin" zur Frau; „gut kochen" soll sie können. Doch das letzte Wort bei der Partnerwahl hat der Kaiserliche Hof. Eine Geheimkommission hat die Kriterien für die Künftige bereits festgelegt: Japanerin muß sie sein, natürlich, buddhistischen oder shintoistischen Glaubens, mindestens drei Jahre jünger als Hiro und auch mit Stöckelschuhen kleiner (heißt: unter 1,57 Meter). Sie darf auf keinen Fall in einem Büro gearbeitet haben – wer je einem Chef diente, ist als Kaiserin nicht akzeptabel. Und keine Affären bitte, auch nicht im weiteren Kreis der Familie. Bleibt zu hoffen, daß bei der Endauswahl, die dem Prinzen immerhin vorgeführt wird, auch noch eine dabei ist, die ihm gefällt.

und Unternehmer verstanden sich damals schon als ein Team und betrachteten ihre enge Verflechtung „nicht als Makel, sondern als Muß zum Nutzen des Staats-Ganzen" (so der deutsche Journalist und Japan-Kenner Gerhard Dambmann).

Aus den Konzernen, die einst als Abwehrmaßnahme des Staates zur Erhaltung der nationalen Identität gegründet worden waren, wurden die „Zaibatsu", die berüchtigten Wirtschafts-Cliquen, die ihr Heil in der Expansion außerhalb Japans zu suchen begannen. „Die Zaibatsu waren das größte Kriegspotential Japans. Sie waren für den Militarismus mitverantwortlich und machten die Angriffe und Eroberungen erst möglich", hieß es in einer amerikanischen Studie nach dem Zweiten Weltkrieg, die mit einer Warnung schloß: „Wenn die Macht der Zaibatsu nicht gebrochen wird, haben die Japaner geringe Aussichten, sich jemals als freie Bürger zu regieren."
Ein neues Antikartellgesetz verbot im Nachkriegsjapan den Zusammenschluß von Großfirmen zu einem marktbeherrschenden Kartell. Die „Zaibatsu" wurden formal zerschlagen und haben als kriegstreibende Multi-Unternehmen aufgehört zu existieren. Aber Riesenkonzerne gibt es weiterhin – den einzelnen Unternehmen wurde nämlich nicht untersagt,

Aktien verwandter Firmen zu erwerben. So kam es zu immer mehr Querverbindungen und De-facto-Zusammenschlüssen. Mitsubishi, der Wirtschafts-Gigant Nummer eins, ist heute in über 1.400 Firmen verflochten. 28 bilden das Herzstück, das Schwergewicht liegt auf Chemie, Schiffen, Stahl und Autos. Im gesetzlichen Sinn sind die meisten Einzel-Firmen unabhängig, aber ihre Chefs treffen sich einmal im Monat zum sogenannten „Freitags-Club" und „tauschen Informationen aus". Ähnlich inoffiziell sind die Kontakte innerhalb der „Mitsui"-Gruppe, die für Bergwerke, Banken und Textilien steht. Nimmt man das Geflecht der Tochterfirmen hinzu, machen die beiden größten japanischen Konzerne („Gurupus") zehnmal soviel Umsatz wie die mächtigsten deutschen Unternehmen und stehen vor dem amerikanischen „Exxon"-Konzern an der Weltspitze.
Die große Geschäftswelt hat sich in drei Interessenvertretungen zusammengeschlossen; die „Keidanren"-Föderation der Wirtschaftsorganisationen, die „Nikkeiren", den Zusammenschluß der Arbeitgeberverbände, die „Nissho", die Vereinigung der Handelskammern. Diese drei Verbände halten engen Kontakt mit dem Handelsministerium, das bestimmte zukunftsweisende Industrien mit Geldspritzen stützt, andere durch Import-Zölle

absichert. Dabei kommt der „Nihon Ginko", der Staatsbank von Japan, eine Schlüsselrolle zu. Sie funktioniert als „Transmissions-Riemen" zwischen Staat und Privatwirtschaft. Die meisten Unternehmen in Nippon haben eine sehr dünne Kapitaldecke und finanzieren sich größtenteils über Banken, von denen viele direkt mit den Großkonzernen verbunden sind. Selbst diese Geldinstitute sind in ihren Entscheidungen aber vom Staat abhängig, der über die „Nihon Ginko" die Gesamtaufsicht über alle Banken ausübt: Regierung, Bürokratie und Geschäftswelt sind so miteinander verwoben – keine „Verschwörung" gegen die ausländischen Industrien, wie manche Propagandisten der „Japan AG" ausmachen, sondern eine historisch gewachsene „heilige Dreieinigkeit".

Ein gut geöltes Getriebe, in dem es trotzdem öfters knirscht. Da wurden Pleiten finanziert, andere – 17.000 Konkurse allein im Jahr 1983 – nicht verhindert. Da wurde staatlicherseits versucht, die zehn japanischen Autoproduzenten zu zweien zu verschmelzen, ein Programm, dem sich, zum Glück für die gesamte Industrie, die Unternehmer verweigerten. Aber da gibt es auch Glanzpunkte staatlichen Weitblicks, allen voran die Förderung der Computer- und Elektronikindustrie. Seit dem 1. Oktober 1981 hat MITI fünf andere zukunftsträchtige neue Industrien unter ihre Fittiche genommen: Biotechnologie, Industriekeramik, Legierungen, Halbleiter und bestimmte Polymere. Die Subventionen für die Produktion und Erforschung dieser Materialien: 1,2 Milliarden Mark. Die Empfänger dieser Zuschüsse in der Industrie brauchen 80 Prozent des Geldes nicht zurückzuzahlen – wer glaubt, die „Japan AG" sei dabei, ihre Zähne zu verlieren, sollte sich vorsehen.

Nach dem Willen des Handelsministeriums sollen diese und andere neue Technologien in 20 künstlichen Trabantenstädten gefördert werden, in Denkfabriken, die unter dem Stichwort „Technopolis 2.000" stehen. Zu Tausenden kommen schon jetzt Wissenschaftler, Studenten und Industrielle nach Tsukuba, in die erste dieser „Städte der Wissenschaft". Für 50.000 Forscher ist die Retorten-Kommune außerhalb von Tokio angelegt – der gewaltigste „Think tank" der Welt, weit imposanter als „Akademgorodok" in Sibirien, das nur 7.000 Denker faßt.

In der Nähe des 2.700 Hektar umfassenden Brachlandes, wo jetzt die Laboratorien aus dem Boden schießen, übten früher die Kamikaze-Piloten ihre Einsätze und Schweine schnüffelten zwischen den Gräsern. Seit dem Baubeginn 1968 hat die Wissenschaftler-Stadt schon über zehn Milliarden Mark an öffentlichen Geldern verschlungen, der Jahresetat liegt gegenwärtig bei 1,5 Milliarden und dürfte bis zur „Expo '85", die hier ausgerichtet wird, noch weiter steigen.

█n Tsukuba steht das leistungsstärkste Elektronenmikroskop der Erde, hier forschen Wissenschaftler über Hochenergie-Physik (ein 12-Milliarden-Volt-Geschwindigkeitsregler wird benutzt), experimentieren mit Menschenaffen und probieren neue Pflanzenkreuzungen aus. Besonders hitzebeständige Materialien und atomgetriebene Computer-Autos werden getestet, japanische Raumfahrtprojekte vorangetrieben. In einem siebenstöckigen Gebäude, das die Wissenschaftler „Regenmacher-Haus" getauft haben, werden Taifune simuliert, um verschiedene Bodensorten beim Erdrutsch zu beobachten – ein großes Problem für Japan. Ein anderes Laboratorium enthält einen riesigen „Schütteltisch", auf dem Erdbeben nachgeahmt werden und wo die Forscher überprüfen, welche Stahl- oder Betonkonstruktionen den Erschütterungen am besten standhalten.

So zufrieden die Wissenschaftler mit ihren Arbeitsbedingungen sind, so wenig begeistert sie die neue „Musterstadt" ansonsten – es gibt keine Kinos, kein Theater, keine gut ausgestatteten Buchläden, es gibt „nichts als gefährliche Stoffe mischende, Mäuse kastrierende Forscher", wie die Tsukuba-Bürger in einem offenen Brief an eine Zeitung spotteten. Außerdem bemängelten sie das öffentliche Verkehrssystem. Die Regierung in Tokio versprach schnelle Abhilfe – man habe sich, sagten die Ministerien entschuldigend, zunächst auf die „Funktionalität" der Zukunfts-Stadt konzentriert.

1983 gaben der japanische Staat und die japanische Industrie gemeinsam fast 70 Milliarden Mark für Forschung und Entwicklung aus, das ist der vierzigste Teil des nationalen Bruttosozialprodukts und etwa viermal so viel wie 1973. In den kommenden Jahren hofft Japan diese Zahl auf drei Prozent des Bruttosozialprodukts zu steigern – das wäre der höchste Anteil an Forschungsausgaben, den sich irgendein Land der Erde leistet. In Nippon werden schon jetzt jährlich 74.000 Ingenieure ausgebildet, prozentual zur Bevölkerungszahl mehr als in der Bundesrepublik und in den USA.

Der Vorsprung in der Technologie bedeutet nicht, daß die Japaner ganz aufs frühere Kopieren verzichten. Manchmal geschieht das völlig legal, so als vor einigen Jahren die US-Firma „Corning Glass" den unverzeihlichen Fehler beging, eine Neuentwicklung in Japan patentieren zu lassen, bevor die kommerzielle Auswertung in den USA begonnen hatte: Es handelte sich um ein Glasfiber-Produkt, das genutzt wird, um über Laser-Impulse Informationen zu übermitteln. Japanische Firmen, die ergebnislos an einer ähnlichen Entwicklung gearbeitet hatten, studierten daraufhin in aller Ruhe den wissenschaftlichen Ansatz ihrer Kollegen – zur Überprüfung eines eingereichten Patents ist in Tokio nämlich die Öffentlichkeit zugelassen. Mit der abgekupferten Fiber-Optik waren die Japaner schließlich schneller auf dem Markt als die US-Konkurrenz. Nicht immer geht es so gesetzlich zu, wenn japanische Firmen neue Technologien „transferieren". Den Elektronik-Riesen Hitachi, eine äußerst angesehene Firma, kostete eine aufgedeckte Industriespionage beim Computer-Konkurrenten IBM mehrere Millionen Mark. Für die Japaner war die Blamage, der Verlust des „Gesichts", vielleicht noch schmerzlicher.

Den Erfolg der „Japan AG" insgesamt werden in den kommenden Jahren aber weder solche vorübergehenden Rückschläge noch der wissenschaftliche Durchbruch in der einen oder anderen Technologie bestimmen. Der Erfolg wird noch nicht einmal so sehr davon abhängig sein, ob die Arbeits-

begeisterung in Nippon graduell abnimmt und sich das Zusammengehörigkeitsgefühl der „Firmen-Familien" zugunsten der Privatfamilien verschiebt. Entscheidend ist vielmehr, wie Japan mit zwei Problemen fertig wird, die dem Land von außen aufgezwungen werden: den Auseinandersetzungen um die Handelsbarrieren und die Landesverteidigung. In beiden Fällen sind es nicht die Feinde Japans, die auf eine Änderung der Politik drängen, sondern die besten Freunde: die Europäische Gemeinschaft und, vor allem, die Vereinigten Staaten.

Nach dem Zweiten Weltkrieg begann Japan bald eine sehr aktive, sogar aggressive Wirtschaftspolitik zu verfolgen, in der Außenpolitik dagegen hielt sich Japan zurück. Die Regierungen in Tokio versuchten nirgendwo anzuecken, warteten stets darauf, in welche Richtung sich die Weltmeinung zu drehen begann und schlossen sich dann an. Dabei scheuten sie vor ideologischen Widersprüchen nicht zurück: Japanische Handelsdelegationen trugen bei der Kanton-Messe in der Volksrepublik Mao-Knöpfe am Aufschlag und verhandelten im taiwanesischen Taipeh unter dem Banner „Laßt uns das Festland befreien". Sie drückten ihre Sympathie für die arabischen Ölstaaten aus, wenn die sich über Israels „Aggressionspolitik" beklagten und sie

198

ließen sich in Jerusalem über den letzten arabischen „Terror" informieren. Hauptsache war, die Geschäfte liefen glatt, und Tokio blieb aus den Schlagzeilen.

Das ließ sich am 30. Mai 1972 nicht machen. Ein japanischer „Rotarmist" namens Kozo Okamoto stürmte mit zwei seiner Kampfgenossen den Flughafen Lod von Tel Aviv und eröffnete „im Namen der palästinensischen Revolution" das Feuer auf unschuldige Passanten und Passagiere. 24 starben. Die japanische Regierung war, wie Regierungen und Menschen in aller Welt, schockiert. Doch sie beließ es keinesfalls, wie andere Staatsvertreter das in vergleichbaren Situationen vorher getan hatten, beim Ausdruck des Bedauerns und bei Beileidstelegrammen an die Verwandten der Opfer. Tokio schickte eine hochrangige Regierungsdelegation nach Israel, die sich bei der Ministerpräsidentin Golda Meir förmlich entschuldigte und hohe Schmerzensgelder an die betroffenen Familien auszahlte: Japan übernahm kollektiv die Schuld und die Schande für das Attentat. Die Attentäter waren, wie irregeleitet auch immer, Angehörige der heimischen „Gruppe", der japanischen Nation. Sie hatten nicht nur Morde begangen, sondern auch Nippon verraten und seine Stellung in der Welt „beschmutzt".

Diese Form des subjektiven Unrechtsbewußtseins, dieses Eingeständnis einer „Kollektiv-Schuld" blieb auf terroristische Einzeltaten wie die des Kozo Okamoto beschränkt. Es gab zwar Reparationszahlungen an südostasiatische Länder wie Singapur, Malaysia oder die Philippinen, aber nie eine japanische Entschuldigung für die Angriffskriege gegen diese Länder in den vierziger Jahren. Auch gegenüber China schwiegen die Regierungen in Tokio lange, bevor sich Premierminister Nakasone 1983 – im Zusammenhang mit dem Streit um die japanischen Schulbücher, in denen die Kriegsgreuel verharmlost wurden – zu einem späten Eingeständnis japanischer Verbrechen durchrang. Versöhnliche Gesten gegenüber Südkorea folgten. Es waren vor allem die Amerikaner, die auf solche Gesten und auf eine größere weltpolitische Rolle für Tokio drängten. Und auf die innige Freundschaft zu den USA legen die Japaner genauso großen Wert, wie die Amerikaner umgekehrt auch.

Merkwürdige Bettgenossen, die beiden. Die Wurzeln der einen Nation reichen bis in die Nebel der Vorzeit zurück, sie ist in sich homogen, auf eine Inselwelt zusammengepfercht, die wenig attraktiven Lebensraum bietet. Die andere ist ein ethnischer Schmelztiegel, mit europäischen Wurzeln und außergewöhnlich jung; sie kann sich auf einem fruchtbaren, weiten Kontinent ausdehnen. Japaner und Amerikaner haben einen blutigen, grausamen Krieg gegeneinander geführt, dessen Narben so lange nicht vollständig verheilen können, wie sich die ältere Generation noch an die erbitterten Kämpfe erinnert. Und doch ist heute der Warenaustausch zwischen diesen beiden Ländern der lebhafteste, den es zwischen irgendwelchen Staaten der Erde gibt – und einzeln sind sie Welthandelsmacht Nummer eins (USA) und drei (Japan). Nur die Bundesrepublik liegt noch dazwischen.

Seltsam die Freundschaft, seltsam auch die Streitpunkte. Da hatte der amerikanische General MacArthur den Japanern aus Angst vor einem Wiederaufleben des Faschismus einen Passus in die Verfassung diktiert, der Nippon verbot, „Land-, See- und Luftstreitkräfte und sonstiges Kriegspotential zu unterhalten" (Artikel 9) – es ist die einzige Verfassung in der Welt, die so eine Klausel enthält. Heute drängt die amerikanische Regierung die japanische, mehr Geld in die Armee zu investieren, deren Aufbau sie einst verboten hat. Und dabei verfügt Japan inzwischen – illegal sozusagen – über 13 Divisionen (155.000 Mann), 160 Kriegsschiffe und 360 Kampfbomber und damit über die achtstärksten Streitkräfte der Welt.

Es hatte nicht lange gedauert, bis die Amerikaner ihre „Friedens-Klausel" in der japanischen Verfassung zutiefst bedauerten. Die Söhne Nippons nahmen nach dem Ende des Kriegs voller Inbrunst pazifistisches Gedankengut in sich auf. Mit noch größerer Begeisterung, als sie „Soldaten des Kaisers" gewesen waren, wurden sie friedliebende, hart arbeitende „Soldaten der Wirtschaft". Ohne auch nur einen Yen für die Landesverteidigung auszugeben, konnten sie sich in den Aufbau ihrer Wirtschaft und schon sehr bald auch in eine weltweite Exportoffensive stürzen. Washington aber mußte das Fernost-Reich mit seinen Truppen beschützen und Tokio mit unter seinen Atom-Schirm nehmen, wollte es das strategisch wichtige Land nicht dem Zugriff anderer überlassen.

Die Gefahr schien durchaus real. Noch in den letzten Tagen des Zweiten Weltkriegs hatte Stalin den Nichtangriffspakt mit Tokio gebrochen und die vier Kurilen-Inseln Kumashiri, Habomai, Shikotan und Etorofu besetzt. Die Japaner waren – und sind bis heute – nicht willens, ihren Anspruch auf die Eilande, ihre „Nordgebiete", aufzugeben und haben deshalb nie einen Friedensvertrag mit Moskau unterzeichnet: Japan und die UdSSR befinden sich, technisch gesehen, im Kriegszustand. Am Kap Nosappu, im äußersten Nordosten der Nippon-Insel Hokkaido kann man an klaren Tagen mit bloßen Augen den „Feind" sehen – die sowjetisch besetzten Inseln liegen nur wenige Kilometer entfernt.

Als „Trittbrettfahrer der US-Verteidigung" und „Parasiten" beschimpften amerikanische Generäle die Japaner, die sich schließlich 1954 bereit erklärten, anfangs minimal ausgestattete „Selbstverteidigungs-Streitkräfte" aufzubauen. Begründet wurde das, auf Rat der Amerikaner, mit einen Artikel in der UNO-Charta, der jedem Staat ein „Abschreckungs-Recht" zugesteht. Aber um den „Geist der Verfassung" nicht zu verletzen, wollten sich die Japaner auch weiterhin „keine Angriffswaffen" anschaffen: Die Politiker in Tokio hatten erkannt, wie praktisch der Pazifismus für sie war. Als ein US-General im Jahr 1960 gefragt wurde, ob sich denn Nippon mit eigenen Mitteln gegen einen Angriff wehren könnte, knurrte er: „Ja vielleicht, wenn die Eingeborenen von den Fidschi-Inseln mit Pfeil und Bogen attackieren." Im gleichen Jahr noch schloß Washington ein Verteidigungsbündnis mit Japan, das die Amerikaner verpflichtet, im Falle eines Angriffs ihrem Fernost-Verbündeten beizustehen. Der Finanzposten für Landesverteidigung lag in Tokio auch danach mit schöner Regelmäßigkeit unter der Summe, die

japanische Spesenritter für Bewirtungen ausgaben. Das Berufsheer wurde darüber hinaus dilettantisch geführt: Zeitweise durften pro Soldat nur 16 Schuß Munition ausgegeben werden. Der damalige Verteidigungsdirektor Nakasone – Minister konnte sich der Chef der „Agentur" aus Rücksicht auf die Verfassung niemals nennen – klagte noch 1971 über absurde Vorschriften: „Wie die Gesetze jetzt sind, müssen die Panzer im Fall eines Angriffs die öffentlichen Straßen benutzen und an jeder roten Ampel halten."

Für die Sowjets gab es keine roten Ampeln. Sie verstärkten ihre Fernost-Streitkräfte auf über 360.000 Mann, ihre Pazifikflotte wurde mit insgesamt 820 Schiffen zur weltweit größten Ballung von Marinestreitkräften. 108 Raketen vom Typ SS-20 – nach anderen Informationen sogar 122 – begannen nach 1978 japanische Ziele zu bedrohen. Dem setzten die Amerikaner mit ihren 51.000 Mann, 119 Basen, mit modernsten F-16-Bombern und Atom-U-Booten zwar ein Gleichgewicht entgegen, doch das kostete viel Geld – amerikanisches Geld. Der Druck auf Tokio, seine Verteidigungsanstrengungen entscheidend zu verstärken, wurde immer größer. Nach und nach rollten ein paar Yen mehr, doch die Wende kam erst, als 1982 Ex-Verteidigungsdirektor Nakasone zum Ministerpräsidenten gewählt wurde.

Der Premier versprach dem US-Präsidenten, er werde Japan zu einem „unsinkbaren Flugzeugträger" an der Seite der NATO machen, die Seewege bis auf 1.000 Meilen vor der eigenen Küste ohne amerikanischen Beistand schützen und die sowjetische Pazifik-Flotte im Kriegsfall von ihren Nachschubbasen abschneiden und sie im Japanischen Meer einschließen. Die Staatsmänner Reagan und Nakasone dachten gleich bei ihrem ersten Treffen in Washington innerhalb von Stunden so im Gleichklang, daß sie beschlossen, sich künftig nur mehr mit Vornamen „Ron" und „Yasu" zu nennen. Vereinbart wurden die größten gemeinsamen Marine- und Landmanöver seit dem Krieg, die dann im Herbst 1983 auch abliefen.

In der japanischen Heimat hielt sich die Begeisterung über den verbalen Kraftakt des Ministerpräsidenten in Grenzen. Nicht so sehr, weil das wieder einmal bedeutete, daß amerikanische Schiffe mit Atombomben an Bord in japanischen Häfen einliefen; die Demonstrationen dagegen, die Ende der sechziger Jahre noch zu Straßenschlachten geführt hatten, waren weitgehend abgeebbt. Nein, man ahnte, daß ein solches Programm an den eigenen Geldbeutel gehen mußte.

202

Naomi Uemura

Der Mann, den der Polarbär kitzelt

Die Weichen für eine typisch japanische Geschäftsmann-Karriere waren schon gestellt: Naomi Uemura, beide Eltern Beamte, hatte ordentliche Schulen durchlaufen und sein Ingenieurstudium an der Tokioter Meiji-Universität erfolgreich abgeschlossen. Jetzt mußte er sich nur noch bei einer der Großfirmen bewerben, und eine überschaubare Zukunft war gesichert. Doch dazu kam es nie. Uemura kümmerte sich nie um eine Stelle. Statt dessen kletterte er allein auf den Mount Everest, ließ sich auf einem selbstgebauten Floß 6000 Kilometer durch die Amazonas-Wildnis treiben und treckte mit 18 Schlittenhunden über Kanada durchs Packeis zum Nordpol: Er war der erste Mensch, der diesen Punkt je ohne einen Begleiter erreichte. Viele halten ihn für den verwegensten Abenteurer unserer Zeit, für den größten Individualisten der Welt – ausgerechnet Naomi Uemura, einen vom Stamm der gruppenhörigen Japaner.

Für seine Solo-Heldentaten hat er zahlreiche Medaillen erhalten, wurde Mitglied des exklusiven „Club der Forscher" in New York und erhielt mehrere Einladungen zum Tee mit japanischen Ministerpräsidenten. Doch bevor er seine Reisen mit Bucherfolgen und Vortragshonoraren finanzieren konnte, war er arm wie eine Kirchenmaus, mußte sich Geld zusammenbetteln und von den Einkünften seiner Frau, einer Kalligraphie-Lehrerin, leben. Was treibt ihn dazu, wie bei seinem letzten Abenteuertrip in die

Antarktis lebensgefährliche Schneestürme und Temperaturen unter 40 Grad zu ertragen, wo er sich doch in die Wärme eines Großraumbetriebs in irgendeinem Konzern zurückziehen könnte? Uemura mag das Wort „Abenteuer" nicht, er spricht von „Träumen", die er sich mit seinen Expeditionen erfüllt habe, erfüllen müsse. „Ich erkannte, daß es mir nichts bedeutet, wie meine Studienkollegen die Karriere-Leiter hochzuklettern", sagt der 42jährige und gibt zu, daß es auch eine besondere Rolle gespielt hat, das „japanische System" zu schlagen, das Individualisten ja nicht gerade fördert: Der Reiz, das Unmögliche möglich zu machen. Uemura erzählt vom gefährlichsten Moment seiner Reisen. Am Nordpol wurde er von einem riesigen Eisbären angegriffen: „Ich blieb ganz ruhig liegen, da spielte er nur mit mir. Als er sich umdrehte, bin ich ihm gefolgt und habe ihn erschossen."

Eines an Uemura zumindest ist typisch japanisch: Er ist Pragmatiker, denkt nicht an Versagen und Fehlschlag. Und wenn er mit seinen Hunden im Packeis unterwegs ist, auch nicht an seine Frau. „Ich versuche dann nur der Freund meiner Hunde zu sein und auf sie einzugehen. Eine Frau kann schon mal willkürlich ihre Haltung ändern, ein Hund tut das nie ohne Grund." Das nächste Abenteuer? Während dieses Buch in Druck geht, ist Uemura am Mount McKinley in Alaska vermißt. Keine Überlebenschance, sagen Experten.

Und so kam es. Während Tokios Sozialausgaben im Sparetat von 1983/1984 nicht angehoben wurden, stiegen die Aufwendungen für das Militär um 6,5 Prozent auf rund 30 Milliarden Mark. Sie machen jetzt 0,99 Prozent (nach NATO-Berechnungsart: 1,6 Prozent) des Bruttosozialprodukts aus. Damit zahlte in diesem Jahr jeder Japaner rund 250 Mark für seine Verteidigung — immer noch wenig, verglichen mit den 1.100 Mark (2,7 Prozent des BSP), die ein Bundesbürger oder den 1.900 Mark (6,1 Prozent), die ein US-Bürger pro Kopf ausgeben muß.

Nakasone verkaufte die unpopuläre Steigerung geschickt. Er appellierte an das wachsende Selbstbewußtsein seiner Landsleute, betonte die weltpolitische Rolle, die Japan zustehe. Vorbei sollten die Zeiten sein, in denen ein französischer Präsident, de Gaulle, einen japanischen Premier, Ikeda, öffentlich als „Transistoren-Verkäufer" schmähen durfte. Als Großmacht aber hat man, das sagte Nakasone seinen Landsleuten klipp und klar, einen Preis zu bezahlen: „Früher lebten wir in einem kleinen Haus und zahlten deshalb nur geringe Versicherungsbeiträge. Da wir nun in ein großes Haus hineingewachsen sind, steigen auch die Prämien."

Die aggressive Politik der Sowjetunion, sinnlose Gewalttaten wie der Abschuß eines koreanischen Jumbos im Herbst 1983, werden Nakasone helfen, sein vorsichtiges Aufrüstungsprogramm auch mit einer knappen Parlamentsmehrheit durchzuboxen. Verstummt ist, zumindest im Moment, die Kritik Südostasiens an Tokio. Stellvertretend für viele Politiker der Region hatte der indonesische Vize-Premier Malik noch 1982 vor einer weiteren Truppenverstärkung der Japaner gewarnt: „Wir wollen nicht, daß sie wieder so mächtig werden. Wir haben Angst davor, daß von japanischem Boden aus eines Tages wieder Angriffskriege geführt werden." Meinungsumfragen geben gegenwärtig wenig Anlaß zur Furcht vor Militarismus: Drei von vier Japanern sprachen sich 1983 gegen eine Erhöhung der Militärausgaben aus.

Je mehr und je erfolgreicher die Amerikaner ihren Verbündeten in Fernost zur Aufrüstung drängen, desto schlechter werden Tokios Beziehungen zu Moskau. Die UdSSR hat nach den Worten ihres Generals Kirijan die Achse Tokio-Berlin im Zweiten Weltkrieg „nicht vergessen, und wir können die gegenwärtige Achse Tokio-Washington-Peking nicht übersehen". Die Sowjets leiden an „Einkreisungsangst", und ganz unverständlich ist diese Furcht nicht. Peking baut gegenwärtig seine gegen Moskau gerichteten

Atom-Stellungen in der Lop-Nor-Wüste aus und wird bald, auf welchen Umwegen auch immer, Waffen aus Washington beziehen. Die Chinesen haben sich mit den Japanern ausgesöhnt und militärische Absprachen beider Länder gegen Moskau erscheinen nicht mehr utopisch: Peking hat zur – begrenzten – Aufrüstung Japans bereits seinen Segen gegeben.

Was die politische Führung im Kreml, in Sicherheitsfragen immer paranoisch, besonders nervös macht, ist die Verwundbarkeit ihrer Streitkräfte in Fernost: Der mächtige russische Bär könnte in der Soya-Meerenge leicht in eine tödliche Falle tapsen. Denn durch dieses 60 Kilometer schmale Nadelöhr nahe der japanischen Küste muß die Pazifik-Flotte durch, sollen die beiden wichtigsten sowjetischen Stützpunkte nicht voneinander abgeschnitten sein: Petropawlowsk, die Raketenbasis auf der Halbinsel Kamtschatka, hat keine Straßenverbindung zum Festland und muß über See versorgt werden; Wladiwostok, der andere Haupthafen, liegt aber jenseits der Soya-Straße. Selbst eine kleine Armee wie die japanische kann, zumal mit amerikanischer Hilfe, diesen Flaschenhals verminen. Eine solche „Kriegshandlung" würden die Sowjets zweifelsohne mit dem Abschuß von Atomraketen auf japanische Ziele beantworten. Es gibt Militärexperten, die

dieses Holocaust-Szenario für weit wahrscheinlicher halten als einen Atomkrieg in Europa.

Wenigstens für einen Bereich der japanischen Wirtschaft könnte die neue Politik Vorteile bringen: für die Wehrtechnik. Sie spielt bisher gesamtökonomisch kaum eine Rolle. Sollte aber das Exportverbot für Waffen gelockert werden, dann würde sich das bald ändern. Schon heute gilt der japanische T-74-Panzer als einer der besten der Welt, die in Lizenz gebauten F-15-Bomber sind dem amerikanischen Original qualitativ überlegen. In der optischen Elektronik, beim „Belauschen" des Gegners oder bei der Ausstattung des Kriegsgeräts mit Spezialanstrichen, die Radarsignale verschlucken, sind die Japaner weltweit führend.

Die Japaner haben nach der graduellen Erhöhung ihrer Militärausgaben auch damit begonnen, die zweite entscheidende Forderung der Amerikaner und Europäer zu erfüllen: Sie öffnen, manchmal noch widerstrebend und langsam, ihren Markt für ausländische Güter. Lange Zeit hatten sich ausländische Firmen völlig zurecht über willkürliche „Schutzzölle" und zusätzliche „Sicherheitsüberprüfungen" ihrer Waren beschwert – es war nicht leicht, in Nippon Fuß zu fassen. Da hatte zum Beispiel der

204

amerikanische „Reynold"-Konzern eine neue, besonders lange Filterzigarette namens „More" entwickelt, deren Erfolg in Japan sicher schien: Es gab nichts Vergleichbares auf diesem Markt. Die „Japanische Tabak- und Salzgesellschaft" erreichte, daß „More" zwei Jahre lang getestet werden mußte. Als „More" schließlich freigegeben wurde, war ein Nippon-Unternehmen schon mit einem ähnlichen Produkt auf dem Markt. So lief es auch bei Waschmitteln aus dem Westen. Da wurde von Regierungsseite plötzlich ein Bann gegen ein bestimmtes Phosphat ausgesprochen, das in jedem der erfolgreichen ausländischen Fabrikate enthalten war. Bevor die reagieren konnten, kamen schon japanische phosphatlose Produkte auf den Markt – die Nippon-Firmen hatten einen Wink aus dem Ministerium erhalten.

In Europa schon getestete Schiffsdieselmotoren mußten sich in Japan von neuem den haargenau gleichen Prüfungen unterziehen, Kostenpunkt pro Motor 20.000 Mark. Amerikanische Kartoffelchips, die auf Kosten einheimischer Produkte zum Verkaufsschlager geworden waren, wurden plötzlich einer neuen Zollgruppe zugeschlagen: statt „Gemüse" (Zoll: 16 Prozent) „Backwaren" (Zoll: 35 Prozent). Gelegentlich hielten es die Regierungen in Tokio noch nicht einmal

für nötig, solche Willkürakte zu begründen: Jahrelang exportierte Japan beispielsweise Lilien in die Niederlande, verbot aber die Einfuhr holländischer Tulpenzwiebeln.

Viele, nicht alle dieser Handelsbarrieren gehören der Vergangenheit an. 1982 kürzten die Japaner unter amerikanischem Druck die Zölle für 323 Produkte. In manchen Bereichen wie bei den Produkten der Montanindustrie liegt der Tarif mit drei Prozent niedriger als in den USA (4 %) oder der EG (5 %). Den meisten Grund zur Klage haben noch die amerikanischen Farmer. Da landwirtschaftliche Betriebe in Japan längst nicht so effektiv arbeiten wie in den USA und die japanischen Bauern eine umhätschelte Wählergruppe sind, werden die hohen Einfuhrzölle für Getreide, Fleisch und Früchte wohl noch lange bestehenbleiben.

Mehr als 200 deutsche Unternehmen unterhalten inzwischen Niederlassungen in Tokio und Osaka, darunter mit besonderem Erfolg der Porzellanhersteller Rosenthal, der Haarwaschmittelproduzent Wella, der Miedermacher Triumph. Ein auf den ersten Blick besonders überraschender Durchbruch gelang im Tee-Land Japan der westfälischen Firma Melitta, Hersteller von Röstkaffee, Kaffeefiltern und Kaffeemaschinen. Dem umsichtigen Unternehmen war aufgefallen, daß sich die Trinkgewohnheiten in Nippon, vor allem bei jungen Leuten, schnell verändern und daß deutsche Kaffeezubereitung, wie fast alles aus der Bundesrepublik, im Land der aufgehenden Sonne einen besonders guten Ruf genießt.

Bei anderen Firmen, die sich nicht auf dem japanischen Markt durchsetzen konnten, dienen Klagen über „Handelsbarrieren" oft nur als Vorwand für mangelnden Mut, schlechte Vorbereitung oder eigenes Versagen. Es gibt keine Patentrezepte, wie man Geschäfte in Japan erfolgreich abschließt, aber wer einige Grundregeln beherzigt, wird sich viel Mühe und Enttäuschungen ersparen. Grundregel 1: *Gut vorbereitet ist halb gewonnen* oder *Welches Golf-Handicap hat mein Geschäftspartner?* Japan ist ein gesättigter, hart umkämpfter Markt, der auf kein neues Produkt aus dem Ausland „angewiesen" ist. Nur Verbrauchertests und Marktstudien im Land können Aufschluß über Chancen geben. Schnelle Deals mit hohem Gewinn sind selten drin. Japaner haben Bilanzen im Kopf, und manchmal sogar den Lebenslauf ihres Geschäftspartners. Sie erwarten auch von ihrem Gegenüber Vor-Recherchen und es ist nicht nur höflich, sondern absolut

notwendig, sich über die Stellung der Verhandlungsführer innerhalb der Firma, bis hin zu ihren Hobbys, zu informieren. Da Frauen in Japan so gut wie nie ins Top-Management aufsteigen, fühlen sich Japaner unwohl, wenn sie mit weiblichen Delegationsmitgliedern konfrontiert sind. Das gleiche gilt für allzu junge Gesprächspartner: 65jährige, oft übers Senioritäts-Prinzip aufgestiegene Manager, setzen sich ungern mit 30jährigen „Wunderkindern" auseinander.

Grundregel 2: *Kein Geschäft ohne „Gefühl"* oder *Zeit ist nicht Geld.* Deutsche Geschäftsleute wollen immer direkt zum Kern der Verhandlungen kommen, Japaner suchen den Umweg über „Kimochi", eine harmonische, persönliche Atmosphäre. Deshalb ist das abendliche Ausgehen in Restaurants und Bars, auch wenn nur über das Wetter und die Mädchen gesprochen wird, ein unabdingbarer Bestandteil jeder Verhandlung. Als Faustregel: Ein Geschäftsabschluß braucht durchschnittlich etwa fünfmal soviel Zeit wie im Westen. Bei Gesprächspartnern, die man zum ersten Mal trifft, sollte man sich von dritter Seite – möglichst einem gemeinsamen Freund – vorstellen lassen. Scheitern die darauffolgenden Verhandlungen, müssen sich die Japaner auch dem unbeteiligten Dritten gegenüber verantwortlich fühlen – ein „Gesichtsverlust", den man in Fernost gern vermeidet und deshalb in einem solchen Fall „milder" taktiert. Die Verhandlungsführung in Japan ist extrem höflich, in der Sache aber hart. Bleiben die Gespräche vage, kann das auch daran liegen, daß das japanische Team nicht voll abschlußberechtigt ist und innerhalb der Firma erst Konsensus herstellen muß.

Grundregel 3: *Wie man „Nein" sagt und wann „Ja" wirklich gemeint ist.* Japanische Gesprächspartner nicken oft und benutzen gern das zustimmende Wort „Hai" („Ja"). Oft ist dies eher eine Form der Höflichkeit als Ausdruck eines Übereinkommens und bedeutet lediglich, daß der Unterhaltung mit Interesse gefolgt wird. Ähnlich unbestimmt sind die japanischen Formen der Verneinung. Man vermeidet ein hartes, vielleicht beleidigendes „Nein" und flüchtet sich statt dessen in Formulierungen wie „Das wird ein bißchen schwierig" oder „Wir werden das später noch einmal überdenken". Eine andere Möglichkeit der Ablehnung eines Vorschlags ist, ihn mit einem Scherz ins Lächerliche zu ziehen – wenn gelacht wird, ist nichts mehr zu verhandeln. Übrigens betrachten Japaner jeden Handel als eine Diskussion über die beste Verwirklichung gegenseitiger Interessen und erwarten von ihren Gesprächspartnern, auch über verborgene „Fallen" des Geschäfts aufgeklärt zu werden – nicht wie im Westen, wo man es bisweilen als gerecht betrachtet, wenn ein unerfahrener Verhandlungsführer übervorteilt wird.

Grundregel 4: *Japanische Mentalität „verstehen" nur die Japaner.* Westliche Geschäftsleute müssen sich auch über die Grenzen ihres Einfühlungsvermögens in japanische Verhältnisse im klaren sein. Wer dauerhaft Erfolg haben will, braucht deshalb neben Geduld, ausreichendem Kapital und einem auf den Nippon-Markt zugeschnittenen Produkt vor allem gute japanische Mitarbeiter. Nur sie werden Dinge wie das diffizile Distributions-System, die Wichtigkeit der Verpackung, die geeignete Ansprache in der Werbung richtig abschätzen können. Das ersetzt freilich nicht eigene Erfahrungen. Ein Mitarbeiter des Handelsministeriums gab westlichen Unternehmern im US-Magazin „Fortune" folgenden Rat: „Erst einmal die Sprache lernen und dann vier Jahre lang jeden Abend Sake in einer japanischen Bar trinken."

**AUF DER
SUCHE NACH DEM
GLÜCK**

Der nächste Tempel ist immer um die Ecke

Japan ist nicht nur das Land der Computer, es ist auch das Land der Gotteshäuser: Auf jedem zweiten Quadratkilometer des Inselreichs steht ein shintoistischer Schrein, eine Kirche oder – wie hier in Eiheiji, Westjapan – ein buddhistischer Tempel. Nur 189 Menschen müssen sich durchschnittlich einen Priester teilen. Mehr als 98 Millionen Japaner folgen dem shintoistischen Naturglauben, 88 Millionen sind Buddhisten – ein statistisches Wunder, denn Japan hat nur 119 Millionen Einwohner. Des Rätsels Lösung: Die pragmatischen Japaner suchen Trost und Seelenheil bei mehreren Religionen zugleich

Ein Gott, der gern geschaukelt wird

Mit anfeuernden Rufen tragen junge Anhänger des Shinto-Glaubens eine Sänfte mit dem Hausgott des Asakusa-Schreines durch das gleichnamige Vergnügungsviertel in Tokio. Auf ihrem Zickzacklauf durch die Straßen gehen sie immer wieder rhythmisch in die Knie und dann wieder in die Höhe: Der besondere „Kami" (Gott), den sie verehren, liebt die Bewegung. Im Shintoismus gibt es Millionen solcher „Kami" – jeder Stein, jeder Baum, jede Quelle kann Heimstatt überirdischer Geister sein

Mit dem Pfeil die Seele treffen

Die Augen geschlossen, das Ziel in äußerster Konzentration fixiert: Bogenschießen wird in Japan weniger als Sport verstanden und praktiziert, eher als Meditationsübung. Das klassische „Kyudo" war besonders in der Kamakura-Epoche (1185–1333) geschätzt, als es in jeder größeren Stadt besondere Schulen für Bogenschützen gab. Bis heute versuchen Anhänger des Zen-Buddhismus, durch das Bogenspannen sich geistig zu entspannen – ein Weg zur „inneren Erleuchtung"

**Angst und
Glück beim „Fest
der Nackten"**

Halb nackt, dichtgedrängt
und teilweise in
waghalsigen Positionen
warten Anhänger der
buddhistischen Shingon-
Sekte im Saidaiji-Tempel
nahe Okayama auf die
wichtigste Minute des
Jahres. Sie kommt an
jedem dritten Samstag im
Februar, beim „Hadaka-

Matsuri", dem „Fest der
Nackten" – dann, wenn die
Priester das Licht löschen
und von der Balustrade
zwei Segen verheißende
Hölzchen in die Gemeinde
werfen. Männer neben
ihnen springen in die
wartende Menge, um die
Glücksstäbchen zu
erhaschen

Kunst kann nur schaffen, wer an die Götter glaubt

Die geschwungenen Linien des architektonisch höchst eindrucksvollen Eiheiji-Tempels von Westjapan sind nur ein Beispiel für die untrennbare Verbindung von Kunst und Religion in Japan: Kunst ist ein Ausdruck des Herzens, und die Suche nach künstlerischer Vollendung ist immer auch eine Suche nach geistiger Erhabenheit und Größe. Das religiöse Streben nach dem richtigen Weg („do") ist deshalb auch sprachlich in viele Künste eingegangen: „Kado", das Blumenarrangieren, „Sado", die Tee-Zeremonie und „Shodo", die Kalligraphie

Und sonntags führt der Ausflug zu den Ahnen

Wie diese Familien, die unter heiligen „Torii"-Torbögen bei Kyoto spazieren, suchen viele Japaner mindestens einmal wöchentlich heilige Stätten auf. Nach den Shinto-Riten werden der 7., der 49. und der 100. Tag nach dem Tod in besonderen Gedenkfeiern begangen. Der wichtigste Tag für die Lebenden bricht am Morgen jedes neuen Jahres an: „Hatsu mode", der Neujahrs-Pilgerzug, ist so populär, daß an den bedeutendsten Schreinen des Landes Verkehrs-ampeln installiert werden, um die Gläubigen sicher zum Ziel zu geleiten

Ein Baum voll guter Wünsche

Wie Riesenblüten wirken die länglichen Wunschzettel aus Papier, die Pilger im Taisha-Schrein von Izumo, einem der ältesten Shinto-Heiligtümer Japans, an einem Baum befestigt haben. Auf den Bittbriefen werden die Götter meist um ein gelungenes Examen, um Geld oder Beförderung angefleht – und in Izumo, Spezialität dieses Schreins, besonders um eine glückliche Hochzeit. Die Bittzettel müssen die Gläubigen von den Priestern kaufen, die mit diesem Devotionalienhandel gute Geschäfte machen

Die Bälle aus Gold sind Tränen für die Toten

In diesem brandneuen buddhistischen Tempel von Kyoto ist ein ganzer Raum mit Goldornamenten gefüllt, die aussehen wie Fußballtrophäen. In Wirklichkeit steht jeder Ball für ein totes Kind, das entweder in seinen ersten sechs Lebensjahren umgekommen ist oder durch den Willen seiner Mutter nie geboren wurde. So üblich in Japan Abtreibungen sind, so schwer fällt es mancher Frau, mit den Konsequenzen fertigzuwerden: Die Goldbälle sind nur ein Weg der Schuldverdrängung, ein anderer ist das Aufstellen kleiner „Jizo"-Buddhafiguren, denen ein rotes Schürzchen umgehängt wird

**Die Kinder
von Konfuzius und
Coca-Cola**

Zuschauermassen beim
Reiterfest am Toshugu-
Schrein von Nikko. Viele
Familien haben sich mit
Kind und Kegel zu dem
Spektakel eingefunden –
und mit den Großeltern.
Daß auch die Alten ein
geschätzter, sogar
verehrter Teil der Familie
sein sollen, hat schon der
Religions-Philosoph
Konfuzius gepredigt. Für
die Traditionsfeier haben
sich neuzeitliche
Sponsoren gefunden: Die
US-Firma Coca-Cola hat
den Zuschauerplatz
abgegrenzt

Wer keine Göttin hat, der baut sich eben eine

Der Elektronik-Ingenieur Shuniehi Mizuno hat eine Legende wiederauferstehen lassen: Er hat einen Marilyn-Monroe-Roboter konstruiert, der zwinkern, lächeln und singen kann, fast wie einst das „Original". Ein Computerprogramm koordiniert die Bewegungen der Figur mit den Worten des per Tonband eingespielten Liedes, 85 luftangetriebene Zylinder erzeugen – zumindest theoretisch – genauso viele Ausdrucksmöglichkeiten wie sie der Mensch mit seinen 85 Gesichtsmuskeln hat. Es gibt zwei Ausgaben des MM-Roboters: geschminkt und ungeschminkt

Ein heiliger Platz voller Frieden — ein Abladeplatz für die Atombombe

Als die amerikanischen Piloten am 6. August 1945 gegen 8.20 Uhr, kurz nach Abwurf der Atombombe über Hiroshima, abdrehten, könnte sich ihnen zwei Flugminuten später dieser Anblick geboten haben: Bei jeder Flut steht das „Große Torii", die symbolische Eingangspforte des Shinto-Schreins von Itsukushima, meterhoch unter Wasser. Das 1675 errichtete Heiligtum in der Bucht von Hiroshima zählt zu den geschichtlich berühmten, besonders verehrten Plätzen Japans

Kommt sie? Kommt sie nicht? Wann kommt sie?

Warten auf die Braut: Familienangehörige, Gäste und unbeteiligte Schaulustige recken die Hälse. Ehen, die im berühmten Heiligtum von Izumo auf der Halbinsel Shimane geschlossen werden, gelten nach einem japanischen Sprichwort als besonders glückverheißend. Der Legende nach spenden die Shinto-Götter hier vor allem im Frühjahr und Herbst den jungen Brautleuten ihren Segen. Der Schrein ist von den prächtig bewaldeten Hängen des Yakumo-Berges umgeben, die weißen Zettel an den Zweigen enthalten gute Wünsche für das Paar

Ehrfurcht vor der Wurzel, die das Leben spendet

Tod und Geburt in der japanischen Tradition: Buddhistische Priester in weißer Trauerkleidung verneigen sich bei einem Totenfest vor den Verstorbenen. Ein Pilger im Tagata-Schrein von Nagoya faltet, um Nachwuchs bittend, die Hände vor einem gewaltigen hölzernen Phallus. Der riesige „Dankon", wörtlich übersetzt „Manneswurzel", gilt als Symbol des Lebens und ist Mittelpunkt eines Fruchtbarkeitsfestes, das in Nagoya an jedem 15. März gefeiert wird

**Wo die Enkel
der Sonnengötter
liegen**

Die parkähnlichen Anlagen
in der Stadt Sakai bei
Osaka gelten mit ihrer
Ausdehnung auf 21 Hektar
als die größte Grabstätte
der Welt. Das
schlüssellochförmige
Mausoleum im
Vordergrund birgt die
Überreste des Tenno
Nintoku, der im
4. Jahrhundert gelebt hat und
für seine Siege über Korea
berühmt ist. Die Gräber
dürfen nicht betreten
werden. Sie sind Eigentum
der kaiserlichen Familie,
deren Mitglieder in Japan
bis heute als Nachkommen
der Sonnengöttin gelten

Für Geld weihen Shinto-Priester alles — auch das neue Auto

Ein Shinto-Priester schüttelt den heiligen Saraki-Zweig. Nach einer acht Jahre langen Ausbildung, die mit einem schwierigen Examen endet, wird ein Religions-Student endlich Seelsorger in einem Schrein — die berühmtesten Schreine sind freilich bestimmten Familien vorbehalten. Viele Geistliche widmen sich weltlich-kommerziellen Unternehmungen: Sie kassieren beispielsweise für eine fünfminutige Autoweihe pro Wagen stolze 30 Mark

Feuer sollen leuchten — Wegweiser für die Seelen der Verstorbenen

Mit brennenden Fackeln aus Zypressenholz zeigen shintoistische Gläubige beim „Himatsuri"-Fest in Nachi den Verstorbenen den Weg aus dem „Kumano", dem Land der Toten. Einmal im Jahr sollen die Seelen zu einem kurzen Besuch zurück auf die Erde kommen. In Japan ist Feuerbestattung üblich, Urnenplätze sind teuer — und doch wuchern die Friedhöfe immer weiter ins Land. Das Gräberfeld bei Kyoto ähnelt, aus der Luft betrachtet, einer expandierenden Satellitenstadt

Ein Pilgerweg voll Eitelkeiten

Eine Kette bunter „Torii" überdacht den steilen Anstieg zum Fushimi-Schrein bei Kyoto. Hier ist das shintoistische Zentrum des Inari-Kultes, dessen Mitglieder in 30.000 über ganz Japan verstreuten Heiligtümern Inari, die Gottheit des Reisbaus, verehren. Viele Firmen lassen farbenprächtige „Torii" aufstellen – nicht ohne mit großen Schriftzeichen darauf hinzuweisen, von wem die edle Spende stammt

AUF DER SUCHE NACH DEM GLÜCK

Denkmäler, die leben.
Götter, Golf und Geishas.
Ein Grabplatz im Schlußverkauf

zumo, das „Tal der davonfliegenden Wolken", macht seinem Namen an diesem Morgen alle Ehre. Der Regen, der die ganze Nacht herunterprasselte, hat aufgehört, über den sattgrünen Reisfeldern Westjapans dampft der Morgentau. Blinkende Sonnenstrahlen tanzen auf langgestreckten Halmen und verwandeln sie zu einem Millionenmeer kleiner Spiegelchen. Der Weiler Yakumo liegt eingekesselt zwischen steilen, waldbedeckten Hügeln, mit seinen blumengeschmückten, gepflegten Holzhäusern wirkt er so idyllisch wie ein Flecken im Schwarzwald. Eishiro Abe kommt uns entgegen, die Arme weit ausgebreitet. „Seien Sie willkommen", sagt er. „Willkommen im tausend Jahre alten Dorf der Papiermacher." Sein Haar ist grau, aber das Gesicht lachend, frisch und fast faltenlos. Kaum zu glauben, daß er schon 72 Jahre alt ist. So also sieht einer aus, den die japanische Regierung zum „Nationalheiligtum" erklärt und unter Denkmalschutz gestellt hat.

Viele Länder bewahren ihre alten Burgen und Marktplätze vor der Zerstörung, manche versuchen, bedrohte Pflanzen und Tiere zu retten. Japan ist das einzige Land, das auch Menschen — Künstler — schützt und damit ihr traditionsreiches Handwerk vor dem Aussterben bewahrt. Die Idee stammt von einem früheren Erz-

feind der Japaner, General MacArthur. Der Befehlshaber der Alliierten im Zweiten Weltkrieg war so angetan von japanischem Puppenspiel, von den Schwertmachern, den Töpfern, Webern und Glockenbauern, daß er vorschlug, die Regierung in Tokio solle den besten dieser Leute eine Staatspension geben. Einzige Bedingung: Die Meister müßten Lehrlinge annehmen und so ihre Fähigkeiten an die nächste Generation weitergeben.

Die Japaner griffen die Idee auf. Seit Mai 1950 fördern sie herausragende Künstler und Kunsthandwerker — der Papiermacher Abe ist einer von ihnen. Sein offizieller, vom Erziehungsminister vergebener Titel lautet: „Bewahrer einer bedeutenden, unverzichtbaren kulturellen Eigenheit". Neben der Ehre bekommt er vom japanischen Staat eine lebenslange Rente von 25.000 Mark jährlich, steuerfrei. Außer Abe werden Geld und Ruhm derzeit 66 weiteren Meistern zuteil, 59 Männern und sieben Frauen, für die der Volksmund wegen ihres unaussprechlichen offiziellen Titels eine griffigere Bezeichnung gefunden hat: die lebenden Nationalheiligtümer.

„Jedes Mal, wenn wir in der Geschichte einen Krieg gewonnen haben, ging's mit der japanischen Kultur bergab", sagt Eishiro Abe. „Nach dem letzten, dem verlorenen Krieg aber hat sich die Situation der Künstler verbessert." Er hat schon frühmorgens, bevor wir kamen, aus den Wäldern Zweige des Maulbeerbaums geholt, die jetzt vor uns in einem riesigen Bottich dampfen. Rotwangige, dicke Landfrauen schälen dann die aufgeweichte Rinde ab, trocknen die Holzfasern in langen Streifen und waschen sie im eiskalten Quellwasser des Dorfbachs, bis sie blütenweiß sind. Die ausgebleichten, inneren Fasern werden anschließend mit einer klebrigen Pflanzenstärke versetzt und verdicken sich zu dem Grundstoff, aus dem einmal feines handgemachtes Papier wird, „Washi", wie die Japaner sagen.

„Die meisten Frauen sind schon über 30 Jahre bei mir, eine sogar schon über 50 Jahre", sagt Abe, der die Kunst von seinem Onkel gelernt hat, und der wieder von seinem Vater: ein Familienbetrieb über Generationen. Abe beschäftigt zehn Angestellte und einen Lehrling. Der Lehrling ist sein Enkel. Ihm hofft Abe die hohe Schule des Papiermachens so beibringen zu können, daß er eines Tages sein Nachfolger wird. Der alte Mann überwacht die Mischung der Farben, die aus einem Gemenge von Pflanzenmark in einem anderen Bottich hergerichtet werden. Er arbeitet nur mit Naturfarben: „Wenn Papier schön sein soll, dann muß es ganz natürlich sein." Er beugt sich über einen

großen Kübel und tunkt einen Holzrahmen, über den ein Schirm aus feinem Bambusgitter gespannt ist, in die mit Farbe vermischte Papierlösung.

Fünfmal, sechsmal wirbelt der Meister den Rahmen durch die Flüssigkeit, bis sich die einzelnen Fasern auf dem Bambusgitter verbinden und zu einem dünnen Film zusammenkleben. Dann reißt er den Bambusschirm aus dem Kübel und über den Kopf. Wasser spritzt herunter. Vorsichtig schält Abe das nasse Papier ab und streicht es mit einem Pinsel aus Ziegenhaar auf ein riesiges Brett, wo es die nächsten Stunden im Freien trocknet. „Wenn ich hart arbeite, kann ich 300 solche Bögen am Tag machen", sagt der Künstler stolz.

Papier ist nicht einfach Papier. „Kozo" ist fest wie Leinen, grob und dick. „Mitsumata" ist weich und glänzend wie feine Baumwolle. „Gampi", die „Königin der Papiere" gilt als dicht, seidig und praktisch unzerstörbar. Aus diesem Papier macht Abe auch wasserabweisende Kleidungsstücke, sogar Schuhe. Die Farbpalette reicht von Indigoblau über Safrangelb und Weidengrün zu Lilienweiß.

Schon im 7. Jahrhundert kannten japanische Künstler die Technik des Papiermachens, erzählt er, und später hätten selbst europäische Maler wie Rembrandt gern auf hochwertigem Fernostpapier skizziert. Heute wird Abes Papier vorwiegend für feine Buchdeckel oder Shoji-Wandschirme verwendet – es ist fast zu schade, um nur drauf zu schreiben. Den Bauernsohn aus Izumo, der nur vier Volksschulklassen besuchte, hat seine Kunst weltberühmt gemacht: Sein klassisch-schönes Papier wurde schon auf Ausstellungen in Paris, New York und San Franzisko gefeiert.

Auf der Bühne des Kabuki-Theaters in Tokio fällt die Welt einer alten Frau in Stücke. Sie soll ihre über alles geliebte Tochter eigenhändig umbringen – die wünscht sich das so, weil sie nicht den Mann ihrer Wahl bekommt, sondern von ihrem Vater einem tyrannischen Prinzen zur Frau versprochen wurde. Die Alte leidet – und wie sie leidet: tänzelnd und taumelnd in der einen Minute, tapsend und tastend in der nächsten, die Schultern vor Gram eingezogen, die Stimme nur noch ein schwaches, schauderndes Krächzen, das klingt, als käme es aus einem Grab. Die Zuschauer haben längst die mitgebrachten Butterbrote und Reisschälchen beiseite gelegt – schließlich dauert so eine Vorstellung fünf Stunden, da braucht man Proviant – und sind aufgesprungen.

„Matte imashita", ruft einer begeistert zur Bühne hinauf. „Auf diese Stelle habe ich gewartet!" Und ein anderer schreit anfeuernd: „Utaemon Nipponichi, Utaemon, Du bist der Stolz Japans!"

Nakamura Utaemon VI ist in Japan so bekannt wie Inge Meysel und Heinz Rühmann zusammen – und er hat von beiden etwas. Nakamura, sechste Generation einer berühmten Schauspielerfamilie, ist ein Mann, aber er spielt seit seinem fünften Lebensjahr nur weibliche Rollen: zunächst das unschuldige Mädchen, dann die verführerische Geliebte, später die treue Gattin, jetzt die tragische, alternde Heldin. Der 66jährige Schauspieler schlüpft derzeit fünf Stunden am Tag, 25 Tage im Monat, acht Monate im Jahr in die Rolle einer Frau. Er ist im Hauptberuf Transvestit, sozusagen.

Kabuki-Theater – „Ka" für Gesang, „Bu" für Tanz und „Ki" für Schauspielkunst – stammt aus dem Beginn des 17. Jahrhunderts. Es entwickelte sich während der langen Friedenszeit unter den Tokugawa-Schogunen (1603–1867), die das Land rigoros gegen alle Einflüsse der Außenwelt abschotteten. In dieser selbstgewählten Isolation Japans blühten der Wohlstand und die Künste. Doch die neue Mittelklasse der reichen Kaufleute wollte Unterhaltung, nicht immer nur das Masken-Theater Noh mit seinen schweren, intellektuellen Texten, sondern etwas Handgreifliches, Deftiges.

Da kam den Herren die verkrachte Tempeltänzerin Okuni gerade recht. Sie führte unter Musikbegleitung eigene Stücke vor, die vor erotischen Anspielungen nur so strotzten, und in denen ordentlich was passierte. Bald machten es ihr andere nach, vor allem die Freudenmädchen aus den Vergnügungsvierteln. Die Zuschauer kamen, sahen und schleppten ab – diejenigen Dirnen, die sich am aufreizendsten in Szene gesetzt hatten. Die Kabuki-Bühne war dabei, sich in einen mittelalterlichen Kontakthof zu verwandeln. 1629 sah sich die sonst gar nicht so prüde Obrigkeit gezwungen, gegen die Unsittlichkeit einzuschreiten: Kabuki wurde verboten.

Doch wenige Jahre später war das Volkstheater wieder zurück, und große Dichter fingen an, neben frivolen auch dramatische und tragische Stücke fürs Kabuki zu schreiben. Der Trick, mit dem sie die Zensur unterliefen: Alle Frauenrollen wurden mit Männern besetzt. Damit diese „Onnagata", die Frauen-Verkörperer, ihre Sache möglichst gut machten, sollten sie nach Empfehlung eines Handbuchs aus dem 18. Jahrhundert „nicht nur auf der Bühne, sondern auch im Privatleben wie Frauen denken, handeln und fühlen". Die Identifi-

zierung mit der Rolle soll damals so weit gegangen sein, daß einzelne „Onnagata" die Damentoilette benutzten. Was für Folgen hat es für das Privatleben des Schauspielers Nakamura Utaemon VI denn heute, daß er als Frau so erfolgreich ist?

Wir besuchen Nakamura morgens, vor seinem Auftritt in der Garderobe, wo er sich, wie jeden Tag, selbst schminkt. Sein Körper wirkt zart, fast gebrechlich, die Finger sind feingliedrig, viele seiner Gesten feminin: die Art, wie er seine Hand bewegt, wenn er spricht, die Art, wie er eine Haarlocke richtet, die außer Ordnung geraten ist. Er will nicht über sein Privatleben sprechen, aber zu erfahren ist, daß er zwei Söhne und einen Neffen hat, die sich alle für die Kunst interessieren. Einem von ihnen – dem besten Schauspieler, nicht notwendigerweise einem leiblichen Sohn – wird er später den Künstlernamen Utaemon vermachen. Der darf dann das Familienwappen, zwei gekreuzte Liederbücher, weiterverwenden und seinerseits an die nächste Generation vererben, wie die Familie das seit über 200 Jahren tut. Der Anspruch auf den Titel „Nationalheiligtum" ist damit natürlich nicht verbunden – den kriegt nur der beste aus der ganzen Branche.

Der kleine Schminkraum mit dem großen Spiegel und Hunderten von Töpfchen ist

244

etwa so anheimelnd wie eine Friedhofs-kapelle. Scheue Schauspieler mit Neben-rollen schauen herein, verbeugen sich ehrfürchtig vor dem Meister oder fallen gar auf die Knie. Assistenten bringen flü-sternd und auf Handzeichen Schminkpin-sel. Und überall stehen Wachsblumen.

Während wir fasziniert die Geschlechts-umwandlung von Herrn Nakamura zur gramgebeugten Prinzessinnen-Mutter be-obachten – das Gesicht schminkt er sich maskenhaft weiß, dann setzt er sich die eigens für ihn angefertigte, 20 Pfund schwere Perücke aus echtem Frauenhaar auf, als letztes wird der Kimono kunstvoll festgeschnürt –, beantwortet der Schau-spieler unsere Fragen. Er überprüft, er-zählt er, seine Bühnenleistungen durch Videoaufzeichnungen. Er sieht gern Hollywoodfilme, aber nur die alten, bevor-zugt mit Marilyn Monroe. Er trinkt nicht, um das Falsett seiner Stimme nicht zu gefährden. Kabuki ist für ihn „absolutes, kulinarisches Theater, bei dem es nur auf den Schauspieler ankommt – die Stücke kennt ja ohnehin jeder". Für westliches Theater hat er sich nie interessiert, Deutschland verbindet er mit dem Begriff „Autobahnen" – und dem Spielcasino von Baden-Baden. „Das ist meine große Schwäche", sagt Nakamura. „Ich spiele so gern." Als die cleveren Stadtväter von Las Vegas das bei seiner letzten Amerika-Tournee spitzkriegten, haben sie ihn zum Ehrenbürger der Spieler-Stadt ernannt. Er hat dafür die Automaten ausgeräumt.

Von der Bühne dringen Schreie herüber: Das Publikum zürnt dem Bösewicht. Nakamura macht sich fertig. Er hat wie immer Lampenfieber, will die letzten Minuten vor dem Auftritt allein sein. „Nie-mand kann das Wesen und die Schönheit der Frauen so erfassen wie wir, die Onna-gata", sagt er zum Abschied. Und Frauen selbst? – „Niemals. Was wissen die denn schon davon?"

Gonroke Matsuda hat 1933 in Berlin Adolf Hitler getroffen. Matsuda war schon damals ein in der gesamten Fachwelt berühmter Lack-Künstler. Der Führer schlug ihm einen Wettbewerb vor: Deutsche und japanische Experten sollten im friedlichen Wettstreit den Natur-Lack zu übertreffen versuchen und den härtesten und bestän-digsten Kunst-Lack herstellen. Matsuda erinnert sich noch heute daran, daß er damals herumgestottert hat und sagte, er fände die Idee „natürlich sehr interes-sant". Aber er war sehr froh, daß das Pro-jekt nie in ein konkreteres Stadium über-ging und bald ganz vergessen war. Matsuda hätte wahrscheinlich weder gewonnen noch verloren – bis heute ist es keinem Labor gelungen, einen Stoff mit den Eigenschaften zu entwickeln, der dem natürlichen Lack auch nur annähernd gleichkommt. Gonroke Matsudas Arbeitsmaterial widersteht Wasser, Wind und Witterung über Jahrhunderte, und selbst ätzenden Säuren.

Die Substanz für diesen Wunderstoff gewinnt Matsuda durch einen Schnitt in die Rinde des japanischen Lackbaums (Rhus vernicifera). Er verwendet nur Lack aus einer bestimmten „Anbau"-Lage, von zehn Jahre alten Bäumen, die während 50 Tagen im Juli oder August angezapft werden müssen. Bei Temperaturen von 20 Grad und bei feuchter Luft auf Holz, Leder oder Papier aufgetragen, trocknet und erhärtet sich die zähe Flüssigkeit innerhalb von zwei Tagen – und dann geht der Lack nie wieder ab.

Der Japaner hat das Auto des deutschen Botschafters in den vierziger Jahren mit Lack überzogen, Teile der Innenwände des Luxus-Schiffs „Queen Mary", auch schon einen Eisenbahnwagen. Aber Matsuda ist nicht an einer kommerziellen Verwertung des Lacks gelegen, an die auch Hitler bei seiner Wette gedacht haben mag: Er ist Künstler, er bemalt Lackdosen mit Mustern, verziert sie mit Einlegearbeiten und Goldstaub.

Hört sich einfach an? Von wegen –

Matsuda braucht pro Schale oder Dose oft ein Vierteljahr. Zuerst schnitzt er ein Kerngehäuse aus dem Holz der japanischen Zypresse. Nach dem sorgfältigen Abschmirgeln wird die erste Schicht von Lack zusammen mit einer Reispaste aufgetragen, dann mit der porenschließenden Gerbsäure des Dattelpflaumenbaums imprägniert. Anschließend schmiert der Künstler mit einem Spachtel eine besondere Mischung aus Lack und gebranntem Lehm auf die Dosenoberfläche – bis zu 30 verschiedene Schichten Lack, die alle geglättet werden und jeweils zwei Tage trocknen müssen. Erst dann beginnt die eigentliche künstlerische Arbeit.

Matsuda führt uns in sein Arbeitszimmer. Er trägt eine lange, tiefblaue Schürze über seinem Seidenkimono, setzt sich, die Beine über Kreuz, auf eine Tatami-Matte. Der winzige Raum geht zu einem kleinen Garten hinaus, die Tür ist geschlossen, das Fenster – unüblich in japanischen Häusern – aus dickem Glas. „Das muß sein", sagt der rüstige 86jährige Mann, der noch immer keine Brille braucht. „Es ist wichtig, daß kein Staubpartikelchen auf die Lackarbeiten fällt, solange sie noch feucht sind, sonst ist eine monatelange Arbeit ruiniert." Dann zeigt er uns die Bambuspinsel, mit denen er die Muster auf seine Kunstwerke aufmalt – alle von ihm selbst hergestellt, mehr als hundert an der Zahl, aus weichem Frauenhaar, buschigen Pferdemähnen, in allen Variationen von Katzen-, Marder-, Kaninchen-, Ratten-, Ziegen- und Dachshaar.

Matsuda verwendet nur natürliche Farben. Das satte Blau beispielsweise gewinnt er aus der Awabi-Muschel, die man am besten nach einem Taifun an einem bestimmten Abschnitt der Küste Südjapans findet. Für Einlegearbeiten nimmt er besonders gern die Schalen von Wachteleiern. Neulich hat er 650 am Stück gekauft, von denen er mangels Glanz nur 23 gebrauchen konnte. „Seither essen wir nie mehr Wachteleier", sagt schmunzelnd Frau Matsuda, eine würdige alte Dame, deren Runzeln mit ihren Lachfältchen wetteifern.

Genauso wählerisch ist der Künstler mit seinem Goldstaub. 15 Sorten hat er, sorgfältig abgepackt, vom Sandgröbsten bis zum Staubfeinsten. Mit einem seiner Tsu-tsus, kleinen Röhrchen aus Bambus und Kranichfedern, stäubt Matsuda Gold auf eine noch nasse Lackdose. Er hält das Instrument wie eine Flöte, die Bewegungen der Finger geben eine unterschiedliche Maserung. Der Meister variiert, dreht die Handkuppen rhythmisch, es regnet Gold. Wir halten den Atem an. Alles in Ordnung – auf der Lackdose ist ein Baum entstanden. „Wenn ich Wolken oder Nebel will, dann streue ich langsamer",

sagt Matsuda. Das Kunstwerk wird, wenn es trocken ist, noch mehrmals durch kreisende Daumenbewegungen mit einer Mischung aus Rehhornpulver und Saatöl poliert.

Das Wichtigste für Matsuda ist die Idee des Designs. Seine Motive kommen aus der japanischen Umwelt. Er trägt ständig ein Notizbuch mit sich herum, um neue Einfälle aufzumalen, skizziert in der ersten Begeisterung auch mal auf eine Restaurant-Serviette. Sorgfältig schnürt er mit seinen ruhigen Händen vor mir ein Päckchen auf, in dem wieder ein Päckchen ist, und dann noch eines – und darin liegt endlich sein letztes vollendetes Meisterwerk: der Fujiyama, Japans heiliger Berg, auf Lack, in Gold und Eierschale. Es ist ein Werk fürs Museum – der Meister verkauft nur noch selten, er arbeitet für die Ewigkeit. „Ich hab's gemacht wie die Künstler in alten Zeiten. Genau wie in den alten Zeiten", sagt Gonroke Matsuda.

Glocken klingen alle gleich, so wie Glocken eben klingen? Hatte ich auch gedacht, bis ich die Glocken von Masahiko Katori hörte. Jetzt weiß ich: Glocken können dumpf und drohend dröhnen, sie können kämpferisch donnern, hämmern, pochen, sie können wehklagen, winseln und brummen, hell wie ein Mädchenlachen klirren, übermütig bimmeln und Freude und Triumph herausschmettern. „Glocken sind wie die Menschen, die sie machen", sagt Katori. Er ist 84 Jahre alt und sollte es wissen, denn seit fast 40 Jahren stellt er jetzt Glocken her, hat allein schon 108 riesige bronzene Tempelglocken gebrannt und mit seinem Namen gezeichnet. Gelernt hat er das Gewerbe von seinem Vater, der Professor an der Universität und selbst ein berühmter Künstler war.

Vater und Sohn begannen gemeinsam in den dreißiger Jahren, die Glocken in den alten Schreinen Japans zu restaurieren. Ihre Tätigkeit erlitt im Zweiten Weltkrieg einen schweren Rückschlag, als die meisten Tempelverwalter die großen Metallobjekte der Regierung zum Einschmelzen spendeten – als symbolische Unterstützung der Kirche für den „nationalen" Feldzug. Katoris Vater starb aus Gram über diese würdelose, schändliche Zerstörung von Kunst. Bevor Katori mit der Arbeit beginnt, besucht er immer zuerst die Stätte seines zukünftigen Kunstwerks: Lokaltermin am Glockenturm. Dann bespricht er sich mit den Priestern und zeichnet erste Entwürfe aufs Papier. Mit einem Plan geht er dann zu der Fabrik, mit der er zusammenarbeitet und kümmert sich um die Form und das Brennen. Katori ist bei jedem Stadium der Produktion dabei, die im Durchschnitt sechs Monate dauert.

Anders als die Glocken im Westen mit ihrem breiten Sockel und dem daraus folgenden höheren Ton, sind Katoris Lieblingsglocken fast tonnenartig geformt und laufen erst zur Spitze etwas enger zu. Manche ragen höher auf als ein großgewachsener Mann, andere sind kleiner als ein Kind. Der Meister reguliert den Klang je nach Bestimmungsort und Funktion, aber ein sattes und tiefes Dröhnen ist ihm am liebsten. Seine Lieblingsglocke steht in Hiroshima, auf ihr ist das Wort „Heiwa" (Friede) eingraviert. Jedes Jahr am 6. August, dem Abwurftag der Atombombe, schlägt eines der Opfer die „Friedens-Glocke" an.

Einem anderen seiner Kunstwerke hat der graubärtige Katori „die Stimme Buddhas" als Inschrift gegeben. „Früher, als ich noch keine Glocken machte, hatte ich keine Beziehung zu Religion", sagt er. „Aber mit der Arbeit wurde ich immer gläubiger. Meine Kunst erfordert, daß man mit sich, seiner Umwelt und mit Gott ganz im reinen ist." Er hat drei Söhne, keiner in der Familie ist seinem Beruf gefolgt. Aber das „Nationalheiligtum" Katori hat genügend Lehrlinge. Einige, glaubt er, seien so gut, daß sie einmal in seine Fußstapfen treten könnten.

Jeden Tag genau um die Mittagsstunde schlägt er die Glocke an, die er sich für seinen Garten in einem Tokioter Vorort gebaut hat. Mit einem schweren Kiefernklotz versetzt er dem Metall manchmal Hiebe, manchmal streichelt er es nur. „Ich verehre dieses Material", sagt er und blickt zärtlich zur Glocke, als handle es sich bei dem Ding vor uns um eine Geliebte aus Fleisch und Blut. Später, beim Tee sagt seine Frau Fusae: „Er ist eben ein richtiger Glockenmacher. In Feuer, Schlamm und Schweiß."

Wann immer wir in die schöne, gemütliche Wohnung von Fumiko Yonekawa kamen, wurden wir fauchend angesprungen. Katzen, überall Katzen. Geschmeidige, glänzende, grünäugige Siamesen, schnaubende, schwarze Kater. Katzen-Porzellanfiguren zur Zierde auf der Kommode, Katzen in Keramik als Zigarettenhalter. Frau Yonekawa liebt Katzen. Für sie, sagt sie, habe sie gelebt. Und für die Koto, ein harfenähnliches Musikinstrument, das sie beherrscht wie sonst niemand auf der Welt. Seit sie drei Jahre alt wurde, übt sie Tag für Tag sechs Stunden auf der Koto. Jetzt feierte die Dame gerade ihren 88. Geburtstag.

Die Koto ist ein etwa zwei Meter langes, 30 Zentimeter hohes Holzinstrument mit Saiten aus Seide. Man spielt sie im Schneidersitz. Nach der Legende hat die Koto die Form von einem verwunschenen hockenden Drachen angenommen und kam vor etwa neun Jahrhunderten von China auf die japanischen Inseln. Sie wurde zum einzigen Instrument, das am Kaiserhof zugelassen war, nur hochgestellte Fürsten durften die Harfe spielen. Erst im Lauf der Jahrhunderte konnten auch Töchter adliger Beamter oder Kaufleute spielen lernen.

Fumiko wuchs als eines von neun Kindern in einer traditionsbewußten, auf ihre Samurai-Überlieferungen stolzen Familie auf. Zusammen mit ihrer blinden Schwester übte sie, komponierte sie, sang sie zu den weichen Harfenklängen — und kam nicht mehr los von der Koto. Heute ist ihr Körper eingefallen, zittrig und zerbrechlich. Ihre Adoptivtöchter müssen sie zum Instrument tragen. Aber dann fängt sie an zu spielen, und ihre wunderbaren langgliedrigen Finger gleiten über die Saiten, elegant und gezügelt, als seien sie der Beweis für den erfolgreichen Kampf gegen das Altern. Für ewige Jugend.

„Man muß das Instrument besser beherrschen als seinen Körper", sagt sie, die ihren Schülern immer noch eine strenge und unerbittliche Lehrmeisterin ist. Ihr ist die Kunst des Koto-Spielens — bei aller Begabung — mitunter auch eingeprügelt worden: Wenn sie sich verspielt hatte, erzählt sie, habe es öfter Schläge gesetzt.

Der schlimmste Moment in ihrem Leben? Das war im Krieg, als ihr Haus in Tokio von einer Bombe getroffen wurde und lichterloh zu brennen anfing. Fumiko Yonekawa rannte damals in Panik davon – und kehrte nach einigen Minuten in die Flammenhölle zurück. Sie hatte ihr Lieblingsinstrument vergessen, ihren Lebensinhalt, ihre Koto. Und fand sie noch, unversehrt.

Die Kotospielerin Yonekawa, der Glokkenbauer Katori, der Lackmaler Matsuda, der Kabuki-Darsteller Nakamura und der Papiermacher Abe – fünf von 66 lebenden Denkmälern, die mit Unterstützung der japanischen Regierung dafür sorgen sollen, daß ihre Kunst ihren Tod überlebt. Einige von ihnen, etwa der Frauen-Interpret Utaemon VI, sind populär wie Filmstars. Andere sind Kultfiguren, etwa der 85jährige Schwertmacher Sadaku Gassan, dem die Japaner nachsagen, mit seinen nach einem Geheimrezept gehärteten Stahlklingen hauche er „der Seele des Samurai" neues Leben ein. Viele sind nahezu unbekannt, etwa der Töpfer Toyoza Arakawa, der in der Einsamkeit Zentraljapans die Reste eines alten Brennofens entdeckte und der jetzt selbst an dieser historischen Stelle nach Ton buddelt und, fast spielerisch, daraus Kunstgegenstände schafft, die so schön wie einfach und nützlich sind. So schön,

250

weil sie einfach und nützlich sind, wie er sagt: Kannen und Schalen für Nippons traditionelle Teezeremonie.

Für eine Handvoll dieser alten Meister ist die Jahresrente von 25.000 Mark nur ein besseres Trinkgeld. Etwa für Kako Moriguchi, den 72jährigen Färbermeister aus Kyoto, der für das Kaiserhaus Seidenkimonos entwirft und handverziert. Ihre zeitlose Eleganz und makellose Ausführung machen sie zu den vielleicht schönsten, sicher aber auch teuersten Kleidungsstücken der Welt: Unter 100.000 Mark ist keiner seiner Kimonos zu haben.

Doch die Mehrheit der ausgezeichneten Künstler ist auf die finanzielle Denkmalspflege angewiesen. Einer von ihnen ist Tamao Yoshida, der König der japanischen Puppenspieler. Wenn der 65jährige Meister aus einem der leblosen Holzgebilde in seiner Hand allein durch das virtuose Hantieren an 40 verschiedenen Hebeln und Rollen eine eifersüchtige, leidgebeugte Geisha oder einen grimmigen, zur Rache entschlossenen Samurai zaubert – dann ist das fast wie ein neuer Akt der Schöpfungsgeschichte. Bevor sich Yoshida an den Kopf und die Hände der traditionellen Puppen wagte, hat er 15 Jahre nur an den Marionettenbeinen geübt, die jetzt auf der Bühne von seinen schwarzgekleideten Assistenten manipuliert werden.

Das „Bunraku"-Puppentheater in Osaka, das einzige seiner Art, das es in Japan noch gibt, leert sich. Nur die Hälfte der Plätze war belegt, fast nur alte Leute haben die Vorstellung besucht. Wir holen den Meister von der Garderobe ab. Wie lange wird er noch mit klassischen Puppen spielen? Hat Bunraku noch eine Zukunft? Yoshida sagt: „Ich kann meine Kunst weitergeben, und meine Assistenten sind schon sehr gute Spieler. Aber ich kann niemanden zwingen, unserem Spiel zuzuschauen. Ohne staatliche Unterstützung könnten wir das Theater längst nicht mehr halten." Dabei haben noch im 17. Jahrhundert, als in Europa Shakespeare und Molière ihre Stücke für Schauspieler schrieben, Japans berühmteste Schriftsteller für das Puppen-Theater gedichtet – Bunraku ist älter sogar als Kabuki.

Wir gehen durch Osakas hellerleuchtetes Vergnügungsviertel. In kreischig-dröhnenden Videohallen spielen Japaner aller Altersgruppen mit Figuren, die sie nicht mehr mit Holzhebeln, sondern per Elektronik manipulieren: Space Invaders, Defenders, Weltraummonster. Gronk! Flash! Zap! Und in Patchinko-Hallen jagen sie schwirrende Kugeln durch flipperähnliche Automaten, die man kaum noch steuern kann. Sie lenken sich dabei durch die in die Automaten eingebauten Fernsehgeräte ab: Es läuft gerade wieder eine der primitiven Mord- und Totschlagserien. Oder durch eines der sadistischen Comic-Heftchen, die im Land der aufgehenden Sonne Lektüre Nummer eins sind.

Nein, Japans lebende Kunstdenkmäler haben nicht mehr viel mit diesem Japan zu tun. Sie verkörpern das alte, das altmodische Nippon, sie sind würdevolle Apologeten einer verlorenen Zeit: Handwerker, die sich das Roboter-Zeitalter leistet. Auf dem Weg von einer gänzlich abgeschotteten, in sich selbst ruhenden Dorfgemeinschaft zu einer weltoffenen, super-materialistischen Gesellschaft hat auch Japan schon einen Großteil seiner Volkskunst, seiner kulturellen Identität verloren. Dem Mode-Diktat westlicher Designer wird nirgendwo so herdenmäßig-gläubig gefolgt wie in Tokio. Amerikanische Plastik-Popmusik findet nirgendwo außerhalb der Vereinigten Staaten so kritiklos-verzückte Anhänger. Für eine intellektuelle Elite ist das überlieferte Handwerk Anlaß zum Stolz oder zur Rückbesinnung auf alte Werte. Für die Masse der Japaner ist es fast so fremdartig wie für uns: Sie ist längst unterwegs zu neuen, westlichen Ufern.

Doch wenn auch Nippons Traditionskunst

nur künstlich am Leben erhalten wird, wenn sich die Puppenspieler, Kimonofärber und Schwertmacher auch oft vorkommen müssen wie lebende Anachronismen: Es ist schön und tröstlich und sehr befriedigend, daß es sie gibt und daß sie daran arbeiten können, ihre Kunst der nächsten Generation weiterzugeben – selten wohl hat eine Regierung 1,5 Millionen Mark jährlich besser angelegt.

Nippons Staatsmacht hat die Idee zur Förderung der „National-Heiligtümer" von den alliierten Besatzern übernommen und zuerst nur zögernd verwirklicht. Nippons Staatsmacht wirft jetzt ausgerechnet diesen Alliierten vor, für die Erosion der traditionellen japanischen Werte verantwortlich zu sein und damit die steigende Jugendkriminalität, die Scheidungszunahme und die Gewalt in den Schulen mitgefördert zu haben. Erziehungsminister Mitsuo Setoyama im Originalton: „Es war die Politik der Besatzer, japanische Moral, japanische Sitte, japanischen Brauch zu zerstören. Es gibt heute nicht ein einziges Buch, das unsere Kinder lehrt, ihre Eltern zu ehren, weil die Besatzungspolitik der Ansicht war, dies sei falsch."

Der Erziehungsminister irrt, und zumindest bei der Literatur, die er vermißt, ist das leicht zu beweisen: Es gibt solche Bücher. Kenji Suzki beispielsweise hat an die 50 Werke geschrieben, in denen die alten Werte hochgehalten werden. „Wie sich die Frau im Büro verhält", ist sein letzter Titel. Er enthält ein ganzes Kapitel über den korrekten Beugewinkel bei der Verneigung („das ist genau 40 Grad") und wie man ihn übt, neun Seiten über die „Kunst, grünen Tee zu servieren", sieben Seiten über die richtige Tonhöhe bei der Entschuldigung gegenüber dem Chef. Während nach Meinung des Autors noch vor dem Zweiten Weltkrieg mit den japanischen Manieren „alles in Ordnung" gewesen sei, fehlt es jetzt an jeder Form des „gesunden Zusammenlebens" („Joshiki").

Frauen denken, sie müßten höhere Arbeiten erledigen – falsch, sagt Suzuki, sie seien nun einmal mehr mit Gefühl als mit Gehirnschmalz gesegnet. Männer sind „schändliche Waschlappen" geworden und pochen nicht einmal mehr auf ihr Recht, zuerst bedient zu werden und als erste zu baden. Selbst die „edle Kunst", Namenskarten mit der nötigen Demut zu präsentieren, ist Suzuki zufolge in der Auflösung begriffen. Der einfache Rat des Autors: Die Japaner müssen sich an ihren Ahnen orientieren – früher war alles in Ordnung.

Kenji Suzuki ist mit dermaßen schlichtem Gedankengut ein erfolgreicher Autor geworden: Mehr als fünf Millionen Bücher beträgt seine Gesamtauflage. Und das in einer Zeit, in der immer mehr Frauen und Männer in Japan zu emanzipatorischen Büchern greifen, in der Architekten wie Nobuo Hozumi oder Arata Isozaki nach befreiend-menschlichen, lichten Formen suchen, in der Regisseure wie Kon Ichikawa oder Nagisa Oshima die Abkehr von blinden Nachahmungsmustern predigen. Das wirkt wie ein unauflöslicher Widerspruch. Oder brauchen auch die „progressiven" Japaner die geistige Sicherheit und den Rückhalt durch die Bewahrung des „Ewig-Japanischen"? Sind die Rituale – Sich-Verbeugen, Tee-Zubereiten, Entschuldigung-Sagen – die einzig möglichen Rückzugspunkte für eine durch moderne Einflüsse verunsicherte Nation?

Shinya Fujiwara, 39 Jahre alt, ist einer von der jungen Generation der erfolgreichen, progressiven Schreiber. Sein Buch „Tokyo Hyoryu" („Sich treibenlassen in Tokio"), das die wahre Geschichte eines Elternmordes in einem wohlhabenden Vorort der Hauptstadt nacherzählt, hat ihn zu einer Kultfigur gemacht. Während für ihn die siebziger Jahre noch eine Periode waren, in der die Japaner „Glück in einer freiwilligen Unterordnung, im willigen Gehorsam suchten", glaubt er heute, daß der Hunger nach materiellen Dingen in

eine „verzweifelte Suche nach spirituellen Werten eingemündet ist". Fujiwara rät seinen Anhängern, nicht blind dem Pfad der Alten zu folgen, sondern „eigene Werte" zu schaffen – leichter gesagt als getan. Als Anhaltspunkt, immerhin, empfiehlt er Elemente der bestehenden japanischen Religionen einzubeziehen: „Um die kennenzulernen, gibt es nur eine Möglichkeit: Sich selbst den spirituellen Übungen auszusetzen."

Die Erleuchtung läßt auf sich warten. Aber die Schmerzen haben sich schneller eingestellt, als ich es für möglich gehalten hatte. Meine Uhr mußte ich auf Anweisung des Abtes ablegen und so weiß ich nicht, wie lange ich schon zusammen mit einem Dutzend kahlgeschorener Mönche in dem abgedunkelten Meditationsraum des Eiheiji-Klosters sitze. Doch was heißt schon sitzen! Ich kauere mehr, die Beine übereinandergeschlagen, versuche ständig das Gewicht auf den Pobacken neu zu verteilen, Kopf hoch, Rücken durchgestreckt. Lotossitz nennt sich diese Marter, die mir die heiligen Männer beigebracht haben.

Alle paar Minuten höre ich in der unheimlichen Stille das schleifende Geräusch von Schlappen. Der Abt. Haltungskontrolle. Und dann spüre ich den fingerdik-

253

ken Holzstock, der auf meine rechte Schulter niedersaust wie der Hieb einer Peitsche. Strafe für mangelnde Konzentration. Und ich habe die Hände zu falten und mich mit einer tiefen Verbeugung für die Züchtigung zu bedanken.

Zen-Meditation am gottgeweihten Berg von Eiheiji in Westjapan. Ich starre, wie befohlen, auf die Zementwand zehn Zentimeter vor mir und versuche nun endlich das Denken auszuschalten. Denn darum geht es: Zen soll mir helfen, mein eigenes Ich zu überwinden. Jede Existenz sei Illusion, aufrechtzuerhalten lediglich durch die Tätigkeit des Verstands, hat der buddhistische Sektengründer Bodhidharma im 6. Jahrhundert gelehrt. Nur durch die direkte Kommunikation des Herzens mit Gott könne man zur Erleuchtung kommen, nicht durch den Intellekt. Aber statt mich meditativ zu entspannen, zähle ich verkrampft die Sekunden und löse – zum wievielten Mal? – ein Schachproblem, das mir nicht aus dem Kopf will. Die Betonstruktur vor mir nimmt Formen an, einmal die Umrisse Europas, dann den Körper einer kauernden Ballett-Tänzerin. Ich weiß, daß mir das flackernde Licht der Kerzen einen Streich spielt. Doch ich komme nicht gegen die Täuschung an.

Endlich dröhnen mächtige Gongschläge aus der Haupthalle des Klosters, kündigen das Ende der Meditation an. Ich gehe mit den Mönchen zum gemeinsamen Frühstück: Reissuppe und Kohl. Ich bekomme meine Uhr wieder. Es ist kurz vor halb fünf – und damit noch nicht einmal eine Stunde her, daß mich ein Ordensbruder an meiner harten Schlafstatt auf dem Klosterboden wachgerüttelt hat. Ich habe 45 Minuten stillgesessen. Bodhidharma, der Urvater des Zen-Buddhismus, hat zwanzig Jahre im Lotossitz meditiert, die ganze Zeit ohne zu sprechen, immer eine Wand vor sich. Dann war sein Kopf leer, und er empfing „Satori", die göttliche Erleuchtung.

Zen, das aus Indien („Dhyana") nach China kam und dort vor seinem Siegeszug in Japan als „Ch'an" weiterentwickelt wurde, läßt sich schwer klassifizieren. Es ist keine Philosophie, keine Religion, auch keine Form des Mystizismus, als das es im Westen manchmal angesehen wird. Zen zwingt keine Dogmen auf, kennt kein geschriebenes Glaubensbekenntnis, keine Kultgegenstände. Zen ist nichts anderes als eine bestimmte Erfahrung, bei der die selbstversenkende Meditation im Mittelpunkt steht, das Ziel, sein Ego im Allgemeinen aufgehen zu lassen. So versucht Zen die Grundlagen der menschlichen Natur zu erforschen, und die Voraussetzung dafür ist der brennende

Wunsch, seine eigenen Grenzen auszuloten. Bin ich dazu wirklich bereit?

Ein Möchtegern-Mönch mußte früher sieben Tage und Nächte vor einem Kloster verweilen, bevor er zum Aufnahme-Interview beim Weisen zugelassen wurde. Der große Meister Ganshu begann solche Gespräche stets mit der Frage nach dem Namen. Einer der Anwärter antwortete darauf: „Den werde ich sagen, wenn der Han-Fluß anfängt, seinen Lauf zu ändern und nach oben strömt." Darauf Ganshu: „Warum nicht jetzt?" Der Anwärter: „Hat der Fluß seinen Lauf schon geändert?" Da lud Ganshu den Mann ein, im Kloster zu bleiben und ein „Unsui" zu werden. „Wasser und Wolken" bedeutet wörtlich der Ausdruck für einen Zen-Zögling, so frei wie die Gebilde der Natur sollte er sich bei seiner Suche nach der Wahrheit bewegen können.

Kann die Erleuchtung durch angestrengte Meditation erzwungen, kann sie „programmiert" werden? Der berühmte Poet Hsin Ch'i-ch'i sagt in einem seiner Gedichte: „Hundert, ja tausend Mal hab ich nach ihr gesucht / Und dann, ganz plötzlich, drehte ich meinen Kopf, und da sah ich sie / Aufscheinen im Zwielicht". In dem Moment, will der Dichter wohl sagen, in dem er „plötzlich den Kopf drehte", hatte er seine brennende Suche aufgegeben – und hatte die Erleuchtung gefunden: Das ist der Weg des Zen, der über Jahrhunderte Künstler beeinflußte. Auch bei der Kunst wie der Malerei, dem Blumenstecken („Ikebana"), der Architektur oder der Tee-Zeremonie ist es das Aufgehen in die Handlung, das Sich-selbst-Vergessen in der Übung, das zählt: Es kommt nicht darauf an, etwas „Schönes" als Ergebnis zu schaffen, der Wert liegt in der Handlung selbst.

Immer mehr Japaner machen heute wieder ihre Erfahrungen mit der Lehre vom leeren Kopf. Die meisten nicht, weil sie selbst das unbedingt so wollen, sondern weil ihre Firmen sie dazu anleiten: Sie werden Mönche auf Zeit, wie ich. Der Chemie-Konzern „Kyowa Hakko" etwa verordnet seinen Mitarbeitern jährlich ein dreitägiges Zen-Training. Auf dem Programm: Meditations-Übungen mit Stockhieben für die Unaufmerksamen. Vorlesungen eines Priesters über „Religion und Gehorsam gegenüber der Obrigkeit". Ansprachen des Firmenvorstands Banzaburo Kato zu den Themen „Warum ich auf Japan stolz bin" und „Was es heißt, ein japanischer Geschäftsmann zu sein". Nach der „Gehirnwäsche" folgt ein gemeinsames Bad aller Anwesenden. Am letzten Tag schwört der Konzernchef dann noch einmal alle Neulinge der Firma

Shuniehi Mizuno

ein. Das Kloster erhält eine großzügige Spende. Die Priester segnen ihre Gäste und ziehen sich wieder in die Einsamkeit ihres Mönch-Daseins zurück – bis die nächste Delegation von Geschäftsleuten kommt. Der Besuch im Zen-Kloster erfüllt heute weitgehend keine spirituellen Zwecke mehr, er wird wirtschaftlich genützt. Aufgenommen wird nicht mehr nur der, dessen Antworten auf die Fragen eines Weisen die geistreichsten sind, sondern jeder, der seine Gebühren entrichtet; auch ich habe über 100 Mark pro Tag bezahlt. Kirche und Kommerz sind eine Symbiose eingegangen, die für Nippon immer typischer wird: Zen lehrt, das Denken an sich selbst einzustellen. Zen lehrt damit auch, sich selbst unterzuordnen und eine zugewiesene Aufgabe getreulich zu erfüllen. Zen lehrt die Kunst Motorräder zu verkaufen.

„Die Einstellung der Japaner zur Religion und damit zu ihrer Geschichte als Volk ist eines der wichtigsten Geheimnisse ihres Wirtschaftserfolgs", sagt Professor Masao Takatori von der Universität Kyoto. „Das hat man nur im Westen nicht begriffen." Über uns hängt, wie zum Beweis für die Worte des Professors, ein Plakat, das Japans berühmtestes Religions-Symbol zeigt, einen „Tororii". Der Torbogen, der bei jedem Schrein den geweihten Bezirk von der profanen Außenwelt abschirmt,

Der Mann, der sich eine Göttin baute

Der Arbeitsraum des Shuniehi Mizuno sieht aus wie das Laboratorium des Doktor Frankenstein im 21. Jahrhundert. Abgezogene, rosafarbene Haut, die sich erst beim Betasten als künstliche Vinyl-Masse erkennen läßt. Gekräuseltes, echtes Haar auf dem Fußboden. Ein unheimliches menschliches Skelett, das an eine Unzahl von Drähten angeschlossen ist. Blinkende Computer, die irgendwelche Daten anzeigen. Weiter durch das Schreckenskabinett hinein in den Raum, wo Mizunos Meisterwerk steht – ein Schocker. Denn selbst aus zwei Metern sieht es aus, als sei da, im wahrsten Sinn des Wortes, eine Legende auferstanden: Marilyn Monroe. Das blonde Haar fällt ihr lockig über die Schultern, die Augen sind blau und haben genau jenen verträumten Schlafzimmer-Ausdruck, von dem Generationen von Männern geschwärmt haben, der feingeschwungene Mund ist rot geschminkt. Das Silberkleid ist knapp geschnitten und zeigt Bein. Mizuno gibt ihr einen zärtlichen Klaps aufs Knie und sagt: „Dann wollen wir mal!" Und „Marilyn" beginnt sich zu bewegen, zwinkert mit den Augen, lächelt – und singt: „River of no return".
„Wie finden Sie meine Göttin?" fragt der 38jährige Elektronikfachmann, verheiratet, eine Tochter, mit Schöpferstolz in der Stimme. Dann reicht er, ohne die Antwort abzuwarten, die technischen Details nach: Ein Computerprogramm koordiniert die Bewegungen der Figur mit den Worten des Liedes. Allein den Gesichtsausdruck des Monroe-Roboters programmieren 85 luftangetriebene Zylinder – die Maschine hat damit theoretisch genauso viele Ausdrucksmöglichkeiten wie der Mensch mit seinen 85 Gesichtsmuskeln. Aus wissenschaftlich nicht erklärbaren Gründen wirkt „Marilyn" aber echter, wenn sie lächelt als wenn sie sich ärgert, das muß sogar der Meister zugeben. Die technische Seite interessiert ihn gar nicht so sehr, sagt er, deshalb hätte er seine gutbezahlte Stellung bei einer Computer-Firma nicht aufgegeben und wäre „Freier" geworden. Mizuno will schlichtweg den „neuen Menschen" schaffen.
Er behauptet, schon in wenigen Jahren werde es möglich sein, einen Computer so zu programmieren, daß er die Bewegungen eines Filmstars von der Leinwand „ablesen", analysieren und dann an eine Figur zur Verarbeitung weitergeben kann. Die Roboter-Puppen seien dann fähig, „Individualität" und „Charakter" des Vorbildes nachzuempfinden und in neuen, selbstgewählten Bewegungen auszudrücken: Es entstünde kein „MM"-Abklatsch, sondern ein zweites Original. Bis es soweit ist, verleiht Mizuno seine „Göttin" gegen eine Gebühr von 10.000 DM im Monat an Kaufhäuser. „Vermutlich kennen mehr junge Japaner Marilyn Monroe als Roboter denn als Schauspielerin", sagt er stolz.

ist gleichzeitig das vom Außenministerium gewählte, offizielle Symbol der japanischen Handelsmacht.

Für den, der an Statistiken glaubt, gibt es keinen Zweifel: Die Japaner sind das religiöseste Volk der Erde. Auf jedem zweiten Quadratkilometer ihres Landes steht ein Schrein, ein Tempel oder eine Kirche. Nur 189 Menschen müssen sich einen Priester teilen (Bundesrepublik: etwa 300). 98 Millionen bekennen sich zur japanischen Naturreligion, dem Shintoismus, 88 Millionen zum Buddhismus, knapp eine Million nennt sich christlich und weitere 13 Millionen beanspruchen irgendeine andere Religions-Zugehörigkeit – macht alles in allem 200 Millionen japanische Gläubige. Und das bei einer Bevölkerungszahl von knapp 119 Millionen.

Des Rätsels Lösung: Japaner sind flexibel, für sie gibt es auch beim Umgang mit den Überirdischen kein starres Entweder-Oder, sondern ein entschiedenes Sowohl-Als-auch. Eine ihrer alten Spruchweisheiten sagt: „Wenn es für den Menschen nicht seltsam ist, daß er zwei Augen hat statt eines, dann kann es auch nicht seltsam sein, wenn er zwei Religionen gleichzeitig folgt." So kommt es, daß die meisten Japaner zumindest doppelgläubig sind. Nippons Kinder haben nicht nur bei ihrer Auto- und Fernsehproduktion eine vorbildliche Arbeitsteilung eingeführt – auch bei ihren Göttern. In Japan gilt: Ein Glaube für jede Gelegenheit.

Getauft werden die meisten shintoistisch, die Jungen 32 Tage nach der Geburt, die Mädchen nach 33 Tagen. Geheiratet wird entweder shintoistisch mit dem traditionell japanischen Hochzeitskimono oder, jetzt immer häufiger, christlich – wegen der schönen weißen Kleider. Gestorben wird buddhistisch, weil dieser Glaube mehr Trost für die schweren Stunden bietet. Und das wär's dann – ein eventuelles Leben nach dem Tode interessiert die pragmatischen Japaner überhaupt nicht. Deshalb hatte es das Christentum in diesem Land immer so schwer und erreichte niemals auch nur ein Prozent der Bevölkerung. Abgesehen davon, daß die Japaner keine Religion akzeptieren können, die von sich behauptet, die einzig richtige zu sein, möchten sie sich auch nicht auf unbestimmte Belohnungen im Jenseits vertrösten lassen. Sie wollen von ihren Göttern profitieren. Hier und jetzt.

Die Japaner wissen sich dabei in einer vorteilhaften Position. Sie sehen sich, ähnlich wie die Juden, als das „auserwählte Volk". Ihr Schöpfungs-Mythos beginnt nicht mit Adam und Eva, sondern mit Izanagi und Izanami. Und am Anfang war auch nicht das Wort, wie in der Bibel – sondern ein Regenbogen. Auf dem saßen Izanagi und Izanami und blickten auf das schlammige Chaos zu ihren Füßen. Die Welt war noch nicht erschaffen. Die beiden Gottmenschen stießen einen Speer in die Brühe und ließen von seiner Spitze einen Tropfen fallen. Der verdickte sich zu Land – und dieses Land war, und ist bis heute, Japans Hauptinsel.

Dann stiegen die zwei von ihrem Regenbogen und schauten, was sie angerichtet hatten. Nicht übel, fanden sie, und bauten auf der Insel ein Haus. Irgendwann entdeckten sie dabei den kleinen Unterschied: Izanagi bekannte, daß sein Körper an einer bestimmten Stelle immer besonders wachse. Izanagi gestand, daß sie an eben dieser Stelle „unvollständig" gebaut sei. Da lief sie links um die Säule des Hauses, er rechts – und hinter dem Pfeiler passierte es dann: Die beiden zeugten Kinder, die Kinder waren Eilande und summierten sich zum japanischen Inselreich. Weil die Gottmenschen an dem Säulentreff Gefallen gefunden hatten, machten sie immer weiter: Pflanzen, Flüsse und Berge erblickten als ihre Sprößlinge das Licht der Welt. Auch Amaterasu wurde geboren, die Göttin der Sonne. Sie bestimmte, daß künftig alle Herrscher über dieses Land aus ihrem Geschlecht hervorgehen sollten – alle japanischen Kaiser sind damit der Überlieferung nach göttlichen Ursprungs.

Diese Schöpfungsgeschichte ist eigentlich nur Grundlage des Shinto („Weg der Götter"), der bis heute Myriaden von „Kami", gottähnlichen Wesen, kennt: In Blumen können sie wohnen, in Bäumen, in Bächen, überall. Wer über Land fährt, sieht am Straßenrand oft „Dosojin"-Figuren. Die Götter aus Stein kommen meist als Paar, sie tanzen oder küssen sich, sie trinken. Da ist keine Christus-Figur in der Agonie des Schmerzes, wie am Straßenrand im Bayerischen Wald – die Götter sind vitale Helfer bei der Bewältigung der Alltagsprobleme, niemals in ferne Himmel entrückt: Dank ihnen für die guten Dinge im Leben, und bitte mehr! Shintoistische Religion ist Alltag, und Bewältigung des Alltags ist shintoistische Religion.

Die Schöpfungsgeschichte des Shinto mit seiner Verehrung der Ahnen wird von der Substanz her von allen Japanern, welcher Religionszugehörigkeit auch immer, akzeptiert. Denn sie ist eine der Säulen des japanischen Selbstverständnisses: Nippon ist einzigartig, Anfang und Mittelpunkt der Welt. Natur, Staatsgebiet, Volk und Kaiserhaus sind durch göttliche Schöpfung untrennbar miteinander verbunden. Jeder muß seine eigenen Interessen der „Gruppe" unterordnen. Und die größte „Gruppe" ist die japanische Nation, geführt von einem „Gott-Kaiser", der Anspruch auf bedingungslose Loyalität hat: Die wahre japanische Religion ist demnach, Japaner zu sein. Und seine Soziallehre ist die des Philosophen Konfuzius, der den Herrschenden und den Beherrschten einen Moral-Kodex gab, mit dem sie leben konnten – Loyalität auf beiden Seiten, Verehrung des Alters und der Weisheit, strikte Trennung in Klassen, die jedem klarmachte, wohin er gehörte.

Auch der Buddhismus war ein Glaube so recht nach dem Geschmack der Herrschenden – oder wurde es zumindest in seiner Nippon-Spielart. Japans buddhistische Priester brachen das Zölibat, dessen Sinn sie nicht einzusehen vermochten, und sie hielten sich nicht an das Fleisch-Verbot. Dagegen fand die Zen-Lehre besonderen Anklang bei dem Kriegerstand der Samurai. „Drohen auch Speer und Schwert, mir zuckt keine Wimper", hieß es damals in einem „Handbuch für Kämpfer". „Was gibt es Schöneres, als sein Leben für den Kriegsherrn zu opfern?"

Kein Wunder, daß es in Japan zwar Auseinandersetzungen über den besten Weg, aber keine Glaubenskriege gab: Shintoismus und Buddhismus lebten nebeneinander her und näherten sich

dabei immer mehr an. Beide Religionen hielten es für ihre erste und oberste Pflicht, die Existenz des Staates zu sichern, selbst als dieser Staat begann, faschistische und militaristische Ziele zu verfolgen. Beide Religionen segneten in einer unheiligen Allianz dann auch Japans Angriffskriege ab. Priester des Shinto, der zur Staatsreligion geworden war, riefen im Zweiten Weltkrieg ausdrücklich zum bedingungslosen Kampf auf. Sie stachelten die berüchtigten Kamikazeflieger zu ihren Selbstmord-Missionen an.

Die amerikanischen Sieger zogen in der neuen Verfassung, die sie Japan 1946 gaben, einen Trennstrich zwischen Staat und Religion. Aber sie beließen Kaiser Hirohito im Amt, der die Kriegsbefehle – wenngleich von den übermächtigen Militärs gedrängt – doch alle eigenhändig unterschrieben und sich somit mitschuldig gemacht hatte. Bis heute ist er der oberste Priester des Shinto, pflanzt einmal im Frühjahr symbolisch einige Reisschößlinge und erntet sie im Herbst: Selbst im industriellen Japan ist der „Stammes-Führer" für den Erfolg der Ernte verantwortlich. Die Amerikaner beließen Hirohito aus guten Gründen im Amt: Sie befürchteten ansonsten schwere Auseinandersetzungen, Blutvergießen, vielleicht selbst einen

Yukihiro Takada

Zerfall der Einheit des Landes. Das alles haben sie durch ihre weise Entscheidung verhindert – aber sie mußten dafür in Kauf nehmen, daß in Nippon jeder Versuch einer selbstkritischen Rückbesinnung auf die Kriegszeit unterblieb. Bis heute wurde keinem der berüchtigten Folterer der Militärpolizei „Kempeitai" der Prozeß gemacht.

Als Japans Bürger den Reichtum ihrer Besatzer sahen und es mit ihrem Lebensstandard langsam aufwärtsging, begannen sie einem neuen Gott zu huldigen: dem Materialismus. Sie verschrieben sich, begeisterter und kritikloser als jedes andere Volk, dem technischen Fortschrittsglauben. Das fiel ihnen so leicht, weil dieser Glauben ja keineswegs im Widerspruch zu ihrer bisherigen Religion stand, er war im Gegenteil deren konsequente Weiterführung.

95 Prozent aller Japaner besuchen am Neujahrsabend den nächstgelegenen Shinto-Schrein, „Hatsu mode", die „Erste Wallfahrt", ist eine selbstverständliche Pflicht. Ebenso selbstverständlich feiern im August 90 Prozent der Japaner das buddhistische „Urabon"-Fest, wenn die Geister der Verstorbenen den Häusern der Lebenden ihren jährlichen Besuch abstatten. In der Mehrzahl der japanischen Wohnungen gibt es neben Fernsehapparat und Stereoanlage auch

Der Mann, der „Großer Bruder" spielt

In Hiroshima, der Stadt der Atombombenopfer, sucht jemand nach neuen Wegen für die Kirche, nach neuen Wegen für die Menschheit: Yukihiro Takada, glatzköpfig, gepflegtes Äußeres, kluge Augen, der Mann, den sie den „Computer-Priester" nennen. Sein Appartement liegt ein Stockwerk über dem buddhistischen Andachtsraum. Marke: Top-Manager. Schwarze Ledersessel. Eichenschreibtisch. Ein halbes Dutzend Telefone. Per Gegensprechanlage verbittet sich Takada während unseres Gesprächs jede Störung – doch hält, wie stets, Kontakt mit seinen Ordensbrüdern und dem Tempelinnern. Fernsehkameras geben wieder, was überall passiert. Ein Knopfdruck, und auf acht Monitoren erscheint an der verschiebbaren Wand das Überwachungsbild: Der „Große Bruder" läßt grüßen, „1984" ist da.

„Gott hat nichts gegen den Fortschritt", sagt Takada, Cartier-Uhr am Handgelenk, mit einem strahlenden Lächeln. Er hat nicht nur seine Kollegen ständig im Griff, auch seine Schäfchen. Die freilich nicht per TV-Kamera, das wäre bei 3300 Sektenmitgliedern doch etwas aufwendig – nein, Takada hat sie alle in der hauseigenen Computer-Anlage erfaßt. Die Geräte, zu Testzwecken von der Firma „Toshiba" gespendet, geben nicht nur Aufschluß über alle Namen und Adressen der Gläubigen. Sie beantworten auch Fragen nach ihren Berufen und Hobbys – und nach der Höhe der letzten Spende. Die Daten-

erfassung geschehe selbstverständlich auf freiwilliger Basis, sagt der „Computer-Priester". Er gebe jedem seiner Schäfchen Auskunft über die Sektenfinanzen, selbst bei Spaziergängen. Zum spirituellen Frischluft-Tanken nimmt er stets ein Walkie-talkie mit, Reichweite 40 Kilometer – und seine „Diners Club"-Karte im Falle plötzlich auftretender Einkaufswut.

Kenntnisse in Software und Hardware sind für die Ordensbrüder zwar nicht Voraussetzung, werden aber gern gesehen. Takada entwickelt eigene Computerprogramme mit religiösen Inhalten, die er für die Gemeinde ausdrucken läßt und im Gottesdienst verwendet. Von der Substanz her, sagt er, unterschieden sich die Botschaften wenig von der „konventionellen" buddhistischen Lehre, sie seien lediglich „etwas fortschrittlicher". Neulich allerdings hat Takada in seinem ungebrochenen Technologie-Glauben einen Rückschlag einstecken müssen: Die Kinder der Sekten-Mitglieder, denen er kostenlos einen Computer zum Spielen zur Verfügung gestellt hatte, votierten nach anfänglicher Begeisterung für ein neues Spielzeug – eine elektrische Eisenbahn. Und weil es in der Sekte von Hiroshima so demokratisch zugeht, rattern jetzt jeden zweiten Sonntag durch die geheiligten Räume eine gute alte Lokomotive und zehn Eisenbahnwaggons der Firma „Märklin".

einen Hausaltar. Nicht billig, so ein „Schrank der Seele", mit Lack und Goldplättchen kann ein Regal auf 25.000 Mark kommen, und auch die schlichteste Ausführung liegt noch bei 1.500 DM.

Naturglaube mischt sich oft mit Aberglaube. Die Zahl vier bedeutet Tod und fehlt deshalb oft an Krankenhauszimmern. Nur Leichen liegen mit dem Kopf Richtung Norden. Eine gebrochene Nähnadel verheißt Glück, wenn die linke Hand juckt, droht Pech. „Schöne" Träume handeln vom heiligen Berg Fuji, von einer Kuh, einer Schlange, vom Feuer oder Schwert. „Schlechte" Träume haben in den Hauptrollen Pferde, Fische, Sterne oder einen ausfallenden Zahn.

Natürlich glauben nicht alle Japaner an so etwas. Für viele aber haben symbolische Handlungen ihre Bedeutung. Ein berühmter Philosophieprofessor meldet sich bei jeder Auslandsreise mit einer Schale „Opfer-Reis" im Shinto-Schrein seines Heimatdorfes ab. Der Chef eines Autokonzerns nimmt jedesmal von seiner heiligen Stätte einen Stein mit auf den Trip und bringt ihn nach seiner heilen Rückkehr wieder zurück. Noch immer ist es für Geschäftsleute eher der Normalfall, ihre neuen Büros weihen zu lassen. „Coca Cola Japan" bestellte vor einigen Monaten einen Shinto-Priester, damit der mit seinem heiligen Saraki-Zweig eine

riesige, supermoderne Neon-Reklame absegnen konnte.

Taufen kosten allein an Gebühren über 150 Mark, Hochzeiten noch mehr. Beerdigungen sind geradezu unerschwinglich, weshalb das Tokioter Kaufhaus „Mitsukoshi" in einem „Schlußverkauf"-Sonderangebot Grabplätze mit Urne und Bestattungsservice, alles inklusive, anbietet. Das Pauschalarrangement gibt es auch auf Raten-Basis: mit 5.500 Mark Anzahlung und dann zwanzigmal 700 Mark hat man sich die letzte Ruhe gesichert.

Wer mit Gott fahren will, muß blechen. Shinto-Priester weihen in Dutzenden Schreinen die neuen Toyotas, Datsuns und Hondas – macht 35 Mark pro Auto. Selbst die „Ema" kosten fünf Mark das Stück. Auf diese hölzernen Votivtafeln, in jedem Schrein erhältlich, kritzeln die Gläubigen ihre privaten Wünsche: Die jungen Männer bitten meist um Prüfungs-Segen, die Frauen oft, daß sie schwanger werden. Oder sie ersuchen die Götter darum, ihnen eine Abtreibung nicht übelzunehmen. Es ist fast wie ihm katholischen Ablaßhandel des Mittelalters: Ohne Geld keine göttliche Gegenleistung. Reue dagegen ist überflüssig.

„Werden Sie Nonne für einen Tag!", wirbt das Fremdenverkehrsamt Kyoto und vermittelt für 90 Mark einen Trip ins buddhistische Kloster, inklusive Anprobe der Nonnenkluft und Erinnerungsfoto. Ist das alles Ausdruck einer neuen religiösen Welle, die über Japan hinwegschwappt? Chie Nakane, Professorin für Kulturgeschichte, glaubt das nicht. Sie hält die ständige Beschäftigung der Japaner mit den Göttern für einen „Symbolismus ohne Substanz", die meisten Schreinfeste und buddhistische Zeremonien sind ihrer Meinung nach zu bloßen Ritualen verkommen. „Doch noch prägen die hiesigen Religionen mit ihrer diesseitsbezogenen Grundhaltung die japanische Arbeitsethik", sagt die Professorin.

Die Frage ist, wie lange noch. Denn auch das bisher heile Gebäude der „Japan GmbH" zeigt jetzt Risse – der Erfolgsgesellschaft Nippon gehen langsam die Ziele aus. Unter der Oberfläche klafft eine große geistige Leere, die nicht mehr allein mit traditionellem Volksglauben und immer neuen materialistischen Anreizen ausgefüllt werden kann. In dieses Vakuum versuchen Gruppen mit einer pseudoreligiösen Heilslehre vorzustoßen, beispielsweise die „Soka Gakkai", die „Gesellschaft zur Wiedererlangung nationaler Werte". Sie hat nicht nur über 15 Millionen aktive Mitglieder, sondern kontrolliert und finanziert auch eine eigene Partei. Die „Komeito" („Saubere Politik")

hat mit ihren intoleranten, schwammigen Vorstellungen von einem „Groß-Japan" bei den Wahlen im Dezember 1983 mehr als zehn Prozent der Stimmen gewonnen und ihre Abgeordnetenzahl erhöht. Eine Gefahr für die Demokratie stellt die Partei aber ebensowenig dar wie das Wiederaufleben einiger Jugendsekten.

Eine Antwort auf die Suche nach dem Glück ist Religion sicher heute nur noch für wenige Japaner, eher ein Punkt, an den sie sich unbewußt klammern, weil er ihnen Identität vermittelt. Zum Ausgleich vom Berufseinerlei stürzen sie sich ansonsten weniger in die Tempel als in die Freizeitparks – auch das mit einer ungeheuren Verbissenheit. Sportangler lassen sich häufig auf felsigen Inseln mitten im Meer aussetzen, um endlich mal einsam – mit ihren Geschäftsfreunden – fischen zu können. Wenn alles gut geht, holt man sie dort zurück, bevor der Sturm aufkommt. Tennisspieler huschen in makellosem Weiß durch die Firmengänge, ihre Schläger sind, das ist wichtig, mit den Namen von Wimbledon-Siegern geziert. Manche ziehen mit dem Krummschwert ins Wochenende, andere mit dem Baseballschläger. Golf ist das Nonplusultra aller Freizeitbeschäftigungen und gilt als prestigesteigernd.
Alle diese Hobbys werden in Nippon mit

heiligem Ernst getrieben. Mindestens ebenso wichtig wie das Können ist der gezeigte „Kampfgeist" – Sport ist in Japan in der Regel kein Ausgleich zum Beruf, keine Entspannungshilfe. Auch daran mag es liegen, daß immer mehr Japaner unter Streß-Symptomen leiden: Einer von 25, die im Arbeitsprozeß stehen, muß gegenwärtig mindestens einmal im Jahr wegen einer durch Arbeitsbelastung ausgelösten Krankheit behandelt werden – ein Zuwachs von 70 Prozent in 25 Jahren. Damit leiden die japanischen Arbeitnehmer fast ebenso häufig unter Streß wie die Deutschen: Sie mögen ihre Arbeit noch ein wenig „lustvoller" verrichten als wir im Westen, aber offenbar haben sie genauso wenige Ventile, um Anspannungen abzubauen. Auch in dieser Beziehung gleicht sich Japan uns an.

Es gibt allerdings einen „Ausweg" für die Verzweifelten, der in Nippon weniger tabuisiert ist als bei uns: Selbstmord. Wo kein Jüngstes Gericht droht, verliert der Tod manches von seinem Schrecken – weder Shintoismus noch Buddhismus verdammen den Suizid so wie die christliche Lehre das tut, der Freitod hatte sich im japanischen Mittelalter gar zu einem ritterlichen Ritual entwickelt, das bis heute nachwirkt. Literatur-Nobelpreisträger Yasunari Kawabata

schrieb: „Es gibt keine Kunst, die dem Tod überlegen ist", und brachte sich anschließend um. Yukio Mishima, ein anderer berühmter Schriftsteller, der für Japans Rechte ein Idol ist, betrachtete sein ganzes Leben nur als eine „poetische Vorbereitung auf den Suizid" und beging rituellen „Seppuku" mit dem Schwert. Prozentual zur Bevölkerung ist die Selbstmordrate in Japan kaum höher als in der Bundesrepublik, und doch steht in einer Tokioter U-Bahnstation ein Schild, das man in München oder Hamburg nicht finden wird. Es mahnt selbst bei der letzten Handlung zur Rücksichtnahme auf andere: „Bitte nicht in der Hauptverkehrszeit springen!"

Glück ist eine Gesellschaft, die an alles denkt und alles regelt: Für viele Japaner gilt das immer noch. Aber andere suchen einen neuen Weg, jenseits der Schilder und Vorschriften – mit Stolz auf die Vergangenheit, aber auch mit eigenen Ideen und neuen Definitionen für das, was es heißt, ein Japaner zu sein.

変貌する国

**EIN LAND
VERÄNDERT SEIN
GESICHT**

Sie lernt Geisha, doch gewünscht sind Hostessen

Wie eine Pierrot-Maske sieht das dickgeschminkte Gesicht dieser angehenden Geisha von Kyoto aus. Doch ihr Beruf ist im Umbruch – so wie die ganze japanische Gesellschaft im Umbruch ist. Kaum ein Japaner ist mehr auf die teuren Dienste einer anspruchsvollen Unterhaltungsdame erpicht: Fast alle zieht es in die Bars zu den „Hosutessus". Auch die üben sich in Seelenmassagen für den beruflich ausgelaugten Herrn – aber sie sind, zumindest gelegentlich, und anders als die Geishas, auch für handfestere Massagen zu haben

Der Fernseh-Apparat ist immer an — sogar im Taxi

Ein Taxi-Unternehmer in Osaka hat sich etwas Besonderes einfallen lassen: Er stattete seine Wagen mit Fernsehapparaten aus: Wie lange man auch fährt, mit einer Mark ist man beim Taxi-TV dabei. Die Japaner, die erst 1953 mit dem Fernsehen starteten, sind heute das Bildschirmverrückteste Volk der Erde — 30 Millionen Geräte gibt es landesweit. Und mancher Taxikunde in Osaka hat bei einer besonders spannenden Sendung seinen Chauffeur nochmal um den Block fahren lassen

**Wenn der
Zug kommt, noch einmal
zwei Stunden**

Diszipliniert, und genau an
der vorgesehenen
Markierung, warten
japanische Arbeiter auf die
Tokioter U-Bahn. Die Bahn
ist das schnellste
Verkehrsmittel, fährt häufig
und kommt pünktlich an.
Doch das hilft den Millionen
von Pendlern nicht viel:
Sie sitzen durchschnittlich
fast vier Stunden pro
Tag in öffentlichen
Verkehrsmitteln – eine
endlose Zeit, die sie mit
Dösen oder Zeitunglesen
überbrücken

Wo der Wind und die weißen Kraniche wirbeln

Wie ein Ballett-Tänzer, auf staksigen Beinen trippelnd, in herrschaftlicher Geste die Schwingen ausgebreitet, schon ansetzend zum Flug, der an Eleganz seinesgleichen sucht: Die weißen Kraniche im Nationalpark Akan, nahe der Stadt Kushiro auf Japans nördlichster Insel Hokkaido. Von den stolzen Vögeln, die den rauhen Stürmen trotzen, gibt es nur noch knapp 300. Sie stehen unter Naturschutz, ebenso wie der braune Bär und der gestreifte Fasan, die hier noch vorkommen

**Wer
nicht wirbt,
der stirbt**

Anzeigen für Kameras,
Wohnungsmakler, selbst
für Ärzte und
Krankenhäuser: Wie hier
an einer U-Bahn-
Haltestelle von Tokio
schlägt überall in Japan die
Werbung über dem
Betrachter zusammen,
auch im kommerziellen
Fernsehen, wo fast jede
Minute das Programm für
eine „Botschaft" der
Industrie unterbrochen
wird. Während man im
Westen Japan als reines
Exportland sieht,
entscheidet in Wirklichkeit
oft der harte inländische
Konkurrenzkampf über das
Wohlergehen der großen
Firmen – sogar auf dem
Videomarkt liegt
der Exportanteil unter
30 Prozent

Wer hier nicht mitlacht, hat selber schuld

Ein kleiner Junge feixt beim Spiel auf der Straße mit seinem Freund, ein großer Junge auf einem Motorrad feixt beim Reiterfest von Haranomachi mit einem der traditionell gekleideten Ritter: Szenen von spontaner Lustigkeit und Lebensfreude, wie man sie in Japan immer wieder findet. Besonders auf dem Land und in den kleinen Städten haben sich die Japaner ihre ursprüngliche Herzlichkeit und Freundlichkeit erhalten. Die Scheu gegenüber Fremden nimmt besonders schnell ab, wenn der „Gaijin" einige Worte Japanisch spricht

Ein Hausaltar, der nur noch Gartenschmuck ist

Heiliges Wasser, Bambus, eine Holzkelle und eine Steinlaterne: Mit sparsamsten Mitteln wird in Japan der größtmögliche Effekt erreicht. Doch ein Hausaltar wie dieser, in einem der „Ryokan" genannten traditionell-japanischen Hotels, hat inzwischen Seltenheitswert, und seine Funktion ist nur noch symbolisch: Man übergießt die Hände vor dem Eintritt ins Haus mit Wasser, ohne das noch als shintoistische Zeremonie zu verstehen

Die Stadt der Tänze, Tempel und Theater

Ein Bettelmönch, ein roter Torii auf dem Hausdach, das „Minami-za"-Theater, das mit seinen geschwungenen Linien aussieht wie ein heiliger Schrein: Eine typische Straßenszene aus Kyoto, Japans religiöser und kultureller Hauptstadt. Von 794 bis 1868 war Kyoto die politische Kapitale des Landes, Zeugnisse ihrer Glanzzeit sind mehr als 1500 Tempel und Schreine. Wenn auch in Kyoto immer mehr die Industrie das Bild der Stadt prägt – der Charme und die einzigartige Atmosphäre sind unzerstörbar

**Zum Wasser
drängt, am Wasser
hängt ...**

Junge Mädchen in einem
der „Sento" genannten
öffentlichen Badehäuser
von Tokio. Japaner sind ein
badeverrücktes Volk, und
noch immer hat die
Mehrzahl der Groß-
stadtwohnungen kein
eigenes Badezimmer. Was
Ausländer oft falsch
machen: Man wäscht sich
mit Seife und duscht, bevor
man in den großen
Badezuber steigt – nach
Geschlechtern getrennt,
übrigens, seit die
Amerikaner westliche
„Moral"-Vorstellungen
eingeführt haben. Das
„Toruko" ist eine
„schmutzige" Variante des
klassischen Badehauses:
In diesen „Türkischen
Bädern" geben leichte
Mädchen Massagen

Ein Stirnband, das Energie erzeugt

Es sieht aus wie der letzte Schrei aus Paris und hat doch jahrhundertealte, japanische Tradition: Das Stirnband, „Hachimaki" genannt, gilt seit alters her als Symbol für die besondere Konzentration auf eine außerordentliche Tat. Kamikaze-Flieger pflegten „Hachimaki" überzustreifen, bevor sie sich auf ihre tödliche Missionen begaben, doch nach und nach geht die symbolhafte Bedeutung verloren: Junge japanische Mädchen tragen „Hachimaki", weil sie den Kopfschmuck schick finden

Ein Baum ist nur schön, wenn der Mensch ihn gestaltet

An einem Februarmorgen im Ueno-Park von Tokio: Ein Liebespaar läßt sich durch den Nieselregen nicht stören und genießt den Anblick des gepflegten Rasens und der jahrhundertealten Bäume. Wilde Gärten und unberührte Landschaften entsprechen nicht der japanischen Idealvorstellung von Natur. Japaner sind auch bei ihrer Umgebung besitzergreifend – schön ist für sie, was der Mensch gestaltet hat. Ihr Idealbaum ist der auf Zwergformat getrimmte Bonsai, dessen Aufzucht als Kunstform und Wissenschaft zugleich gilt

Die Liebe zur Natur endet dort, wo der Grenzzaun des Nachbarn anfängt

Ein Kranich in der Abendsonne am Mashu-See von Hokkaido, der als der klarste See der Welt gilt. In Japan, dem Land der Naturliebhaber, ist die unzerstörte Umwelt ansonsten die Ausnahme, die achtlose Verschmutzung die Regel. Das gilt selbst für den Fuji, den Berg, der den Japanern heilig ist. Der eigene Garten, das eigene Haustier werden gepflegt und verwöhnt, öffentliche Parks aber verschmutzt und herrenlose Hunde erschossen: Ausdruck für mangelnden Gemeinsinn außerhalb der eigenen Gruppe

Der Dom von Hiroshima — und Kinder, die vergessen können

Die Jungen spielen Baseball, das Spiel der Sieger im Zweiten Weltkrieg, das Spiel derjenigen, die für den Atombombenangriff auf Hiroshima und seine schrecklichen Folgen verantwortlich sind. Nur wenige hundert Meter von dem Platz entfernt, wo jetzt die Buben toben, war das Zentrum der Bombenexplosion. Eines der wenigen Häuser, das nach dem Abwurf stehen blieb, haben die Japaner als Ruine zum Gedenken an die Toten unverändert gelassen. So bleibt die Erinnerung — doch der Haß ist gewichen

NIPPON

Das Land

Japan liegt am östlichen Ende Asiens und am westlichen Ende des Pazifischen Ozeans und besteht aus einer Inselkette, die sich von Norden nach Süden, von subarktischen bis zu tropischen Gewässern, in einer Länge von etwa 3.000 Kilometern erstreckt. Die Küstenlänge mißt über 26.000 Kilometer. Das Japanische Meer trennt das Inselreich von seinen nächsten, im Westen gelegenen Nachbarn: Sowjetunion, Nord- und Südkorea, Volksrepublik China. Der nördlichste Zipfel Japans befindet sich auf dem Längen-grad 45° 33′ Nord, die südlichste Stelle auf 20° 25′ Nord. Die Hauptstadt Tokio liegt auf demselben Längengrad wie Teheran, Athen oder Los Angeles, etwas südlicher als Ankara, Peking oder New York und weit südlicher als jede deutsche Stadt.

Das Land umfaßt vier Hauptinseln und 3.918 vorgelagerte kleine Eilande. Nach 1945 hat Japan alle seine überseeischen Gebiete verloren, die einmal fast die Hälfte seines gesamten Hoheitsgebietes ausmachten. Mit 372.313 Quadratkilometern ist „Nippon Teikoku", umgangssprachlich „Nippon" oder „Nihon" genannt, jetzt etwa eineinhalbmal so groß wie die Bundesrepublik, etwas größer als Norwegen, etwas kleiner als Schweden. Von der Landfläche her nimmt Japan nur den 54. Rang unter den Staaten der Erde ein (Bundesrepublik: Rang 70), bei der Einwohnerzahl jedoch ist es in der Spitzengruppe zu finden – nur in der Volksrepublik China, in Indien, in der Sowjetunion, in den USA, in Indonesien und Brasilien leben mehr Menschen als auf den Fernost-Inseln. Nach einer Schätzung von 1984 gibt es 119 Millionen Japaner (Rang 7, gegenüber 61,5 Millionen Menschen in der Bundesrepublik, Rang 12). Die japanische Bevölkerungsdichte von fast 315 Menschen pro Quadratkilometer wird nur von wenigen Staaten, wie etwa von den Niederlanden, übertroffen. Zieht man in Betracht, daß weniger als ein Sechstel des Bodens bebaubar ist und vier Fünftel der vulkanischen Inseln schwer zugängliche Bergregionen sind, dann ballen sich nirgendwo so viele Menschen auf so geringer Fläche.

Honshu, auch Hondo genannt, ist die japanische Hauptinsel, und sie umfaßt 61,1 Prozent der gesamten Landmasse. Zusammen mit Kyushu (11,8 Prozent) und Shikoku (5,0 Prozent) bildet Honshu das Zentrum des kulturellen, alten Japan. Hokkaido, die zweitgrößte Hauptinsel (22,1 Prozent der Landmasse), stellt eine

Art nördlicher Außenregion dar. Zu den kleineren Eilanden zählen die subtropischen Ogasawara (Bouin) und Okinawa (Ryukyu), die von den Amerikanern besetzt waren und erst 1968 bzw. 1972 wieder japanischer Souveränität unterstellt wurden.

Geologisch gesehen ist der japanische Inselbogen ein Teil des vom Innern Asiens zum Pazifik abfallenden Gebirgssystems, zu dem die nahezu parallel verlaufenden Gebirgszüge in China (Großer Chingan), die Küstengebirge in der Sowjetunion (Sichote-Alin) und Koreas gehören. 250 Berge erreichen eine Höhe von mehr als 2.000 Metern, die meisten davon in Zentral-Honshu. Der Fujiyama ist mit 3.776 Metern die höchste Erhebung Japans. Der Fuji, für die Japaner ein heiliger Berg, ist ein schlafender Vulkan. 36 Vulkane gelten noch als aktiv; damit befindet sich fast jeder zehnte feuerspeiende Berg der Erde in Nippon, nach den Indonesiern sind die Japaner das Volk, das am meisten von Ausbrüchen bedroht ist.

Die Flüsse sind in der Regel kurz und reißend, mit nicht einmal 370 Kilometern ist der Shinano, der durch die Präfekturen Nagano und Niigata fließt, der längste Strom des Landes. Seen sind zahlreich; der Biwa nahe Kyoto ist mit einer Ausdehnung von 673,8 Quadratkilometern das größte Binnengewässer.

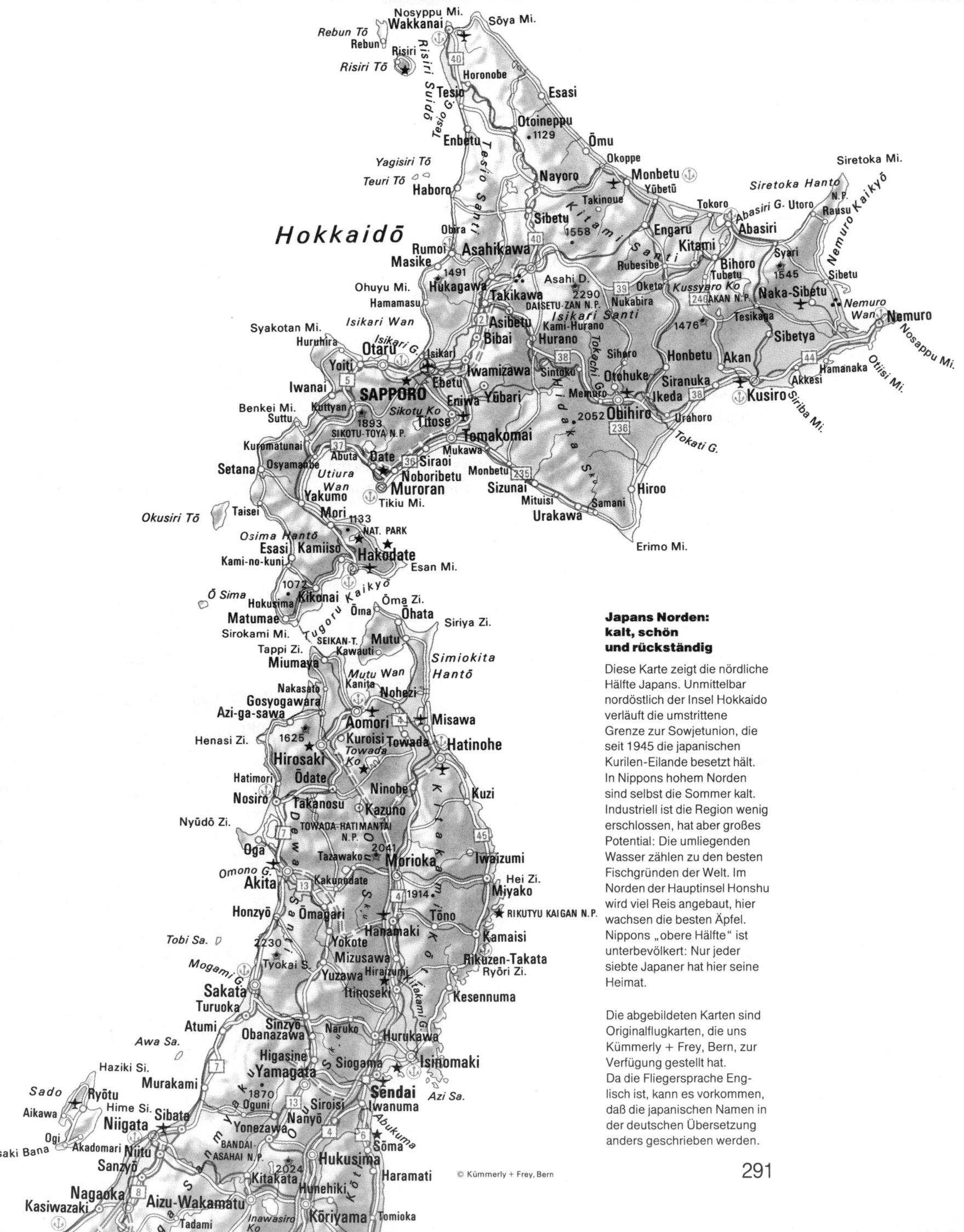

**Japans Norden:
kalt, schön
und rückständig**

Diese Karte zeigt die nördliche
Hälfte Japans. Unmittelbar
nordöstlich der Insel Hokkaido
verläuft die umstrittene
Grenze zur Sowjetunion, die
seit 1945 die japanischen
Kurilen-Eilande besetzt hält.
In Nippons hohem Norden
sind selbst die Sommer kalt.
Industriell ist die Region wenig
erschlossen, hat aber großes
Potential: Die umliegenden
Wasser zählen zu den besten
Fischgründen der Welt. Im
Norden der Hauptinsel Honshu
wird viel Reis angebaut, hier
wachsen die besten Äpfel.
Nippons „obere Hälfte" ist
unterbevölkert: Nur jeder
siebte Japaner hat hier seine
Heimat.

Die abgebildeten Karten sind
Originalflugkarten, die uns
Kümmerly + Frey, Bern, zur
Verfügung gestellt hat.
Da die Fliegersprache Englisch ist, kann es vorkommen,
daß die japanischen Namen in
der deutschen Übersetzung
anders geschrieben werden.

291

Das Klima

Ein Großteil Japans mit drei der vier Hauptinseln, Honshu, Shikoku und Kyushu, liegt in der gemäßigten Klimazone. Der Norden (Hokkaido) und Teile des Westens stehen unter dem Einfluß kontinentaler und maritimer Polarluft: Schneefall im Winter ist häufig und stark. Dafür sind die Sommer trocken. Die Pazifik-Seite Honshus zeigt in der Niederschlagsverteilung und den Temperaturverhältnissen fast entgegengesetzte Bedingungen wie der Norden und der

**Japans Herzland:
Ballungsgebiete
wie in Bangladesch**

Diese Karte zeigt die südliche Hälfte Japans.
Neun der zehn japanischen Millionenstädte (Ausnahme: Sapporo) liegen im pazifischen Industriegürtel. Drei Viertel der Japaner leben in Städten, 58 Prozent davon allein in den vier größten Ballungsgebieten von Tokio, Osaka, Nagoya und Kita-Kyushu. Hier finden sich praktisch alle Industrien, für die Japan berühmt ist.
Kyoto ist Nippons kulturelles Zentrum, die Insel Kyushu war das Eingangstor für die chinesischen und später die westlichen Einflüsse.
Okinawa, bis 1972 von den Amerikanern besetzt, liegt 1.500 Kilometer südlich von Kyushu.

292

Westen. Die Winter sind in der Gegend von Tokio kühl, sonnig und trocken, die Sommer heiß und oft feucht. Die Temperaturen liegen im Durchschnitt bis zu zehn Grad höher als in Hokkaido. Der äußerste Süden, von Honshu und Kyushu, haben ein ständig feuchtes Klima mit Niederschlagshöhen von 2.000 Millimetern. Nachhaltigen Einfluß auf die Temperaturen üben auch die Meeresströmungen aus, der kalte Oya-Schio und der warme Kuro-Schio. Als schönste Jahreszeit Japans gilt – nicht nur wegen der Kirschblüte – das Frühjahr.

Japan ist ein Land, das ständig von Naturkatastrophen bedroht ist. Gefahr Nummer eins sind die Taifune, Wirbelstürme, die ihre Energie aus der starken Erwärmung durch die Sonne und aus der Kondensation von Wasserdampf in großen Höhen gewinnen. In Nippon ist von August bis Oktober Taifun-Zeit, schwerpunktmäßig tauchen die Wirbelstürme zwischen dem 15. und 25. September auf. Besonders gefährdet ist die Westküste, wo Wirbelstürme häufig von schweren Regenfällen begleitet werden. Kaum geringer sind die Gefahren, die den Japanern durch Erdbeben drohen: In der Tokio-Bucht werden jährlich über 5.000 Erdstöße gemessen. Die japanische Pazifikküste gehört damit zu den seismisch „aktivsten" Zonen der Erde. Durch Seebeben entstehen die sogenannten „Tsunamis", besonders starke Meereswellen, die sich von ihren Epizentren ringförmig ausbreiten und schon viele Menschenleben gefordert haben.

Flora und Fauna

Etwa zwei Drittel Japans sind mit Wald bedeckt. Das im allgemeinen milde Klima begünstigt Mischwald: Tannen und Zypressen wachsen oft in unmittelbarer Nachbarschaft mit Bambus und Palmen. In Höhen zwischen 500 und 1.500 Metern herrscht „Hara" vor, die japanische Heide, eine Landschaft mit Kräutern, Sträuchern und Farnen, die keine geschlossene Vegetationsdecke bilden und die Bodenoberfläche der Erosion aussetzen. Reis, Tee und Baumwolle gedeihen nur in Gebieten bis zum 35. Breitengrad. Nach wie vor bildet der Reis die Ernährungsgrundlage der japanischen Bevölke-

rung. Seine Bedeutung ist allerdings so weit gesunken – und seine Produktion so gestiegen –, daß Japan heute zu den großen Exportländern zählt. Reisfelder nehmen heute die Hälfte der kultivierten Fläche des Landes ein, auf den südlichen Inseln wird zweimal jährlich geerntet.

Die Tierwelt entspricht in ihrer Vielfalt dem unterschiedlichen Klima und der Pflanzenwelt. An Viehzucht wird betrieben: Pferde, Hornvieh, Schafe, Ziegen, Schweine und Geflügel. Die Meerenge von Tsugaru bildet eine natürliche Grenzlinie für die in freier Wildbahn auftretenden Tiere: die japanische Gemse, Damhirsch, Marder und Fuchs überschreiten sie nicht. Auf Hokkaido kommen noch der braune arktische Bär, Zobel und Käuzchen vor. Flüsse und Meere sind außerordentlich fischreich. Fisch liefert der Bevölkerung die meisten Kalorien und deckt 85 Prozent des Bedarfs an tierischem Eiweiß. Japan nimmt in der Weltproduktion mit über 11 Millionen Tonnen gefangenem Fisch den ersten Rang ein. Es werden etwa 8.000 verschiedene Arten gefangen. Große Fischerei-Komplexe befinden sich in Nagasaki und Fukuoka auf Kyushu, in Tokio, Ishinomaki auf Honshu sowie in Kushiro auf Hokkaido. Eingeschränkt sind die Fangmöglichkeiten auf der pazifischen Seite durch die kräftigen Monsunwinde und Taifune.

Bodenschätze

Japan ist mit Bodenschätzen nicht gerade gesegnet: Es gibt keinen Rohstoff, der nicht eingeführt werden müßte. Besonders kraß ist das Verhältnis beim Erdöl – das Land ist zu 99,9 Prozent von Importen abhängig (BRD 96 Prozent, USA 44 Prozent).

Bevölkerung

Vier von fünf Japanern leben auf der Hauptinsel Honshu, die aber nur 61 Prozent der Landmasse ausmacht. Hokkaido mit 22 Prozent der japanischen Fläche stellt nur fünf Prozent der Bevölkerung. Kyushus Einwohnerzahl ist zweieinhalbmal so groß wie die Hokkaidos, obwohl diese Insel nur halb so groß ist. Über 90 Prozent aller Japaner leben in den Ebenen des Landes, die gerade 29 Prozent des Landes bedecken. Mehrere große Stadt-Konglomerate ballen sich an der pazifischen Küstenlinie zusammen, sehr hoch ist die Bevölkerungsdichte auch im historischen Zentralbereich der östlichen Inland-See. Die Bevölkerungsverschiebung in Japan zeigt den sozioökonomischen Wandel des Landes vom Agrarstaat zum Industriestaat in kaum hundert Jahren: Im Vergleich zur Gesamtbevölkerung wuchs die Zahl der Stadtbevölkerung überproportional auf etwa 50 Prozent. Der von der Landwirtschaft lebende Bevölkerungsteil fiel von 80 Prozent auf etwa 10 Prozent. In den letzten Jahren ist allerdings ein Ende dieses Trends in die Großstädte zu bemerken: Tokio, Osaka und Nagoya, die drei größten Ballungszentren, verzeichnen sogar einen leichten Rückgang an Einwohnern. Japan zählt zehn Millionenstädte (Tokio, Osaka, Yokohama, Nagoya, Kyoto, Kobe, Sapporo, Kita-Kyushu, Kawasaki und Fukuoka). 45 Städte haben mehr als 300.000 Einwohner (BRD: 18).

Nippons Bevölkerung hat sich in den letzten 50 Jahren verdoppelt und innerhalb eines Jahrhunderts verdreifacht. Das Bevölkerungswachstum hat sich allerdings stark verlangsamt, auf gegenwärtig 0,9 Prozent Zuwachs pro Jahr. Nach dieser Berechnungsgrundlage wird Japan um die Jahrtausendwende 128,12 Millionen Menschen zählen – jeder fünfte wird bis dahin 60 Jahre oder älter sein: Keine Gesellschaft „ergraut" schneller als die japanische. Das liegt an der hohen Lebenserwartung der Japaner, Männer können damit rechnen, 73,82 Jahre, Frauen gar 78,83 Jahre alt zu werden, etwa drei Jahre älter als Männer und Frauen in der Bundesrepublik und fast 30 Jahre älter als Inder und Inderinnen.

Geschichtlicher Überblick

Die Fotografien dieses Buches entstanden zwischen Februar 1980 und April 1983. Ich reiste in dieser Zeit siebenmal nach Japan und hielt mich dort insgesamt ein halbes Jahr auf; ich erlebte alle Jahreszeiten und brachte, inklusive Flüge von der Bundesrepublik Deutschland nach Nippon und zurück, runde 250.000 Kilometer hinter mich. Während meiner siebten Reise beendeten wir gemeinsam, Dr. Erich Follath und ich, die STERN-Farbstory „Wo Millionen Götter wohnen", die in Heft 25/83 erschienen ist.

Allen, die mittelbar und unmittelbar am Gelingen der Arbeit zum Buch Anteil hatten, Personen, staatlichen Institutionen, Verlagen und Firmen, möchten wir hiermit herzlich danken.

Stellvertretend für viele seien einige wenige genannt:

Barbara Adachi
Hideki Fuiji
Kai Higashiyama
Hellmuth Holtz
Yoshihiro Kimura
Akio Morita

Ganz besonders möchten wir den Dolmetscherinnen, Mikoko Tanno und Akiko Izumi, danken. Sie halfen uns, die sprachlichen und viele organisatorische Barrieren zu überwinden.

Es gibt kein historisches Dokument, keinen archäologischen Fund, der Gewißheit über Ursprung und Herkunft der japanischen Rasse geben könnte – am Anfang steht die Sagenwelt. Fest steht, daß etwa im 12. Jahrhundert vor Christus ein Töpfer-Volk Spuren auf den Inseln hinterließ, man spricht von der sogenannten „Jomon"-Epoche. Die Menschen dieser Zeit lebten auf den japanischen Inseln als Fischer und Jäger in kleinen Gemeinschaften. Sie hausten in Grubenwohnungen, die von einem großen Strohdach geschützt waren, eine Architektur, die dem späteren bäuerlichen Nippon das Gepräge gab. In der Zeit von 400 bis 200 vor Christus, der Yayoi-Epoche, folgten einander innerhalb weniger Generationen große Fortschritte: Bronze-Werkzeuge wurden hergestellt, auch Spaten und Pflugscharen; der Reisanbau, die eigentliche japanische Geschichte begann.

um 200 Japan ist der chinesischen Kolonie auf Korea tributpflichtig, mehrere Sippen auf den Inseln bekämpfen einander.

um 400 Die Yamamoto-Sippe aus der Nara-Ebene setzt sich durch, unterwirft Kyushu und Teile Nordjapans, erste starke Einflüsse aus China durch Schrift und Kalender, die japanische Gesandte mitbringen.

um 530 Einführung konfuzianischer Lehren, buddhistischer Lehren.

574–622 Unter Shotoku Taishi setzt sich der Buddhismus durch, und das kaum vereinte Land erlebt seine erste Blütezeit, Bau prächtiger Buddhatempel, erste politische Landesverfassung.

710–794 Große Blütezeit der Baukunst in Nara, der Reichshauptstadt, dem ersten festen Kaisersitz.

894–1192 In der sogenannten Heian-Periode wird Kyoto Landeshauptstadt und Kulturzentrum, die Familie Fujiwara kontrolliert das Land. Adel und Ritterstand halten sich eigene Landgüter und bald auch Privatsoldaten, die Samurai. Rivalitäten zwischen den Familien der Taira und Minamoto führen 1156 zum Bürgerkrieg.

1192–1274 Yoritomo Minamoto errichtet in der Nähe des heutigen Tokio, in Kamakura, seinen Militärsitz. Er begründet seine Macht mit dem Doppelsystem militärischer Posten (Shujo) und Provinzdelegierten (Jito), die Steuer eintreiben. Er nimmt den Titel eines Shogun (Generalissimus) an: Shogune werden in den nächsten sieben Jahrhunderten die Geschichte des Reiches wesentlicher bestimmen als die Kaiser.

1274–1281 Mongolenheere unter Kublai Khan überfallen Japan, werden aber mit Hilfe eines Taifuns, des „Götterwindes" Kamikaze, zurückgeschlagen – bis 1945 hat dann keine fremde Macht mehr versucht, die Inseln in ihre Gewalt zu bringen.

1300–1392 Kamakura ahmt das verweichlichte Leben von Kyoto nach, verliert an Einfluß und wird 1333 ganz zerstört. Der spartanische Geist der Militärkaste lebt nur noch in der Religion fort. Edelleute, Mönche und Kurtisanen beeinflussen den Hof. Kaiser Go-Daigo wird von Samurais gestürzt, vorübergehend gibt es zwei Kaiserhäuser, deren Macht aber immer weiter zerfällt. Bürgerkrieg, Chaos und Anarchie dauern fast hundert Jahre.

1549 Der Jesuitenpater Franz Xaver beginnt mit der Christianisierung des Landes. Die Religion wird später blutig verfolgt.

1550–1600 Der tolerante und weltoffene Oda Nobunaga versucht das Land zu einigen, nimmt Kontakt mit ausländischen Christen auf, wird durch westliches Gedankengut beeinflußt. Als das Land halb geeint ist, wird er ermordet. General Hideyoshi übernimmt seine Aufgabe und schafft den Zusammenschluß. 1592 scheitert allerdings sein Versuch, Korea militärisch zu erobern.

1603–1867 Die sogenannte Edo-Periode. Tokugawa Ieyasu verlegt, nachdem er Osaka eingenommen hat, den Sitz der Militärregierung nach Edo, dem heutigen Tokio. Das Christentum wird blutig verfolgt, weil die Shogune in ihm eine geistige Bedrohung sehen. Alles Ausländische fällt der Verfolgung zum Opfer. Für 264 Jahre, die Zeit der Tokugawa Shogune, wird Japan zum Polizeistaat, von der Außenwelt abgekapselt. 1639 erläßt die Regierung endgültig ein Verbot, demzufolge kein Japaner das Land verlassen, noch ein Ausländer es betreten darf. Wissenschaftliche Entdeckungen (Galilei, Newton), philosophische Denkmodelle (Descartes), politische Veränderungen der Außenwelt (Französische Revolution), die industrielle Revolution, bleiben in Japan unbekannt. In der selbstgewählten Isolation blühen die Künste, die Wirtschaft nimmt in den Städten einen großen Aufschwung. Doch die Bauern und Soldaten verarmen.

1853–1854 Die Kriegsschiffe des amerikanischen Kommodore Matthew Perry aus den USA beenden die Isolation und erzwingen Handelsöffnung. Es folgt ein Freundschaftsvertrag mit den USA, später auch mit England und Rußland.

1867 Der 15. Tokugawa-Shogun scheitert bei seinem Versuch, die beunruhigten Provinzen zu befrieden und muß seine Macht an den Kaiser abgeben – das Ende der Shogune.

1868 Kaiser Matsushito leitet als Alleinherrscher die sogenannten Meiji-Reformen ein. Das Land erhält eine neue Verfassung in der der „göttliche Ursprung" der Kaiser ausdrücklich festgehalten wird. Die Schulpflicht wird eingeführt. Die Samurai werden 1875 endgültig entwaffnet, das öffentliche Säbeltragen ist künftig verboten. 1889 wird das parlamentarische System eingeführt, für das Preußens Bismarck als Vorbild gilt.

1894–1895 Krieg gegen China endet mit dem Sieg der Japaner, anschließend Militärbündnis mit England.

1904–1905 Krieg gegen Rußland und Sieg der Japaner bei Port Arthur, der durch seine Leichtigkeit im Westen verblüfft.

1910 annektiert Japan Korea, die Meiji-Periode endet.

1912–1926 In der Taisho-Epoche, benannt nach Kaiser Yoshihito, der den Titel („Große Gerechtigkeit") annimmt, wird die Politik der militärischen Abenteuer weiter ausgedehnt, Japan wird endgültig zur internationalen Großmacht. Im Ersten Weltkrieg kämpft Japan an der Seite der Alliierten. Ein furchtbares Erdbeben zerstört 1923 weite Teile der Hauptstadt Tokio. Nach dem Tod Taishos 1926, besteigt der heutige Kaiser Hirohito den Thron und nimmt den Titel „Showa" („Ewiger Friede") an.

1931 Japan beginnt seine Angriffskriege und besetzt im September die Mandschurei. Das letzte japanische Kabinett vor dem Zweiten Weltkrieg, das von zivilen Politikern geleitet wird, drängt unter Tsuyoshi Inukai den Kaiser, die Einmischung des Militärs in die Staatspolitik zu unterbinden. 1932 bombardiert die Armee Shanghai, setzt Pu-Yi, den letzten chinesischen Kaiser, als ihren Statthalter auf den mandschurischen Thron und stellt die Welt vor vollendete Tatsachen. Inukai wird von einer Gruppe junger Offiziere ermordet, faschistisches Gedankengut greift um sich, und es kommt zum Armeeputsch, bei dem mehrere Minister getötet werden. Kaiser Hirohito gelingt es mit Mühe, einen Bürgerkrieg zu verhindern.

November 1936 Um aus seiner außenpolitischen Isoliertheit herauszukommen, unterzeichnet das militaristische Japan den deutsch-japanischen „Antikomintern"-Pakt.

1937 Allgemeine Mobilisierung. Neuer Angriff auf China, der mit der Eroberung der Hauptstadt Nanking und Massakern an Zehntausenden von Zivilisten endet.

1940 Bündnis mit Deutschland und Italien, der sogenannte „Dreimächtepakt".

1941 Besetzung Französisch-Indochinas. Der Krieg gegen die USA und die Westmächte beginnt; im Dezember desselben Jahres überfallen japanische Bomber Pearl Harbour und zerstören einen Großteil der amerikanischen Flotte.

1942 Japanische Eroberungen in Burma, Malaya, Indonesien und den Philippinen. Zahlreiche Übergriffe brutaler japanischer Kommandanten gegen die Zivilbevölkerung.

1943–1944 Beginn der Rückeroberung der Gebiete durch die Alliierten.

1945 Schwere Bombenangriffe auf Japan, die neue Waffe Atombombe wird erstmals von den Amerikanern eingesetzt und zerstört die Städte Hiroshima und Nagasaki. Hunderttausende sterben unter entsetzlichen Qualen. Die Sowjetunion bricht das russisch-japanische Bündnis und erklärt wenige Tage vor Kriegsende Japan den Krieg. Kapitulation am 15. August.

1946 Neue, von den Amerikanern diktierte demokratische Verfassung, die Japan jede Form von Militär untersagt.

1956–1984 Japan wird 1956 Mitglied der Vereinten Nationen. Atemberaubender wirtschaftlicher Aufstieg. 1964 und 1972 finden Olympische Spiele in Tokio (Sommer) bzw. Sapporo (Winter) statt. Außenpolitische Annäherung an den Westen durch Verteidigungsbündnis mit den USA und nach Amtsantritt Yasuhiro Nakasones ab 1982 auch allmähliche Übernahme einer weltpolitischen Rolle an der Seite Washingtons.